成都寻古录：
从文物读成都

CHENGDU XUNGU LU:
CONG WENWU DU CHENGDU

王 川 吴艾坪 刘朋乐 邹 敏 著

项目策划：王　军　段悟吾　杨岳峰
责任编辑：高庆梅
责任校对：王　静
封面设计：墨创文化
责任印制：王　炜

图书在版编目（CIP）数据

成都寻古录：从文物读成都 / 王川等著. — 成都：四川大学出版社，2021.7（2024.7重印）
ISBN 978-7-5690-4829-2

Ⅰ. ①成… Ⅱ. ①王… Ⅲ. ①历史文物－研究－成都 ②文化史－研究－成都 Ⅳ. ① K872.711 ② K297.11

中国版本图书馆CIP数据核字（2021）第141805号

书　名	成都寻古录：从文物读成都
著　者	王　川　吴艾坪　刘朋乐　邹　敏
出　版	四川大学出版社
地　址	成都市一环路南一段24号（610065）
发　行	四川大学出版社
书　号	ISBN 978-7-5690-4829-2
印前制作	成都墨之创文化传播有限公司
印　刷	四川盛图彩色印刷有限公司
成品尺寸	170mm×240mm
印　张	20.75
字　数	297千字
版　次	2021年8月第1版
印　次	2024年7月第2次印刷
定　价	128.00元

版权所有　◆　侵权必究

◆ 读者邮购本书，请与本社发行科联系。
　电话：(028)85408408/(028)85401670/
　(028)86408023　邮政编码：610065
◆ 本社图书如有印装质量问题，请寄回出版社调换。
◆ 网址：http://press.scu.edu.cn

四川大学出版社
微信公众号

"天府文化系列丛书"编纂工作组

一、编纂委员会

名誉主任：杨泉明　四川省社科联原主席、教授
　　　　　杨继瑞　成都市社科联名誉主席、教授
主　　任：李后强　四川省社科院原党委书记、成都市社科联主席、教授
　　　　　姚　凯　成都市社科联（院）一级巡视员
副 主 任：熊　平　成都市社科联（院）副主席、副院长
　　　　　李　好　成都市社科联（院）副主席、副院长
成　　员（按姓氏笔画排序）：
　　　　　王　川　四川旅游学院党委副书记、院长、教授
　　　　　王　苹　中共成都市委党校原副校长、研究员
　　　　　朴钟茂　韩国学者
　　　　　刘平中　成都师范学院研究员
　　　　　刘兴全　西南民族大学艺术学院院长、教授
　　　　　许蓉生　成都市社科院历史与文化研究所研究员
　　　　　李　菲　四川大学中国俗文化研究所副所长、副教授
　　　　　何　平　四川大学历史文化学院教授
　　　　　何一民　四川大学城市研究所所长、教授
　　　　　黄宗贤　四川大学艺术学院教授
　　　　　彭邦本　四川大学历史文化学院教授
　　　　　舒大刚　四川大学古籍所所长、教授
　　　　　谭　平　成都大学文学与新闻学院教授、天府文化研究院院长

二、专家指导委员会

谭继和　巴蜀文化学者、四川省社科院研究员
熊　瑜　四川大学出版社原社长、教授
段　渝　四川师范大学巴蜀文化研究中心主任、教授
陈廷湘　四川大学历史文化学院教授
李　怡　四川大学文学与新闻学院院长、教授
苏　宁　四川省社科院文学所研究员

三、编务组

尹　宏　成都市社科院经济研究所所长、研究员
冯　婵　成都市社科院历史与文化研究所所长、副研究员
孙　艳　成都市社科院历史与文化研究所副研究员
李单晶　成都市社科院历史与文化研究所副研究员
张羽军　成都市社科院历史与文化研究所助理研究员

总　序

　　天府文化是在中华广域文化共同体内，植根于巴蜀文明沃土而生长起来的奇葩满枝、蓉花似锦的地域文化常青树。她有百万年以上的文化根系，由"肇于人皇，与巴同囿"，源于秦陇古羌的上万年的文明起步，有4500年以上"都广之野""优越秀冠"的农桑文明的发展历程，具有城乡一体、神韵独特、历时弥久、与时俱进，不断进行创新性转型和发展的特征。

　　天府文化是从"天府之国""天府之土"得名的。"天府"一词最早源于《周礼·天官》，天官管理王室祖宗牌位、宝器和图书的阆苑被称为"天府"。后来，民间就把沃野千里、物产丰盈的土地称为"天府之国"。最初"天府"是指周、秦和汉初的京师关中之地，也包括视同京畿的汉中平原和成都平原。到汉代中期，特别是东汉以后，"都广之野"被开垦为优越秀冠、天下第一的农桑文化之地，于是"天府之国""天府之土""天府陆海"这些称呼，就成为以成都为中心的巴蜀一方独享的光辉桂冠了。时至今日，天府文化的文脉已经发展演变了四千多年，经历了六大发展阶段。

一、天府农桑文明起源和形成阶段

巴蜀人是从秦陇古羌发展来的。古羌人在7000年前从秦陇、河湟地域分两支向南迁移。天水秦州大地湾6000年前的新石器时代遗址,就是他们的根据地。其中,向东移徙的一支,以伏羲氏为祖先,由黄帝系高辛氏部族集团迁徙发展到秦岭和秦巴山地,直到汉水、武陵源,是为巴人,以游牧渔猎为业,后来才发展起农业。向西移徙的这一支,从秦陇到岷山,直到都广之野,是为蜀人,以产牧为业,"蜀之先,肇于人皇之际",以黄帝系高阳氏部族集团为祖先。从今已发掘的茂县营盘山遗址、什邡桂圆桥遗址、成都平原宝墩文化六座古城遗址,再到三星堆遗址、十二桥文化金沙遗址、新都马家大墓和彭州竹瓦街遗址、羊子山土台遗址,直到商业街战国船棺葬遗址、岷山饭店遗址,这就是蜀人从岷山、岷江走入都广之野的发展之路。《史记·天官书》专门有记载:"中国山川东北流,其维首在陇蜀,尾没于勃碣。"蜀人就是在这样优越的地理环境中逐步创造出高级农业文明来的,进而形成古蜀方国。天府文化就是这样起源的。

这个阶段有三大特征:

一是"都广之野"经"水润天府"发展为中国三大农业起源地之一,并且成为中国高级农业发展的一个重要中心。它的初曙起于成都平原宝墩文化六座古城遗址所展示的"古城"中心聚落开始的时代。这些遗址所创造的农业文化都是在森林和林盘围绕的农业聚落中发展起来的。今天的天府人享受的以小桥流水、竹林茅舍为特点的"林盘仙居"人居方式和"逍遥自在似神仙,行云流水随自然"的生活方式,就是宝墩文化奠定的基础。

这一阶段的辉煌时代则是以三星堆为标志性符号的古蜀青铜文明时期。三星堆是富有神奇生态、神秘文化、神妙心灵的古蜀文明的结晶,尤其是从1号到8号祭祀坑的新旧发掘,展现出的光芒震惊世界,不同凡响。一方面,它既有中原文化传来的圆头方尊、顶尊跪坐人像和顶尊跪坐女神像、簋、簠等礼器,表明它是在中原礼制文化影响下发展起来的,是以"河洛古国"为根的中华广域文化共同体的一部分。它为天府文化的发展和转型，留下了"心向中原"的根脉。另一方面，它又有自己独特的地域神韵。高大的青铜神像、青铜面具、青铜神树、各型青铜鸟、黄金面罩、黄金杖，以及人面鸟身、线刻羽人和太阳神鸟图案，又展现出巴蜀祖源崇拜中独有的羽化成仙的浪漫梦想特征。古蜀文明重仙、重神器的浪漫主义特征与中原文明重礼、重礼器的现实主义特征，在三星堆那里得到完美会通和融合，为天府文化留下了理想精神与现实奋斗精神相结合的三千年文脉。

总之，以宝墩文化与三星堆文化为代表的古蜀文明，早在文明启蒙时代就已是长江文明的生长点，是长江上游古文明起源和发展的中心，是以岷山、岷江为文化地标的"江源文明"诞生的摇篮，是孕育锦江文明的源头，是培育天府文化之根和魂的肥壤沃土。

二是天府丝绸成为培育中华丝绸文明的重要基础。丝绸文明是中华文明的特色。它的起源在中华大地上如满天星斗，多地域、多源头而又同归于黄帝嫘祖一脉，具有"多源一脉"的特征，而巴蜀是其重要的发源地。

早在《山海经·海外北经》就有"欧丝之野"的记载，说跪据桑树的女子发现野蚕啖桑呕丝，可以丛养缫丝。"欧丝之野"指的就是"都广之野"，这是天府养蚕缫丝最早的文献记载。五帝时代，黄帝嫘祖一族与蜀山氏世代联姻，嫘祖之子昌意娶蜀山氏女昌仆。昌意之子韩流娶蜀山氏女淖子，生高阳氏颛顼，高阳为"五帝"之一。高阳孙子大禹生于西蜀羌乡，娶巴蜀女子涂山氏。大禹后裔君主季杼从中原回归蜀山石纽祭祖，"术禹石纽，汶川之会"。夏朝末代君主夏桀娶岷山庄王二女婉和琰。这些史料均说明从五帝时代到整个夏代，蜀山氏与黄帝嫘祖部族的高阳氏集团长期联盟，互为姻亲。蜀山氏集团后来出现的古蜀第一位有名字的先祖是蚕丛，蚕丛即蜀山氏部族对其首领作为栽桑丛聚养蚕技术发明者的尊称。其祖地在岷山蚕陵，后迁到成都平原，双流牧马山是他的祖源文化地标符号。而与蜀山氏联姻的高阳氏则给蜀山氏带来了嫘祖缫丝织绸的绝妙技术。嫘祖的"嫘"，有女性缫丝累结一团之意，是轩辕氏部族对最先发明缫丝织绸高超技艺的母系领袖的尊称。蚕丛氏的栽桑养蚕技术与嫘祖族的缫丝织绸技术完美结合，广泛应用于都广"欧丝之野"，这就是从岷山到成都平原一带中华丝绸文明培育和出现的历程。2021年3月20日，"考古中国"重大项目进展会通报，在三星堆4号祭祀坑的灰烬层中新发现了丝绸蛋白的痕迹，联想到三星堆青铜立人像飘逸垂裳的丝衣形象，这就是从五帝时代到夏商周时代天府丝绸发明和传承的实证。汉代出现的"蜀锦""蜀绣"则进一步传承发展了五帝至夏商周时代天府丝绸的根脉与基因。

三是茶文化也发祥于天府文化起源阶段。早在巢居渔猎时代，蜀人就发现嚼吃茶树叶可以代替盐调味，由此最早发现了茶树。到西汉，吴理真首次人工种植蒙顶茶树。由嚼茶到煮茶，遂逐渐形成蜀人敢为人先的精神。"茶"字在中唐以前还没出现过。有关茶的各种字词，最早都出现在蜀方言里，如"荈"（音"接"）（司马相如《凡将篇》）、"荼"（《诗经·谷风》"谁谓荼苦，其甘如荠"，疏"蜀人作茶"。宋苏轼："周诗记苦荼，茗饮出近世。"）、"槚"（《尔雅》）、"蔎"（扬雄《方言》："蜀西南人谓茶为蔎。"）等。"茗"字出现在唐宋时期，也指茶叶，因茶叶经煮之后发出香味，蜀人方言叫"mín-mín"，遂写作"茗"。这些例子都证明茶之源在蜀。到汉唐时代，饮茶"冠六清"已成为巴蜀民间习俗。最早的盖碗茶、最早的茶馆僧寮和文武茶道，都诞生在巴蜀。

二、秦汉魏晋时期天府农桑文明发展到"优越秀冠"阶段

《战国策》首讲"天府"称号，指以关中八百里秦川为中心，包含京辅、汉中与蜀中三大平原区域。东汉以后，最早记载巴蜀是"天府之土"的文献是陈寿的《三国志》，到班固作《西都赋》时，则干脆不把"天府"桂冠戴在关中头上了，而是讲关中还差了一点，只能说是接近"天府"，从此，"天府"之号便移到了四川头上，沿用至今。

这一阶段天府文化最大的特征有三：一是天府农桑文化获得创新性的转型升级，成为美丽乡村生态与"既丽且崇"的城市文态相结合的标本，也是中华城乡一体农桑文明发展的"首席提琴手"，千里沃野，物产丰盈，

不知饥馑，享有"天府陆海"的专称。当时的成都已发展成仅次于长安的全国第二大城市，"列备五都"，建立起了巴蜀城乡一体化的以成都为中心的大小城镇商业网络体系。二是江源文明孕育了天府丝绸，而天府丝绸反过来推动了秦汉锦江文明的发展，出现了蜀锦、蜀绣的品牌专称。成都也成为与临淄、襄邑比肩齐名的全国三大丝绸中心之一。"锦江""锦里""锦官城""锦城"这些美名，皆因江水洗濯蜀锦特别鲜明好看而得来，其地标符号一直留存至今。司马相如的大赋被称为"锦绣文章"，也是因为司马相如善于观察和学习蜀锦工匠的高超手艺，写出了文如锦绣、音韵神来的典范作品。成都老官山汉墓出土了4座高楼双跱织锦机与14个纺织工匠木俑，这是世界上发现最早的提花织机，沿用至今。新疆民丰县尼雅墓地出土的织有"五星出东方利中国"字样的蜀锦肩膊，体现了汉代成都人善于以丝绸为宣传手段，向丝绸之路沿线宣传中华大一统理念的"文化创意智慧"。总之，蜀锦、蜀绣在秦汉时期已成为成都以丝绸之路为平台进行国际交流的代表性产品。三是"文翁倡其教，相如为之师"。文翁兴教化蜀创石室与讲堂，他既是地方公学与"文庙官学"的创始人，又是传承孔子私学传统，以"温故"与"时习"二讲堂开启后世书院之学的创始人。文翁教化的结果是将巴蜀本土文化转型升级为国家主流之学，成为以儒为本、以"儒化中国"为主旨的蜀学的滥觞，后来蜀学与齐鲁之学比肩发展，蜀地出现司马相如、扬雄等大文学家，这是天府城市精神文化的第一次飞跃发展。

三、唐宋时期天府经济大发展、文化大繁荣阶段

这一时期的唐剑南西川与宋川峡四路是全国最富庶的地区之一，是唐宋两朝重要的财源地，时有"扬一益二"之称。反观当时欧洲很多城市已逐渐衰落，成都则发展成当时世界财富聚集与经济文化繁荣的国际化大都市，已经是"天下第一名镇"（卢求《成都记》）。这一时期经济文化最亮眼的成就，是雕版印刷术起源于成都。宋代《开宝大藏经》在成都首次结

集印制。道藏也由杜光庭第一次结集。儒家的《九经》在五代时期得以结集印刷，表明儒释道三教融会潮流在天府兴起。城市商业已突破了传统坊市制度，商人们破墙开店、临街设店成为新的商业风习。随着通向长安的"蜀道网"的兴起，成都作为西部土特产集散中心，发展出以"十二月市"为标志的自由集市和专业性的手工作坊街道。货币史上的划时代变革，则是在唐代交易信用券"飞钱"基础上，于宋初发明和使用纸币"交子"，这是世界上最早使用的纸币。

唐宋时期天府文学和艺术的发展，成就了成都作为古代东方世界文化之都、书香之都、诗意之都、音乐之都和美术之都的城市形象。陈子昂、李白、杜甫、苏轼、陆游等"秀冠华夏"的文化巨人的出现，进一步强化了"文宗在蜀""表仪百代"的传统。而薛涛、黄崇嘏、花蕊夫人等一批才女的出现，则是汉唐以后"才女在蜀"文化传统的赓续。"文宗在蜀"与"才女在蜀"的规律性出现与发展，均是巴蜀山川秀气与诗意书香灵气孕育明珠的结果。唐代大慈寺壁画"精绝冠世"，留下了古代东方美学之都的文化基因。蜀派古琴"蜀国弦"和始于巴蜀的竹枝词、前蜀永陵二十四伎乐石刻形象，显示出天府成都管弦歌舞之盛。这一时期成都人观景游乐的特征是游赏习俗的人文化与艺术化，如浣花大游江、小游江，锦江"遨头""遨床"，锦江之畔梨园乐坊选乐伎状元，这是天府旅游发展史上第一次将文化融入旅游习俗。又如孟蜀石经、中国第一部词集《花间集》、唐宋蜀刻本、龙爪本、薛涛笺与十色笺、蜀锦蜀绣以及专为文人考举夜读设计的邛窑省油灯等，是天府书香诗意生活方式普及化而留下的艺术瑰宝。

四、元明清时期天府文化由精英文化转型为城乡平民文化阶段

这一时期天府城市工商业获得了长足发展，"蜀锦、蜀扇、蜀杉，古今以为奇产"（《广志绎》卷五），成为交换苏杭文绮锦绣、山珍海错等"下江货物"的畅销商品。新制蜀折扇不仅用来进贡，而且还行销全社会。岷山的蜀杉木被采伐来修建北京故宫。

这一时期"川味"特色的下层群众文化开始兴盛，其最高成就是由成都"唐杂剧"、元北曲、明南曲、清雅部戏发展而来的花部戏地方剧种之一——川剧。同时，一些著名文人对川剧剧本加以文学性、诗意性改造，出现"五袍、四柱、江湖十八本"等诗化剧本，使川剧由粗糙的市民艺术变为声腔宏富、文辞典雅、俚俗并兼、雅俗共赏、亦庄亦谐的精致艺术，进一步推动了天府市民社会习俗的文雅化、书香化与诗意化。元明清时期天府教育事业也获得了新发展，主要体现为书院制度的创新。元代有草堂书院，明代有子云、大益、浣花等书院，清代有锦江、墨池、芙蓉、潜溪等书院，均驰名全国。社会上兴起的评书、扬琴、古琴、竹琴、金钱板、皮影、木偶、围鼓、口技、相声、清音等，是这一时期活跃于社会群众舞台的重要文化活动。今天四川评出的多种非物质文化遗产，大多产生于这一时期。

五、近代天府文化由古典形态向近代形态蹒跚转化阶段

1840年后，以农桑文明为特征的天府地域文化，在外国资本主义、帝国主义侵入的影响下，受到近代文明的冲击，在阵痛中迈着蹒跚的步伐缓慢地向近代形态转化。特别是19世纪末期和20世纪初期，新旧文化激荡冲突，天府地域文化围绕着对传统文化的破与立、对中西文化的体与用激烈论争的主题，开始了加速转型。其中最重要的六大事件：

一是19世纪末的戊戌维新运动，"是一阵思想的巨浪"，开创了地域文化"新的思想意识时代"。1875年四川省城尊经书院创建，倡导"绍先哲，起蜀学"的新风，以湘学巨子王闿运为山长，兼容中学经史与西学时尚，会通湘学与蜀学，曾培育出以廖平、吴之英、宋育仁、张森楷、刘光第、杨锐以及传承尊经书院文脉的郭沫若、蒙文通、周太玄等为代表的一大批通经致用、新旧会通而又重今文经学传统的新蜀学人才，在四川开启了近代启蒙思想意识发展的新阶段。

二是20世纪初的四川保路运动，它不仅是政治、经济运动，也是文

化变革的运动。从旧绅士阶层走出来的城市精英组成立宪派,与下层民众组织的哥老会相结合,"引起中华革命先"(朱德评价语),开启了四川人对西方民主意识的吐纳与民族革命精神新觉醒的历程。

三是五四新文化运动在四川,出现了对"科学与民主"新思潮的追求,先进知识分子则开始了对马克思主义的新探索。1920年四川人陈豹隐在北大首讲"马克思主义经济学概论",郭沫若在1930年提出以恩格斯《家庭、私有制和国家的起源》为指导,编写《中国古代社会研究》的构想,以填补恩格斯"起源论"没有写中国的"下半页空白"。1922年,王右木首先在成都建立早期党组织。1924年杨闇公、吴玉章在成都成立"中国青年共产党",开展革命活动。在党的百年奋斗史上,天府四川人以敢为人先的精神做出了杰出的贡献。

四是中国工农红军创建川陕、湘鄂川黔革命根据地,传播红色革命文化火种,建成全国第二大苏区。红军长征过四川,铸就伟大的长征精神。四川是红军长征历程中活动范围最广、历时最长、行程最远、战斗最密集、翻雪山过草地境遇最恶劣的省份,同时也是建立第一个少数民族苏维埃政权——博巴苏维埃政府的地方。

五是抗日战争时期抗日救亡运动在四川兴起,成立各界救国联合会。川军出川抗战,四川人民为抗战做出了巨大的人力、物力和财力贡献。沦陷区大量高校内迁四川,为天府文化注入了新的活力。四川成为大后方民族复兴的根据地和中华文艺复兴的基地。

六是解放战争时期,四川地下党组织在极其严酷的形势下,组织广大爱国学生和人民群众开展各种斗争,迎接四川解放,掀开了四川历史的新篇章。

六、新中国、新时期、新时代七十年天府文化开创新面貌新格局阶段

新中国七十年是社会主义在中国奠基、建立,到开创和发展中国特色社会主义宏伟史诗进程的七十年,是中华民族从站起来、富起来到强起来的伟大历史飞跃的七十年。1949年新中国成立,社会主义制度在中国确立。1978年党的十一届三中全会开启了改革开放宏伟历程,我国进入开创和发展中国特色社会主义的历史新时期。2012年党的十八大以来,以习近平同志为核心的党中央统揽伟大斗争、伟大工程、伟大事业、伟大梦想,中国特色社会主义进入伟大的历史新时代。在这个新时代的历史方位上,在中国特色社会主义基本架构和四梁八柱已经铸就的基础上,在习近平新时代中国特色社会主义思想指导下,中国人民正进一步完善和发展中国特色社会主义,百年大党,世纪伟业,迎来了实现中华民族伟大复兴中国梦的光明前景。

七十年来,传统的天府文化,伴随着共和国不同时期的成长步伐,在创新性转型为中国特色社会主义文化的过程中,不断书写出新的篇章。新中国成立,解放后的新四川,人民当家作主,社会革故鼎新,天府文化获得创新性转化与创造性发展的机遇。其中,党中央"三线建设"的英明决策,不仅奠定了四川现代工业化的经济基础,而且为巴蜀文化、天府文化优良传统的创新和发展,注入了"三线精神"的优质内涵。进入改革开放新时期,天府四川更开拓出"改革之乡""富民兴川"的社会主义现代化建设的全新局面。社会主义天府文化在新时期也随着改革开放实现跨越式发展,传承巴蜀老祖宗"非常之人"(司马相如语)和"敢为天下先"的精神,助推治蜀兴川再上新台阶。党的十八大以来,天府人深入学习贯彻习近平新时代中国特色社会主义思想和习近平总书记对四川工作系列重要指示精神,认真践行"公园城市"、"构建长江上游生态屏障"、保护发展"从巴山蜀水到江南水乡的千年文脉"等新发展理念,同心共筑中国梦,阔步走进新时代。

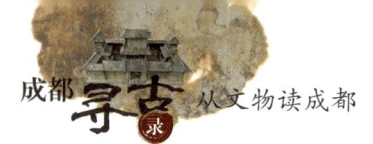

成都市秉承上述天府文化四千五百多年文脉传承的基因，于2017年全市第十三次党代会上提出了"弘扬中华文化，传承巴蜀文明，发展天府文化，努力建设世界文化名城"的宏伟目标和塑造"三城三都"的有力措施。当前，成都深入贯彻中央"成渝地区双城经济圈"战略部署，正掀起对成渝巴蜀文化共同体、成渝城市群文化圈和成渝文化旅游走廊研究、推动和构筑的热潮。

从上述天府文化起源、形成、发展和创新的六大阶段，我们可以清晰地看出天府文化四千多年文脉基因的形成和发展历程，它贯穿历史、当下与未来，历史文化与现代文明错综发展，每个历史时代或历史阶段都有创新性转化和创造性发展的硕果。每个时代的天府人都把传承祖宗文脉薪火，开拓天府文化新路，培育和维护这棵天府文化常青树，作为造福当代、泽被后人的历史责任与担当。

当今新时代赋予天府文化新的历史方位和特征，是天府成都人开创社会主义天府新文化新文明的难得机遇。今天总结出的新时代天府文化有四大特征——创新创造、优雅时尚、乐观包容、友善公益，这既是天府历史发展的产物，是天府人历史智慧与历史经验的结晶，也源自当今时代最深刻的需要，是当代天府成都人传承和创建现代天府文明的努力方向。这四个特征都有它的渊源、文脉基因和历史底蕴。

第一个特征"创新创造"是指精神内核。今天的创新创造同历史上的"非常精神"是一脉相承的。早在汉代，巴蜀第一位"天下文宗"司马相如就总结出巴蜀父老具有"非常之人做非常之事成非常之功"的"非常"精神，用今天的话讲就是巴蜀培育出了许多善于创新创造的人才。对这种精神，司马相如给它总结了三大内涵：一是"苞括宇宙，总览人物"的宇宙思维和世界眼光。二是"控引天地"，要有在天地之间自由翱翔、探索宇宙奥秘的浪漫主义梦想精神。三是"错综古今"，善于把古老文明与今天的生活交错、综合、融会，这需要将高超的文化想象力与理念思辨力相结合。司马相如的这些概括，既是对三星堆古蜀人羽化成仙、翱翔宇宙的创造精神的提炼，又启迪了相如之后两千余年蜀人生生不息的浪漫主义文学传统。

第二个特征"优雅时尚"是指天府文化的生活美学与诗意风尚，是创新创造精神指导下的生活方式，也是指天府文化时代价值的生活体验。"优雅"，早在文翁化蜀以后成都就是"好文雅""以文辞显于世""文章冠天下"，出的文坛领袖很多的城市，不仅知识精英追求优雅，即使是城乡居民也以耕读传家为荣耀，以崇时尚、优品质的生活美学价值追求为风尚。

第三个特征"乐观包容"是指天府人的器识胸怀具有乐观开放与和谐包容的特点。它以古蜀人历来信奉的"中庸和谐，乐莫大焉"的理念为哲理基础。它的本质是"怡人文化"。《中庸》讲："诚者，天之道也。诚之者，人之道也。""反身而诚，乐莫大焉。""诚者"是对天地能包容万物的自然规律的认识和信仰。"诚之者"，是指能遵循自然发展规律，并能笃信奉行。有了"诚"的信念并加以"诚之"实践，就可以尽性知天，获得怡人怡己、"乐莫大焉"的最大快乐。

第四个特征"友善公益"是指天府人的情商操守。"友善"是情商，"公益"是品质操守。我们知道，天府文化的学术内核是蜀学。蜀学的本质特征是重今文经学，就是重经世致用，通经济世，公忠体国，友爱善良。诸葛亮、杜甫、苏轼、刘沅、尹昌龄等人就是这方面的典范，他们都是天府文化养育出来的优秀践行者。

如何做一个美好的成都人？这就要从上述精神内核、生活方式、器识胸怀、情商操守四大方面入手，既善于传承古代天府人的精神薪火，又善于开拓创新。孙中山曾赞扬天府人才"惟蜀有材，奇瑰磊落"，"奇瑰"是才智，"磊落"是品格。德才兼备，以明德引领风尚，以才智报效祖国，是天府文化孕育出来的蜀中人才的传统。今天的成都作为天府文化再次辉煌的首选地和首发地，凭借深厚的历史文化优势与优越的地理环境，定能实现建设新型"三城三都"，创建新型世界文化名城的奋斗目标，培育出更多天府文化的合格传承人、新天府文化的优秀建设者。

  呈现在读者面前的这套"天府文化系列丛书"就是为阐释成体系、有系统、有特色、有魅力的天府文化,增强对本土文化保持自信的热力,而由成都市社科院精心筹划、深入研究、建立平台、严格挑选出来的。它对于聚集天府文化研究队伍,组织协调海内外研究力量,推动人文与科学的跨学科研究,培育巴蜀文化名家,推出天府精品力作,讲好成都故事,传播成都声音,让人文成都、社科成都勇立时代潮头,开启天府文化新征程,必将起到它应有的作用。作为本丛书的第一读者,我被该丛书的魅力所吸引,为使众多读者能更深刻地认识和理解本丛书的编纂宗旨,领会编者的良苦用心,我谨以个人对天府文化学术体系、概念体系和话语体系的粗浅认识,加上我对这套丛书的粗浅体会,作为序言,以示祝贺、祝福和期望。同时对编者、作者、组织者深表谢意。

谭继和
2021 年 4 月 15 日

"天府文化系列丛书"编纂说明

成都市第十三次党代会提出"传承巴蜀文明 发展天府文化,努力建设世界文化名城",让天府文化成为彰显成都魅力的一面旗帜。发展"创新创造、优雅时尚、乐观包容、友善公益"的天府文化,让人文成都别样精彩!

2018年6月,四川省社科联主席杨泉明教授率队来成都市社科联视察调研,提出让我联深入研究天府文化,组织力量编纂天府文化系列丛书的殷切希望。在四川省社科联的关心和指导下,成都市社科联贯彻落实市委第十三次党代会精神以及世界文化名城建设大会精神,创新组织方式,利用成都研究院的新型智库平台,广泛汲取国内外社科界力量,组织各领域研究者,培育巴蜀文化名家,力争推出天府文化精品力作,讲好成都故事,传播成都声音。丛书编纂工作组上下齐心、通力合作,历时三年,终于将"天府文化系列丛书"奉献到读者面前。

本丛书以习近平新时代中国特色社会主义思想为指引,力推天府文化的创造性转化、创新性发展,是加快建设践行新发展理念的公园城市示范区的重大文化工程。丛书从文化交流与传承的视角,在历史、现实、未来三个层面,探寻成都悠久的历史文化积淀,以及独具人文魅力的地域文化特征,对于弘扬中华文明,传承巴蜀文明,发展天府文化,具有深远的历史意义。丛书涉及经济、教育、历史、文化、水利、农业、手工业等多学科领域。在严谨务实的基础上,丛书作者们充分考虑当代大众特别是青少年的阅读习惯,创新写作方式,在确保学术质量和注重社会效益的前提下,努力提升可读性、趣味性和通俗性,做到文字生动、图文并茂,并特别推出了符合青少年读者审美的动漫绘本。丛书还涉及中、英、韩三种语言,既有外国学者用中文描述成都,又有中国学者用英文介绍成都,注重国际传播效果，在一定程度上满足了国外读者的阅读需求，为天府文化走向世界搭建了桥梁。

丛书得以顺利出版，要感谢四川大学出版社的大力支持，以及多位编辑老师的辛苦付出。丛书的组织编纂是成都市社科联围绕天府文化研究进行的探索性实践，难免存在疏误，恳请读者谅解指正。未来我们将会进一步总结经验、增强力量、深化研究，为推动天府文化的繁荣发展做出应有的贡献。

"天府文化系列丛书"编务组

2021 年 3 月

前 言

　　正在建设"三城三都"（世界文创、旅游、赛事名城，国际美食、音乐、会展之都）的四川省省会成都，既是一座具有丰厚历史文化底蕴（中华优秀文化的区域分支古蜀文明）的国家级历史文化名城，又是一座自然条件优越、富有浓郁地方特色，并且在漫长的历史发展进程中闪烁着魅力之光的大都市。

　　说成都具有丰厚的历史文化底蕴，在于这里是古蜀文明的发祥地，在商代就出现了独具特色的西蜀文化。从宝墩遗址到三星堆遗址、金沙遗址，出土了大量富有区域特色的文物，此后直到近代，四川历史文化在中华文明中占有独特的地位。成都自然条件优越，位于四川盆地的中心地带，"二龙"（龙泉山、龙门山）环伺，二江环绕，沃野千里，气候宜人，水旱从人，拥有得天独厚的自然地理条件。说成都富有魅力，是因为从公元前4世纪古蜀王朝开明第九世决定迁都成都以来，成都建都、得名2300余年不变，是中国地名得名史上第二古老的城市。成都拥有都江堰、武侯祠、杜甫草堂、金沙遗址等名胜古迹，诞生了世界上第一种纸币——交子，其高度发达的商业经济、相对稳定的社会环境，吸引了大批文豪墨客源源而来，汇聚于此，形成了"自古诗人例到蜀"的文化现象。因此，成都文化发达，文物鼎盛。说成都是闪烁着魅力之光的大都市，在于从公元前4世

纪的古蜀王朝定都成都以来,这里是蜀汉、成汉(氐人政权)、前蜀、后蜀等多个地方政权的都城,也是各大一统王朝的州、郡治所之所在。成都在汉代"名列五都",晋代文学家左思《蜀都赋》赞叹其"既崇且丽,实号成都",唐代获得"扬一益二"的美誉。诚然,成都华丽异常,天然优美,在中国很难再找出一个像成都一样的古都。

从三四千年前开始,以成都为中心的地区成了古蜀民众生产、生活最重要的区域。古蜀民众在此繁衍生息,创造出宝墩文化、三星堆文化、金沙文化等一脉相承的区域文明,此后,鳖灵、李冰等在此治水,发展经济,开启了成都作为"古都"的悠久历史。

秦汉时期,成都被纳入中原文化的发展体系,在相对稳定的内外环境下,成都的社会经济得以发展,商业规模、城市格局不断扩大,成了与临淄、洛阳、邯郸、宛等相媲美的"五都"级全国性中心城市。无论是张骞在西域大夏看到的当地畅销的"邛杖""蜀布",还是唐蒙在南海之滨番禺吃到的"蜀枸酱",这些代表了大汉强盛的"中国造",实则均是地道的"成都造"。文翁、司马相如、扬雄、王褒等文人、学者,极大振兴了这座城市的文教之风,增添了这座名城的风雅之气。

两汉交替之际、三国魏晋南北朝之时,中国或短暂或持久地进入了动荡年代,各大政权间的兼并割据时有发生,成都受到战争破坏程度较小,因而在乱世中迎来了难得的发展机遇。这一时期,常璩等文史巨匠继续书写着文化古城的辉煌。

隋唐五代时期,成都的城市规模较前代又有了进一步发展,以蜀锦、蜀布、蜀纸、蜀茶等为代表的产业带动了成都手工业经济的发展。陈子昂、薛涛、李白、杜甫等大诗人,或是川人,或者入川居住,书写着"自古诗人例到蜀"的传奇。

宋代,成都人文鼎盛,造纸、雕版印刷业发达,依然为全国重要的商业中心,有着"西南大都会""天下名城之冠"的美誉。魏了翁等理学名家辈出,环成都地区则涌现了眉州"三苏"、井研"四李"以及张栻等文化巨人。

到了明清时期,成都更是成为外来人口汇聚的天府乐土,移民的大量涌入也让成都的文化呈现出乐观包容、时尚优雅的独特性。

古代的巴蜀,是世界漆艺的中心,是最早发现和使用天然气(临邛火井)的地方,是世界雕版印刷术的发源地,是世界最早的纸币"交子"的诞生地。作为巴蜀地区的中心城市,成都无愧为当时世界一流的城市。

今日的成都,作为中国历史文化名城、西部地区重要的城市,继续承担起了建设国家中心城市、成渝地区双城经济圈的重大任务,在新的时期,面对着新的机遇,显现出了强大的生命活力和厚重的文化底蕴。

司马迁《史记》曾言:"一年而所居成聚,二年成邑,三年成都。"[1] 此语虽是记述舜的事迹,但宋人已化用此语来解释成都城市名称的由来。如乐史《太平寰宇记》中称:"成都县,汉旧县也,以周太王从梁山止岐下一年成邑,二年成都,因名之成都。"[2] 的确,任何一个聚落或都城的形成都绝非偶然,自然地理条件的好坏是人们选择居所的首要标准。成都从战国时期开始,历经2000多年,城址未变、城名未改、中心未移,富丽繁荣,闻名遐迩,其重要原因就在于成都拥有着得天独厚的自然地理条件。

一、成都的自然地理概况

成都地处四川省中部,其地理位置在东经102°54′～104°53′、北纬30°05′～31°26′,位于典型的亚热带季风气候区,终年温和湿润,降水量集中在夏秋季节,且夜间降水较多。这样的气候条件一方面有利于农作物的生长,另一方面也增加了旱涝灾害发生的几率。

从地形地貌上看,成都位于四川盆地的中心,北面有龙门山,西面有邛崃山,东面有龙泉山,处于三大山脉的怀抱之中,但成都的核心区域则是广阔的平原。平原的主要河流岷江发源于青藏高原,在高山河谷中奔流向前的岷江,到了四川盆地,由于地势陡然降低,江水流速迅速下降,江水携带的大量泥沙在出山口附近沉积,从而形成了广阔的山麓冲积扇。在

---

1 (汉)司马迁撰:《史记》,中华书局,1982年11月,第34页。
2 (宋)乐史撰:《太平寰宇记》,中华书局,2007年11月,第1463页。

成都平原内,除岷江以外,还有府河、南河、沙河、沱江、江安河、清水河等数十条河流,形成了相互交错的态势,河网密布、土地肥沃的成都平原由此形成。成都平原内部地形平坦,南北长约200千米,东西宽近90千米,海拔460～730米。

冲积而成的平原具有十分优越的土壤条件。据相关统计,在成都市范围内,土壤的类别有水稻土、潮土、紫色土、黑色石灰土、黄壤、草甸土等十余种。土壤类型的多样使得成都更加适宜多种作物的生长。比如,近代蜀人傅崇矩在《成都通览》一书中就介绍了成都盛产的粮食作物有大麦、小麦、水稻、荞子、酒谷、黄谷等;豆类有胡豆、豌豆、绿豆、红豆、四季豆、扁豆、黑豆等;蔬菜有萝卜、韭菜、芹菜、菠菜、青菜、莴笋、黄瓜、南瓜、丝瓜等。

除了生物资源丰富外,成都还蕴藏着总量庞大的矿产资源。目前已经探明的矿产有8类40余种,其中煤、天然气、硫铁矿、芒硝等为优势资源。以天然气为例,成都地区已探明的天然气储量为530亿立方米。早在两汉时期,邛崃附近的居民便已使用天然气开展煮盐工作。此外,成都的石灰岩矿、页岩矿等是可以作为建筑材料的矿产资源,为不同历史时期人们的生产生活提供了原料。

二、成都的历史发展沿革

成都的历史悠久而独特,文化积淀极为深厚。在距今5000年左右,东亚季风区的气候发生了显著变化,一个被气象学家命名为"干冷事件"的气候变化发生于此时,该变化使得原本沼泽密布、水患严重的成都平原变得气候宜人。原本居住在岷江上游的古蜀先民受到气候变化的影响不得不沿着岷江迁徙,最终在成都平原定居下来。来到成都平原后,古蜀先民繁衍生息,在成都平原创造了被命名为"宝墩文化"的新石器时代文化。宝墩文化与中原龙山文化的时代大致相仿,其最具代表性的成果在于出现了夯筑的城墙和用于祭祀集会的木质建筑。宝墩文化作为古蜀文明的开端,奠定了天府之国的农耕基础，代表着长江上游文明生产力的一次巨大发展。与宝墩文化一脉相承的是三星堆文化和金沙文化。通过三星堆遗址出土的大量青铜器和金沙遗址发掘的祭祀场所，基本可以推断，大约在中原文化的殷商、西周时期，成都已经成为古蜀王国政治、宗教的中心。而成都商业街船棺葬的发现，则进一步证明，至迟在战国初期，成都已成为古蜀王国的都城。

公元前316年，秦国派司马错伐蜀，古蜀国灭亡。秦国在蜀地设置郡县，在古蜀国都城设置成都县，成都地区被纳入秦国的地方行政体系。公元前311年，蜀守张若在成都旧城的基础上修筑了大城和少城，其规模和形态仿照秦国国都咸阳而成。这一事件在历史上被称为"张若筑成都城"，是目前公认的成都建城史的开端。值得注意的是，在此以后，成都城市位置再无改变、城市名称沿用至今，这在中国城市史上是绝无仅有的。张若之后著名的蜀守当数李冰。李冰在秦昭王时期担任蜀守，为解决蜀地水旱灾害，他总结古蜀人治水的经验，将岷江之水分为内、外两江，因势利导，从根本上解决了江水泛滥的问题。从此，成都平原水旱从人，成了名副其实的"天府之国"。

两汉时期，成都城市经济显著发展，到了西汉末年已成长为仅次于长安的第二大手工业城市。这一时期的成都不仅是西南地区最为富庶的城市，还是"南方丝绸之路""茶马古道"的起点和对外交流的口岸，更是全国重要的经济文化中心。这一时期，成都出现了专门从事蜀锦生产经营的官方机构——锦官，因此成都在后人的著作中常被称为"锦官城""锦城"。到了唐代，作为西南地区的军事重镇，成都成为剑南西川道的治所，是当时全国最为富庶的地区之一，有着"扬一益二"的美誉。中晚唐后，皇权式微，地方军政要员势力强大，成都一度成为唐王朝统治西南的都城"南京"。五代十国时期，后蜀君主孟昶下令在成都广泛种植芙蓉花，成都因此又有别称"蓉城"。

两宋时期是成都经济社会发展的又一繁荣时期。巴蜀之地在北宋被划

分为益州、利州、夔州、梓州四路,合称"川峡四路","四川"一词由此得来。成都作为益州路的治所,引领着西南地区商品经济、手工业制造和文学艺术的潮流。到了元代,行省制度在全国设立,元统治者在巴蜀地区设置"四川行中书省",简称"四川行省",成都成为四川行省的治所所在地。明代,行省的名称改为"承宣布政使司",成都依然为四川布政使司的治所,名称虽易,地位不变。明末清初,张献忠大西政权与明军、清军在成都发生了大规模战争,成都城市毁坏严重、人口骤减。经过清朝康、雍、乾三代的大规模移民,成都城市经济终于在清代重新得到恢复和发展,并且奠定了现今成都城市人口和地方文化的特点与格局。

辛亥革命后,成都依然是四川省的治所,到了1922年,成都、华阳两县合并为市,并成立了市政公所。1928年,在地方军阀的统治下,成都市政府成立,成都成为省辖市和四川省的省会。中华人民共和国成立以后,成都始为川西行政公署驻地,20世纪50年代四川省建制恢复,成都为四川省的省会,延续至今。[1]

三、成都文物是成都兴盛历史的见证

文物是人类在社会活动中遗留下来的具有历史、艺术、科学价值的遗物,各种各样的文物能够从不同的角度反映出不同历史时期人类的社会活动状况。成都素称人文城市,在漫长的历史长河中留下了数量众多的文物,透过这些文物,我们可以窥见祖先们的智慧和经验,也可以总结勾勒历史演变的轨迹与规律,从而更好地认识成都文化,进一步传承和弘扬天府文化,为新时期成都精神文明建设贡献力量。

近年来,成都考古蓬勃发展,重要考古发现频出,这些对于认识古蜀文明及成都历史有着非常重要的作用。2016年,成都博物馆新馆在天府广场西侧顺利落成,这使得成都悠久的历史文化在新的历史时期有了一个更好的展示平台。

---

[1] 参见马兵等编:《成都年鉴2010》,成都年鉴社,2010年11月,第2～5页。

王国维先生指出研究历史"幸于纸上之材料外,更得地下之新材料",这就是著名的"二重证据法",只有把发掘出土的文物和史书典籍的记载相互验证,才能得到较为准确的历史信息。古书典籍中记载了先秦时期古蜀国历经了蚕丛、柏灌、鱼凫、杜宇、开明五个时期,而考古学家在成都及其周边发现了宝墩古城遗址、三星堆遗址、金沙遗址、商业街船棺葬遗址等多处先秦时期重要的遗存;《华阳国志》中有李冰治水"作石犀五头以镇水妖"的记载,而天府广场东北部出土了千年石犀。此外,老官山汉墓出土的织机模型反映出两汉时期成都纺织业的发达,"锦城""锦官城"的机杼声似乎回荡耳边;出土的众多汉代说唱俑则反映出成都民间艺术的盛行,面容可爱、动作滑稽的伶人再现了成都作为休闲之都的历史片段。诸如此类的文物不胜枚举,如见证了医学盛况的经穴漆人、记载了"列备五都"的东汉石碑、表现了大唐乐舞的永陵乐伎浮雕、印证了蜀学成就的后蜀石经等一系列的考古文物,都是成都悠久历史文化的重要见证。

本书名为《成都寻古录》,意在成都寻找文物的踪迹,跟随文物的步伐探寻成都历史发展的脉络。作为一部面向大众的通俗读物,本书选取的文物多为近年来成都地区发现的代表性文物,大多耳熟能详。通过介绍文物发掘的历程,引出文物背后的故事,进而为大众了解学习成都的历史知识提供参考。在具体的编撰上,本书分为八个章节。

第一章探寻古蜀传说与古蜀文明,介绍了营盘山遗址、宝墩古城遗址、三星堆遗址、金沙遗址、商业街船棺葬遗址等一脉相承的古蜀文化遗址,并对这些遗址出土的石器、青铜器、陶器、金器等文物进行分析,对五代蜀王的历史记载和民间传说进行回顾,从而探寻古蜀先民的生产生活、军事活动和宗教信仰状况。

第二章从"秦灭蜀国前的对外交流""战国时期成都城市的发展""李冰修建都江堰及蜀地的水神崇拜"三个方面,概述了这一时期蜀地融入中原文明的过程,以"蜀东工"字样吕不韦戈、天府广场出土的秦汉时期石

犀牛、都江堰发现的李冰石像等珍贵文物，再现了战国时期成都在经济社会方面所发生的重大变化。

第三章题目为"秦汉成都'列备五都'"，重点关注秦汉时期成都城市地位的变化，梳理了成都从初步开始中原化到成长为全国重要的商业都会的历程。本章列举了这一时期的文物十余种，如东汉裴君碑、老官山蜀锦提花机、"五星出东方利中国"护臂、两汉画像砖、东汉说唱俑、老官山经穴漆人、木牍医简等，力求客观展现这一历史进程。本章的老官山经穴漆人、经脉医简等都是近年来成都的重大考古发现，并被列入全国考古年度十大发现。1995年新疆出土的"五星出东方利中国"护臂，更是永久禁止出境的文物，堪称"国宝中的国宝"。这些近年出土的珍贵文物，是成都辉煌历史的最好见证。

第四章到第八章，以成都的历史发展进程为经，以各类出土文物为纬，分述了魏晋、隋唐五代、宋元、明清以及民国的成都历史。城市作为区域政治、经济、文化的核心，对区域经济社会的发展往往能起到推动作用。这四章从政治、经济、文化等多方面，展现了各时期成都灿烂的历史。邛窑的三彩瓷器、五色的薛涛笺、宏伟的成都古城墙、精美的金银器等文物均是这段历史的有力见证。

在编写方面，本书参考了《四川通史》《四川简史》《成都通史》《成都历史文化大辞典》《成都简史》《成都街巷志》等著作，采纳目前基本上是定论的成果，力求知识层面的准确可靠。同时，为了满足不同文化群体的需求，本书还参考了部分报纸杂志和网络资料，行文尽可能保持通俗易懂的风格。笔者将本书所参考的资料附于书后，以供读者查阅。

本书的另一大特色，是通过文物实证成都古史。王国维先生倡议"二重证据法"，徐中舒先生倡议"三重证据法"，均强调对于实物的重视。业师蔡鸿生教授在授课时，常以"文献与文物相结合""见物与见人相结合"相教诲，这对于本书的撰述启发甚大。因此，笔者利用各种渠道，极力搜集各方文物照片，并得到了成都博物馆馆长李明斌研究员等多位学者、多个单位与友人的慨然相助，在此谨表谢忱。

除了成都博物馆等单位提供的文物照片之外，笔者还增加了能够反映成都经济社会发展的图片。这些图片主要由课题组成员实地拍摄。由于图片数量较多，注释不便，笔者在文中仅将必要的说明文字配于图片下方，图片来源未逐一说明，请读者见谅。

总之，《成都寻古录》的编撰是笔者的一次尝试，旨在从文物的角度阐述成都的历史文化。由于时间仓促和笔者能力有限，该书还有诸多不完善的地方，故请诸君不吝赐教。

王　川
2019 年 9 月

目录

第一章 古蜀传说与古蜀文明 ………………………… 1
（公元前316年之前）

第一节 古蜀传说与族群的形成 ………………………… 2
一、早期古蜀先民与蜀地神话传说 ………………… 2
二、宝墩文化与成都文明的起源 …………………… 12

第二节 宝墩文化、早期三星堆文化与蚕丛、柏灌传说 … 16
一、宝墩文化遗址 …………………………………… 16
二、早期三星堆文化的遗迹 ………………………… 18

第三节 三星堆遗址与鱼凫王朝 ………………………… 20
一、三星堆遗址考古发现历程 ……………………… 20
二、出土文物与传说中的古蜀鱼凫王朝 …………… 22

第四节 金沙遗址与杜宇王朝 …………………………… 28
一、金沙遗址与蜀王杜宇 …………………………… 28
二、太阳神鸟金箔与古蜀人的精神世界 …………… 31
三、金沙遗址出土文物与古蜀先民的对外交流 …… 36

第五节 成都近年考古发现与古蜀开明王朝 …………39
一、成都考古发现与开明王朝 ………………39
二、古蜀先民的文化符号 ……………………41
三、古蜀先民的丧葬习俗 ……………………43
四、战国时代的古蜀兵器 ……………………45

第二章 秦灭蜀国与成都的中原化 …………… 49
（公元前316—公元前221年）

第一节 秦灭蜀国前蜀地与外界的交流 ………50
一、古代的蜀国与国外的交流 ………………50
二、金牛道的开辟与司马错伐蜀 ……………52

第二节 战国时期成都城市的发展 ……………58

第三节 李冰修建都江堰及蜀地的水神崇拜 …62
一、李冰修建都江堰 …………………………62
二、都江堰的工程原理 ………………………65
三、后人对李冰的崇敬 ………………………68

第三章 秦汉成都"列备五都" ………………… 71
（公元前221—220年）

第一节 "天府之国"与"列备五都" ……………72
一、从"天府之国"到"列备五都" ……………72
二、西汉织机与丝路名城 ……………………75
三、领先世界的科技之都 ……………………79

第二节 两汉时期成都的休闲活动 ……………83
一、说唱俑与成都的民间艺术 ………………83
二、茶叶产地与漆器中心 ……………………85

第三节　两汉时期蜀学的巨大成就 ················ 88
　　　一、蜀学的兴起与昌盛 ·························· 88
　　　二、道教的产生与发展 ·························· 94
　　　三、医学的巨大成就 ···························· 98

第四章　魏晋南北朝时期 ···························· **103**
（220—581 年）

　　第一节　蜀汉立国与三国鼎立 ······················ 104
　　　一、武侯祠与蜀汉立国 ·························· 104
　　　二、攻心联与诸葛亮治蜀 ························ 109
　　　三、青铜弩机与蜀汉的军事活动 ·················· 114
　　　四、汉魏画像砖与成都社会生活 ·················· 118

　　第二节　成汉的建立与衰亡 ························ 122
　　　一、成汉陶俑与成汉建国 ························ 122
　　　二、汉兴钱与成汉经济社会发展 ·················· 124
　　　三、成汉的衰落与灭亡 ·························· 127

　　第三节　魏晋南北朝时期成都的文化成就 ············ 128
　　　一、万佛寺佛像与魏晋时期佛教的兴盛 ·········· 128
　　　二、鹤鸣山等道教名胜见证下的道教起源 ······ 132
　　　三、《三国志》和《华阳国志》引领的史学繁荣　135

第五章　隋唐五代十国时期 ·························· **141**
（581—960 年）

　　第一节　隋唐时期成都的手工业与文学艺术 ·········· 142
　　　一、隋唐时期成都高度发达的手工业 ············ 143
　　　二、杜甫草堂与客居蜀中的著名诗人 ············ 150

三、隋唐五代时期蜀中的绘画艺术 …… 154

第二节　成都的城市街区遗址与"扬一益二" …… 158
　　一、唐宋街坊遗址与唐代成都的繁盛 …… 158
　　二、成都文物与"扬一益二"之称 …… 161
　　三、"陀罗尼经幢"与成都的民间信仰 …… 163

第三节　永陵与前蜀政权 …… 165
　　一、"永陵"与前蜀政权的兴衰 …… 166
　　二、王建石像：迄今为止中国帝陵出土的
　　　　唯一的皇帝雕像 …… 168
　　三、"二十四伎乐"与唐末五代的音乐 …… 170

第四节　"芙蓉城"与后蜀政权 …… 172
　　一、花蕊夫人与"芙蓉城" …… 173
　　二、后蜀石经："中国古代最强教材" …… 175
　　三、赵廷隐墓与唐末五代的丧葬习俗 …… 176

第六章　宋元时期 …… **179**
（960—1368年）

第一节　宋代成都的街坊与商业 …… 180
　　一、江南馆街街坊遗址与宋代成都的市井 …… 180
　　二、宋代成都高度发达的商品经济 …… 182
　　三、其他经济领域的繁盛 …… 188

第二节　宋代成都的文化成就 …… 193
　　一、两宋名士 …… 193
　　二、蜀学名著 …… 197
　　三、蜀刻雕版印刷的中心 …… 201

第三节　壮丽大城的历史兴衰 …… 206

一、宋蒙战争的乱世硝烟 ………………………………… 206
　　二、行省制的设立与经济文化的恢复 …………………… 210

第七章　明清时期 ……………………………………………… **217**
（1368—1911 年）

第一节　成都的蜀王与蜀王陵 ………………………………… 218
　　一、老皇城：成都蜀王府的兴衰 ………………………… 218
　　二、"十陵"与蜀王世系 ………………………………… 221
　　三、孤本蜀王文集：明代宗室教育的集中展现 ………… 223

第二节　彭山"江口沉银"与张献忠据蜀称帝 ……………… 227
　　一、彭山"江口沉银"与大西政权 ……………………… 228
　　二、"圣谕碑"与张献忠"屠蜀" ………………………… 233

第三节　"湖广填四川"与成都移民文化 …………………… 235
　　一、广东会馆与"湖广填四川" ………………………… 235
　　二、移民文化与成都社会风尚 …………………………… 240

第四节　晚清成都经济社会的发展 …………………………… 242
　　一、《锦江书院纪略》与锦江书院的重建 ……………… 242
　　二、尊经书院与近代蜀学复兴 …………………………… 245
　　三、四川机器局的兴建 …………………………………… 247

第八章　民国时期 ……………………………………………… **251**
（1912—1949 年）

第一节　成都混战与四川军阀 ………………………………… 252
　　一、川、滇、黔军阀成都巷战 …………………………… 253
　　二、防区制的设置与川军内部的混战 …………………… 255
　　三、孙中山铜像与春熙路的兴建 ………………………… 259

四、大邑刘氏庄园与"二刘大战" …………… 261

第二节　新文化运动与马克思主义在成都的传播 …… 265
　　一、吴虞、李劼人、王光祈等人与成都新
　　　　文化的传播 …………………………………… 265
　　二、《人声报》与成都马克思主义的传播 ……… 268
　　三、留法勤工俭学 ………………………………… 271
　　四、"努力餐"与车耀先的地下斗争 …………… 273

第三节　四川民众对抗日战争的支援 ……………………… 276
　　一、"无名英雄纪念碑"与川军出川抗日 ……… 276
　　二、四川对抗战的支持 …………………………… 278
　　三、"特种工程"建设 …………………………… 283

第四节　彭县起义与成都解放 ……………………………… 285
　　一、走向人民阵营：刘文辉与彭县起义 ………… 285
　　二、成都解放：古城迎新生 ……………………… 287

后　记 ………………………………………………………… 290
参考文献 ……………………………………………………… 292

第一章

古蜀传说与古蜀文明

(公元前316年之前)

GUSHU CHUANSHUO YU
GUSHU WENMING

随着历史学和考古学的进步，人们逐渐认识到中华文明的起源并不是单一的，而是同时有多个起源。这种被考古学家称为"满天星斗式"的文明起源论，认为中华文明的构成是复杂而多元的。以成都平原为中心的长江上游地区，是中华文明重要源头之一的古蜀文明的发源地，大约从距今4500年起，这一地区就出现了最初的人类文明，历经宝墩文化、三星堆文化、金沙文化等不同发展时期，至迟在春秋战国时，古蜀文明逐渐融入中原文明。古蜀文明在自身发展过程中呈现出鲜明的特色，民间传说和史书典籍中记载的"蚕丛""鱼凫""杜宇""开明"等古蜀先王，在近年来发现的成都平原史前城址、三星堆遗址、金沙遗址、商业街船棺葬遗址等考古遗址中得到印证。

第一节 古蜀传说与族群的形成

一、早期古蜀先民与蜀地神话传说

关于古蜀先民的来源，传统的史学家认为蜀人源于黄帝一族。比如，西汉司马迁《史记·五帝本纪》记载："黄帝居轩辕之丘，而娶于西陵之女，是为嫘祖。嫘祖为黄帝正妃，生二子，其后皆有天下：其一曰玄嚣，是为青阳，青阳降居江水；其二曰昌意，降居若水。昌意娶蜀山氏女曰昌仆，生高阳，高阳有圣德焉。"[1]《华阳国志》也记载："蜀之为国，肇于人皇。"[2] 类似的记载在历代史书中颇为流行，都认为蜀人与黄帝有着密切的血缘关系。但是，这类史书典籍的记载，显然是站在"中原正统"的立场来看待古蜀文明的起源，因此不少学者曾提出不同的看法，比如著名考古学家童恩正先生就认为：古蜀先民发源于岷江上游的河谷地区，以渔猎为生，以大石为崇拜对象。[3] 这一观点

---

1 （汉）司马迁撰：《史记》，中华书局，1982年11月，第10页。
2 （晋）常璩撰：《华阳国志》，商务印书馆，1938年2月，第27页。
3 童恩正著：《古代的巴蜀》，重庆出版社，1998年12月，第66～70页。

在后来的考古工作中得到不断证实。

1990年中国社科院考古研究所四川工作队在广元中子镇营盘梁进行了大规模的考古发掘,采集到遗存物2000多件,其中细石器标本1400多件,可供考察的标本有500多件,是四川境内发现的文化特征突出、遗物最为丰富的一处细石器存址。[1]无独有偶,2000年下半年,成都市考古研究所对位于阿坝藏族羌族自治州茂县凤仪镇的营盘山遗址进行了历时三年的考古发掘工作,其发掘的成果显示,距今5500∽5000年,这里已经形成了一个大规模的人类聚集区。该遗址不仅有人殉坑、祭祀坑、地基、广场,还出土了数千件带有巴蜀文明特色的石器、玉器、骨器、陶器。通过出土文物可以发现,当时的人们已会用火制陶,表明当时该地人口密集,文明程度较高。此外,营盘山遗址还出土了许多石棺、石椁。这与常璩在《华阳国志》中记载的古蜀人丧葬习俗"死,作石棺、石椁,国人从之,故俗以石棺椁为纵目人冢也"[2]相一致,可以推断该遗址与古蜀先民的活动关系密切。

◎营盘山遗址

---

[1] 细石器文化:是指以使用形状细小的打制石器为标志的人类物质文化发展阶段。细石器出现于旧石器时代晚期,盛行于中石器时代,常见器形有石叶、石镞、小石刀、石片等。
[2] (晋)常璩撰:《华阳国志》,商务印书馆,1938年2月,第27页。

◎营盘山考古发掘现场

从这些零散的考古遗迹我们可以推断出,古蜀先民应是发源于岷江上游,再迁徙到成都平原,在其定居成都平原后才发展出了具有明显地方特色的巴蜀文明。考古出土的各种文物也证实,古蜀先民以石棺、船棺为主要葬俗,其生产模式逐渐从采集渔猎向农耕经济转换,其文明水平在当时看来具有很高的程度。至战国末期,秦灭蜀后,古蜀先民大部分渐渐融合于汉族之中,其中也有一部分逃亡到成都平原西部、南部的山区,是汉晋时期西南夷的重要组成部分。

人类早期的历史往往都与神话传说相联系,全球各古文明起源中心的早期历史大多均与神话传说有关。由于受当时生产力的局限,先民们往往通过神话传说反映其自身对于人与自然世界和宇宙世界的关系的认识,因此,神话传说蕴涵着先民们丰富的哲学思想。在成都平原这片沃土之上,也流传有许多关于古蜀文明的神话传说,而在有关古蜀先民的神话传说中,"五代蜀王"的传说最为人所熟知。

蚕丛传说

在古代文献中，关于蚕丛的笔墨并不多。晋人常璩在《华阳国志》中记载："周失纲纪，蜀先称王。有蜀侯蚕丛，其目纵，始称王。死，作石棺、石椁，国人从之，故俗以石棺椁为纵目人冢也。"[1] 在时代较早的西汉扬雄《蜀王本纪》中亦有"蜀之先称王者，有蚕丛、柏濩、鱼凫、开明。是时，人萌椎髻左衽，不晓文字，未有礼乐。从开明已上至蚕丛，积三万四千岁"[2]之说。东汉许慎《说文解字》一书对"蜀"字的释义为："蜀，葵中蚕也。从虫，上目象蜀头形，中象其身蜎蜎。"[3] 这些关于蚕丛的记载虽然零星，但为我们勾勒出了蚕丛活动的大概轮廓。

从以上文献记载可以看出，作为蜀中称王第一人，蚕丛善于养蚕，长相因"纵目"而显独特。蚕丛的这些特征在成都平原出土的文物中似乎得到了印证。比如，广汉三星堆遗址中出土了大量纵目面具，其中，铜戴冠纵目面具最具有代表性，这种形制的青铜器在三星堆遗址中有多件出土，有着"千里眼、顺风耳"的造型。整个面具通高65厘米，宽138厘米，眼珠呈圆柱状，脱离眼眶16.5厘米，鼻梁上镶嵌66厘米的纹饰，加以卷云纹，整体走势呈夔龙状。雕琢精美，造型夸张，气势煊赫，壮美凌人。该面具出

◎三星堆出土的铜戴冠纵目面具

1　（晋）常璩撰：《华阳国志》，商务印书馆，1938年2月，第27页。
2　王文才、王炎编著：《蜀志类钞》，巴蜀书社，2010年10月，第1页。
3　（汉）许慎撰：《说文解字》，社会科学文献出版社，2006年2月，第746页。

土时尚见眼、眉处描黛色，口唇涂朱砂。其整体造型神秘诡谲，风格雄奇华美，在三星堆各类人物形象中颇为突出，充分反映了古蜀先民渴望认知世界、探索宇宙的精神追求。戴冠纵目面具形制朴素奇诡，神秘怪诞，令人顿生敬畏之心，展现了巴蜀青铜艺术的独特风格。

柏灌传说

柏灌是传说中古蜀五代蜀王的第二位，常璩《华阳国志》记载：蚕丛之后，"次王曰柏灌。次王曰鱼凫"[1]。

柏灌作为传说中古蜀的第二代蜀王，有关其活动的文献甚少，神话传说中也只有含糊的概念，并无具体的故事流传。有历史学家指出，柏灌氏可能是夏部族联盟的斟灌氏，最初居住在岷山。学界也有另一种说法，称柏灌氏为古羌族的一支，是时，因不堪连年征战，一部分羌族人从岷江上游进入四川盆地，以躲避战争。他们来到一处"柏树林"落脚，那里有丰富的铜矿、玉石和陶土可供他们生活，于是就倡议改称部族为"柏灌氏"，而带领羌民逃难而来的领袖被推举为新的部落首领。也有专家认为"柏灌"源自泊灌，意为该部落人民善于种植。

因文献记载较少且缺失严重，关于柏灌的活动轨迹一直众说纷纭，但有一点可以确定，三星堆等早期古蜀遗址出土的青铜器、玉石器等文物上多有鸟、鹤的图案出现，这似乎表明在古蜀先民的生产生活中，鹤、鸟、凫等鸟类动物曾发挥过重要作用。

---

1 （晋）常璩撰：《华阳国志》，商务印书馆，1938年2月，第27页。

鱼凫传说

鱼凫是传说中古蜀五代蜀王的第三位。相较于蚕丛、柏灌，有关第三位蜀王鱼凫的记载就明显增多。鱼凫时代的古蜀先民大约生活在成都温江一带，以渔猎、游牧为主，其活动范围包括了成都周边温江等地，从结绳记事到象形文字符号的诞生都与鱼凫族群息息相关。

常璩《华阳国志》中关于鱼凫王朝的记载有："鱼凫王田于湔山，忽得仙道。蜀人思之，为立祠。"[1] 扬雄《蜀王本纪》中对鱼凫王朝记载道："后者名鱼凫。此三代各数百岁，皆神化不死，其民亦颇随王化去。王猎至湔山便仙去，今庙祀之于湔。时蜀民稀少。"[2] 又有《山海经·海内南经》说："氐人国在建木西，其为人人面而鱼身，无足。"[3]《山海经·大荒西经》又有："有鱼偏枯，名曰鱼妇。颛顼死即复苏。"[4] 鱼凫是一种善于捕鱼的水鸟，即今日所说的鱼鹰。专家们从这些文献记载中推断，传说中的鱼凫王国，或许是由一群依水而居、善于采集渔猎的古蜀族群建立的。

关于鱼凫王朝历史活动的记载十分稀少，但民间却有"鱼凫架桥""大战饮马河"等神话故事流传。传说鱼凫王国境内有条大河名叫马坝河，河水深不见底，居住在岸边的民众靠打渔为生。然而，这个族群的首领是个凶残贪婪的人，民众在首领的统治下生活十分艰难。这时，族群中有一个年轻人既聪明又勇敢，他对首领残暴的统治十分不满，于是召集民众起来反抗，推翻了旧有首领的统治，建立起一个以打渔为主要生产手段的新王国，这个王国就是"鱼凫国"。

在新首领的带领下，鱼凫国的民众得以休养生息，势力逐渐强大起来，于是部族的民众也想扩大地盘，对外交通。鱼凫国的首领在谋划许久后，在一天夜里攻击了马坝河对岸的另一个部族，大获全胜，在路过马坝河

1　（晋）常璩撰：《华阳国志》，商务印书馆，1938年2月，第27页。
2　王文才、王炎编著：《蜀志类钞》，巴蜀书社，2010年10月，第2页。
3　（晋）郭璞注，（清）郝懿行笺疏，沈海波校点：《山海经》，上海古籍出版社，2015年4月，第287页。
4　（晋）郭璞注，（清）郝懿行笺疏，沈海波校点：《山海经》，上海古籍出版社，2015年4月，第370页。

时休息整备，让部族的战马到河边饮水。打下对岸的部族后，鱼凫国又开始进攻今彭州、绵州等地，但那边的许多部族早已听到消息，联合起来共同抵御，鱼凫国的军队寡不敌众，吃了败仗，只好仓皇逃回马坝河边。但仓皇逃回马坝河边的鱼凫军队无法渡河，场面十分危急，鱼凫首领也急得无可奈何。正在鱼凫首领焦急万分之时，河面上突然飞来满天的鱼鹰浮在水面上，整齐排列，就像搭了一座浮桥。鱼凫国的军队赶紧从这座桥上跑回去了。等到其他部族的追兵赶到时，鱼鹰忽而飞走，追兵无法渡河，只好退兵作罢。后来，鱼凫国的人们为了报答鱼鹰的救命之恩，便在马坝河上修建了一座木桥，命为"鱼凫桥"。这便是民间流传的"鱼凫架桥"的故事。

另一个故事"大战饮马河"是这样描述的：相传鱼凫国定都温江后，为了进一步发展国内的经济，便派国内的民众前往湔山去开垦未经开发的土地。但是这个举动使得温江城中鱼凫国的军力空虚，西蜀境内另外一个名叫"獠仡子"的部族趁机攻占了鱼凫国的温江城。鱼凫首领得知温江被攻占后十分愤怒，立即派军队回城营救，他赶到饮马河边便下令军队乔装成普通民众，在河边祈求鱼凫王回来，以营造鱼凫军队还在外地的假象。"獠仡子"见鱼凫国的人夜晚在河边苦苦哀求，便以为鱼凫军队还在远方，于是大摇大摆地渡过大河，来到对岸，准备攻占对岸的土地。正当"獠仡子"渡河的时候，鱼凫首领率军队突然袭击，打得敌军措手不及，"獠仡子"在前后夹击之下很快败下阵来。

类似的传说故事虽然多有荒诞的成分，但对我们认识古蜀先民的活动轨迹大有裨益。近年来的考古发现如三星堆遗址中出土了大量与鸟有关的器物，鸟头勺柄、金杖上的鸟形和鱼形图案等，颇能反映出古蜀民众对鱼、鸟的崇尚。这些鱼形、鸟形器物的发现虽无法佐证传说故事的真实性，但却能反映出采集渔猎在古

◎三星堆出土的鸟形铜器

蜀先民生活中的重要意义。对鱼、鸟的崇尚作为一种习俗，在后来的古蜀王朝统治时期仍沿袭不衰，金沙遗址出土的金冠带上也刻画有相似的鱼、鸟图案，便是一个很好的例证。

杜宇传说

杜宇是传说中古蜀五代蜀王的第四位。西汉扬雄《蜀王本纪》载："后有一男子名曰杜宇，从天堕止。朱提有一女子名利，从江源地井中出，为杜宇妻。宇自立为蜀王，号曰望帝。"[1]常璩在《华阳国志》中记载"后有王曰杜宇，教民务农。一号杜主"[2]。杜宇娶朱利为妃，在成都平原的腹心地带修建了都城郫邑，并将蚕丛时代的瞿上城作为别都。杜宇取代鱼凫建立了新的古蜀王朝，由于积极发展农业而国力昌盛，后来杜宇称帝，号曰"望帝"。

杜宇王朝期间，蜀人的疆域得到了极大扩张，"以褒斜为前门，熊耳、灵关为后户，玉垒、峨眉为城郭，江、潜、绵、洛为池泽，以汶山为畜牧，南中为园苑"[3]。值得注意的是，文献记载杜宇最主要的功绩为"教民务农"，故巴蜀民众将杜宇奉为农神。与以采集、渔猎为主要生产方式的蚕丛、柏灌、鱼凫时期相比，此时蜀地的社会经济结构已经发生了重大变化。杜宇是第一位在蜀地称帝的人，他取代鱼凫成了蜀地的首领，并带领蜀地民众发展农业，有很大作为。关于杜宇的传说民间多有流传，其中最出名的当数"杜鹃啼血"的故事。

古蜀时代，由于水利建设的不发达，成都平原时常受到水旱灾害的影响，故治水防旱是摆在古蜀统治者面前最迫切的事情。杜宇虽然才能出众，率领蜀地民众种植垦务，但在治水方面的成效上却十分有限。杜宇无法很

---

1 王文才、王炎编著：《蜀志类钞》，巴蜀书社，2010年10月，第3页。
2 （晋）常璩撰：《华阳国志》，商务印书馆，1938年2月，第27页。
3 （宋）乐史撰：《太平寰宇记》，中华书局，2007年11月，第1458页。

好地治理蜀地的水患，于是任命来自长江中下游熟悉水利的鳖灵为相。鳖灵担任蜀相后，主持政务，兴修水利，开凿峡道，用疏通的方式解决水患，将蜀地治理得井然有序，深得蜀地民众的认可，在民众中也有了很高的威望。杜宇见状，就按照当时的惯例，将自己君主的位置禅让给了鳖灵。鳖灵成为蜀地新的君主，号"开明"，又称为"丛帝"。

杜宇让位鳖灵后便退居山林，不再过问政事。谁知没过多久，蜀地民间传言鳖灵治水期间与杜宇的妻子私通（一说杜宇霸占鳖灵的妻子），并说杜宇是因为羞愧才让位于鳖灵的。流言使望帝杜宇悲伤难眠，加上长期执政使他殚精竭虑，受此打击，很快一病不起，含恨逝去。他的魂魄不忍离开蜀地人民，于是化身为鸟，昼夜鸣叫，声音凄切。而蜀中人民也没有忘记他们的君主，故而把这种鸟叫作"杜鹃"，以表达对望帝杜宇的怀念。杜鹃鸟的别称很多，如"望帝""望帝魂""杜魄""蜀鸟""蜀鹃"等，都是源自这个故事。

◎成都市郫都区"望帝陵"

鳖灵传说

鳖灵即传说中古蜀五代蜀王的最后一位，号"开明"。如前所述，在杜宇王朝后期，蜀地频发洪水，杜宇不能治，其相鳖灵"决玉垒山以除水害"，于是杜宇将帝位让与鳖灵。鳖灵的身份在史书典籍中的记载颇为神奇，有"荆人鳖灵死，尸化西上，后为蜀帝"的说法[1]，《后汉书》卷五十九《张衡传》中张衡《思玄赋》有云："鳖令殪而尸亡兮，取蜀禅而引世。"李

1　王仲荦著：《魏晋南北朝史》，上海人民出版社，2016年8月，第843页。

贤注:"鳖令,蜀王名也。令音灵。殪,死也。禅,传位也。引,长也。"[1]

另外,相传从前楚国有个叫鳖灵的人,他去世以后尸体并没有像常人一样腐烂,而是沿着江水逆流而上,从家乡一直漂到了蜀地,蜀地百姓将其打捞起来,他便复活了。望帝杜宇听到消息后便将鳖灵召来,两人一见如故,谈得十分投机。在交谈间,望帝觉得鳖灵不但身世奇特,而且熟悉水性,对治水很有研究。正好当时蜀地深受水患影响,望帝便将鳖灵封为蜀相,让他负责治理蜀地水患。

鳖灵担任蜀相不久,便发生了一场大的水灾。其时,因玉垒山挡住了江河的流向,蜀地爆发了严重的洪水灾害,蜀地民众苦不堪言。鳖灵因来自荆楚之地,熟悉水性,他采用疏导的方式,将玉垒山凿开一条通路,让洪水顺流而下,很好地解决了洪水的困扰,人们得以安居乐业。成功治理洪水的鳖灵在蜀地声名远扬,深得百姓爱戴,望帝见状,便将帝位让与鳖灵。鳖灵即位后,号称"丛帝",又称"开明帝",以后他的儿子继承帝位也沿用这个称号,其建立的古蜀王朝便被称为"开明王朝"。

《华阳国志·蜀志》说,丛帝之后为卢帝、保子帝等,"凡王蜀十二世",到秦惠王灭蜀后才结束了开明王朝的统治。开明王朝在古蜀历史上是一个非常重要的王朝,留下了许多记载。现在,郫都区城郊有望丛祠,始建于南齐,后经过宋朝的扩建和清代的修复,如今已成为著名的名胜古迹。郫都区望帝陵和丛帝陵两座成都平原上最古老的帝陵,虽是后人所建,但也表达了人们对望帝杜宇和丛帝鳖灵这两位古蜀历史上伟大传奇人物的怀念。

◎成都市郫都区"丛帝陵"

---

1 (南朝宋)范晔撰:《后汉书》,中华书局,1965年5月,第1925页。

二、宝墩文化与成都文明的起源

由于史书典籍中记载的古蜀五代帝王的故事大多陈陈相因,且讹误、神话之处甚多,要想解开古蜀国神秘的面纱,就需要考古学的成果予以支撑。好在改革开放以来,经过考古学家不懈的努力,在成都及其周边地区先后发现了一系列史前城市遗址,如:新津宝墩古城遗址、温江鱼凫城遗址、崇州双河遗址、崇州紫竹遗址等等,这些重大的考古发现所代表的文化在考古学界统称为"宝墩文化"。宝墩文化所处的年代距今4500～3700年,早于广汉三星堆文化,这些史前城市遗址的发现将古蜀国支离破碎的历史联系起来,为我们进一步了解古蜀先民的活动轨迹提供了重要线索。

新津宝墩古城遗址

新津宝墩古城是川西地区发现的最早、最大的古城,其建造年代大约在公元前2500年,最初面积为60万平方米,后扩增为近300万平方米。1995年,成都市文物考古研究所、四川大学考古系及日本早稻田大学联合对新津宝墩村

◎新津宝墩古城遗址航拍图

进行考古发掘,经四个月发掘后确认,宝墩古城遗址的年代比三星堆和金沙遗址的年代还要早,属成都平原古蜀文明的早期阶段。宝墩遗址的城墙大体分为两期,第一期城墙从东至西长度约为600米,由南至北长度约为1000米,总面积约为60万平方米。第二期相比第一期较为残缺,总长约为6200米,面积约276万平方米。宝墩古城遗址作为成都平原史前城址群的代表,对探索长江上游地区的文明起源有着极为重要的意义。

温江鱼凫城遗址

温江鱼凫城遗址位于成都市温江区万春镇报恩村，俗称"鱼凫城"或"古柳城"，考古学家认为这是古蜀鱼凫王朝的都城。古城遗址原长1810米，到目前保存较完整的有1300米，城址呈新月形。1996年，成都市考古研究所会同温江文管所对鱼凫古城进行了考古发掘，出土了大量的陶片和体形较小、打磨精美的石斧、石凿、石锛等石器。遗址城墙基脚用卵石砌底，后夯土而成。1999年又出土了大量的遗物，其中石器100余件、陶器数十件，还发现了房址、城墙、墓葬等大量遗迹。鱼凫城遗址属新石器时代晚期城址，是三星堆遗址和金沙遗址的前身，也是古蜀国的发源地之一。

崇州双河遗址

崇州双河遗址，又名双河古城或下芒城遗址，位于成都市崇州市上元乡芒城村，距今约4000年。遗址总面积10万多平方米。现存城墙高2～3米，宽18～20米，分为内外双城圈，内外圈之间的壕沟宽12～20米。现西墙部分已经被水冲毁，东墙内圈长约450米，宽20～30米，高3～5米，北墙和南墙残长约200米，宽15～30米，高2～3米。崇州双河遗址是成都平原新石器时代古城遗址之一，是宝墩文化遗址的重要组成部分。

◎崇州双河遗址三孔石钺

崇州紫竹遗址

崇州紫竹遗址位于成都市崇州市燎原乡紫竹村,年代距今约4300年,是新石器时代成都平原宝墩文化城址之一。该遗址城墙分内外两圈,平面呈"回"字形,面积约20万平方米。遗址内墙边长400米,墙体宽5～25米,高1～2米,北城墙和东城墙保存较好。外墙多被破坏,部分地段城墙宽3～10米,高1～2米。崇州紫竹遗址是成都平原目前发现的三座具有内外城墙结构的古城之中最大最早的一座,发掘出灰坑、红烧土堆积等遗迹,以及石斧、石锛、石凿、陶喇叭口高领罐、绳纹花边罐和尊等文物。紫竹遗址是三星堆文化的起源地之一,其年代较早,为研究成都的历史和社会发展进程提供了非常有价值的实物资料。

◎崇州紫竹遗址

郫县古城遗址

郫县古城遗址位于成都市郫都区古城镇,是成都平原多处史前城址中保存最为完好的一处。郫县古城遗址属新石器时代晚期,距今4000年左右。遗址所在位置海拔565米。平面形状呈规则长方形,遗址地面现存城墙长度约620米,宽490米,面积约30.4万平方米。郫县古城

◎郫县古城遗址航拍图

遗址是成都平原史前城址中四周城墙均保存得较为完好的一座，在古城中发掘出大面积的房址，推测其为礼仪性建筑遗迹。

都江堰芒城遗址

◎都江堰芒城遗址

都江堰芒城遗址位于成都市都江堰市青城山镇芒城村，为一处新石器时代城址。距今4500～4300年。其城址南北长约350米，东西宽约310米，面积约11万平方米。保存较好，城墙呈较规则的矩形，为内外双圈城墙，宽5～20米，高1～3米，内外城墙间有一宽约20米的壕沟。考古工作者在1996至1999年间共进行了四次发掘，发掘面积累计达2582平方米。该遗址出土了大量的陶片和石器，陶片有夹砂灰黑陶、褐陶、红陶和泥质灰白陶等，纹饰有绳纹、划纹、戳印纹等，出土的石器有斧、锛、凿、钺、镞、刀和石料等，还出土了较多的陶纺轮。在1998年的发掘中，考古学家在城址的东南角发现了一座完整的竹骨泥墙房址，首次证实了竹骨泥墙在成都平原史前城址群中的存在，为探索成都平原史前房屋的形状与结构提供了重要的实物资料。作为四川盆地新石器文化的代表，芒城遗址对建立四川盆地考古学文化序列具有重要的参考价值。

上述宝墩文化的各个遗址在规模和年代上各有差异，但相似之处也很明显，即多修建于河道旁地势平坦的地区，其年代均早于三星堆文化。到目前为止，位于成都平原周边的宝墩文化遗址与岷山地区发现的如茂县营盘山史前遗址等更早的遗址之间的联系还不明确，但可以确定的是，成都

平原的文明一定受到了岷山地区文明的影响,这似乎也印证了古蜀族群源于岷山的记载。

宝墩文化时期是成都平原人口急剧增长的时期。这个时候的古蜀先民开始走出岷山一带,来到了地势平坦、气候条件更为优越的成都平原周边。随着农业生产的进步,古蜀先民的生产生活方式开始逐渐从采集、渔猎向作物栽培过渡,同时,各个族群之间的冲突逐渐加剧,族群内部出现社会分化,古蜀先民开始走向以城市为基础的部落时代。

第二节 宝墩文化、早期三星堆文化与蚕丛、柏灌传说

李白《蜀道难》诗云:"蚕丛及鱼凫,开国何茫然?"古蜀王朝的源头一直都是谜一般的存在,充满神秘的色彩。中华人民共和国成立以来,考古学家先后发现了众多的史前城市遗址,但这些城市遗址与文献典籍中记载的五代蜀王究竟有什么联系?五代蜀王能否一一对应这些考古发现的遗址?类似的许多问题都有待考古学家和历史研究者来解决。

一、宝墩文化遗址

宝墩文化遗址是成都平原近年来发现的典型的新石器时代遗址。宝墩文化遗址大致可以对应中原的龙山文化时代,是目前成都平原发现的史前最早的古城址。自1995年起,四川省成都市文物考古队与四川大学考古系等单位在新津、郫县(今郫都区)、温江、都江堰、崇州等地陆续发现了一批距今约四五千年的史前城址,其中以新津宝墩村的城址最具有代表性,于是专家们将这些城址所代表的文化统称为"宝墩文化"。宝墩文化是营盘山一带古蜀文化的延续,它的发现对了解夏商时代古蜀文明的发展有重大意义。

以几大古城遗址为代表的宝墩文化遗址有以下几个特点：其一，这些古城遗址大都采用"双向堆土、斜向拍夯"的手法，墙基宽20～30米，上部现存残宽7～20米，墙面整体呈外陡内缓。其二，古城遗迹大多位于成都平原河流边，城墙的走势与河流走向一致，古城遗址外部大多为长方形或正方形，有利于防洪及设防，同时也证明古蜀先民主要以渔猎经济为主。其三，城市的功能作用明显。位于成都平原的新津宝墩古城遗址、温江鱼凫城遗址、郫县古城遗址因地势作用影响，城市规模相较于其他古城遗址较大，其中宝墩古城遗址第一期的总面积更是达到了60万平方米。而位于成都平原边缘地区的古城遗址，如崇州紫竹遗址、都江堰芒城遗址等因靠近高山，易守难攻，受地理环境所限，面积较小。从出土的文物看，宝墩、鱼凫城等遗址所出土的生活器具更多，而紫竹、芒城等遗址出土的作战武器较多，这也从侧面反映了当时不同城市的功能不同。

从宝墩文化遗址出土的大量文物可以看出，古蜀先民主要的生产工具为石器和陶器。石器主要分为石斧、石锛和石箭镞三大类。其中石斧是新石器时代较为常见的生产生活工具，制作简便、工艺较差，多由河边鹅卵石打磨而成，有开口，可以作为武器和工具使用。石锛是一种体积较小的工具，即石质的平头斧。这种器物大多制作精良、刀口锋利，古蜀人用其砍伐、刨土、剥兽皮，甚至进行其他精细的加工。石箭镞十分小巧锋利，呈薄刀片状，主要用作打猎。在使用时，石箭镞既可以装在木棒上成为弓箭，也可以系上绳子投掷用以捕获猎物。这三类器物中，石斧、石锛先是生产工具，后来逐渐演变成武器，最后成为象征权力的礼器。

除此之外，宝墩遗址群还出土了许多农业器具，为我们揭开古蜀先民农业生产的神秘面纱提供了重要依据。在宝墩遗址群发现了一定数量的水稻硅酸体，由此看出，当时水稻已经在成都平原广泛种植。与此同时，遗址群内还发现了一定数量的稻、粟等农作物，说明成都平原的农业生产模式具有稻粟并存的特点。

◎宝墩文化石箭镞

◎宝墩文化石锛

◎宝墩文化石斧

农业的生产和发展，使古蜀先民从食物采集者向食物生产者转变。随着生产力的提升，剩余农产品开始出现，这也促进了阶级的分化，进而使得原始国家形成，原始国家的形成又推动了文明水平的提高。因此，宝墩文化遗址群的考古发掘，对于我们了解成都平原史前文明的发展，了解古蜀先民的社会生活生产方式具有重要的作用。

◎宝墩古城遗址中发掘的种植稻、粟的地点

二、早期三星堆文化的遗迹

从考古学的角度看，三星堆遗址出土文物体现的时段可分为三期，其中早期（一期）三星堆文化的时间大致在中原龙山文化时代至夏代，按照文化的特点也应属于宝墩文化。

1933年华西大学博物馆葛维汉、林名均首次对三星堆进行发掘，中华人民共和国成立以后，四川省文物管理委员会、四川大学历史系等于1956年、1958年、1963年、1964年、1980年在广汉开展了一系列考古发掘，当时称这一带的古遗址为中兴古遗址。1980年11月至1981年5月，四川省文管会、四川省博物馆和广汉县文化馆在三星堆进行发掘。考古工作者在土壤堆积的下层发现明显早于夏商时期三星堆文化的少量早期遗存。这些文化遗存被区分和确定为三星堆遗址一期遗存，其性质具有新石器时代晚期文化的特征，与成都平原宝墩文化遗存较为相似。

三星堆一期出土陶器以夹砂陶为主，有红褐陶和灰褐陶两类，多饰以绳纹，有的也在唇沿部施绳纹或做成近似花边的装饰。此外还出土了许多小型的石斧、石锛、石凿等石器工具，发现房屋基址18处、灰坑3个、墓葬4座、玉石器110多件、陶器70多件及10万多件陶片。三星堆一期年代上限距今4500年左右，大致延续至距今3000年左右，即新石器时代晚期至夏商时期。1992年，在三星堆遗址的城墙剖面上，考古人员还观察到夯土堆积和夯土层中包含着三星堆遗址下层（一期）的遗物，发现城墙夯土叠压打破了被认为属于龙山时期的三星堆早期遗存的地层堆积和房址。因此，考古学界一般认为，三星堆一期与二期文化之间有比较大的距离和差异，并将三星堆一期划为新石器时代晚期文化，属于宝墩文化。

宝墩文化时期的城址具有大型建筑群，并有石质工具的出土，考古学家分析这些城址应是当时古蜀人政治、经济、宗教活动的中心，而如此多的具有防御功能的城市出现，必然是当

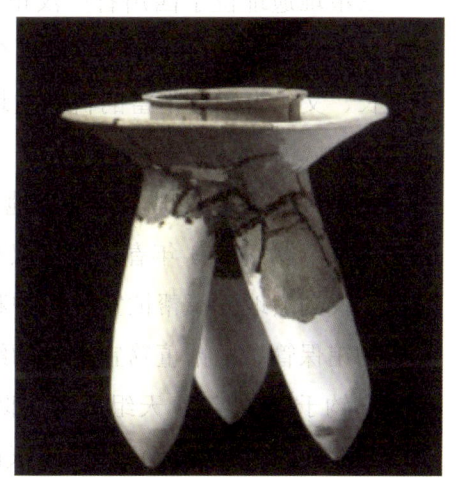

◎三星堆一期遗址陶罐

时族群之间激烈冲突的产物。从时间上看，这些城址大约与中原传说中尧舜禹的时代相当，似乎也属于典籍中记载的五代蜀王的蚕丛、柏灌时期。但史书典籍中有关五代蜀王的记载本身就具有强烈的神话色彩，加之目前并无更多的文献和考古材料的支持，宝墩文化、早期三星堆文化与蚕丛、柏灌王朝之间是否存在必然的联系，目前还不得而知。

第三节 三星堆遗址与鱼凫王朝

《蜀王本纪》载："蜀王之先名蚕丛，后代名曰柏濩，后者名鱼凫。此三代各数百岁，皆神化不死，其民亦颇随王化去。"[1] 鱼凫是文献记载中古蜀的第三代国王，鱼凫时期古蜀先民主要以捕鱼为生，而在三星堆遗址第二期、第三期考古发掘中出土的大量与渔猎有关的文物，似乎佐证了鱼凫王朝的存在。

一、三星堆遗址考古发现历程

三星堆遗址位于四川省广汉市西北的鸭子河南岸，分布面积12平方千米，距今5000～3000年，是迄今在西南地区发现的范围最大、延续时间最长、文化内涵最丰富的古城遗址。现有保存完整的东、西、南城墙和月亮湾内城墙。

三星堆遗址的发现，始于当地农民燕道诚于1929年淘沟时偶然发现的一坑玉石器。1931年春，在广汉县传教的英国传教士董笃宜听到这个消息后，找到当地驻军帮忙宣传保护和调查，还将收集到的玉石器交华西大学博物馆保管。根据董笃宜提供的线索，华西大学博物馆馆长葛维汉和助理林名钧于1934年春天组成考古队，由广汉县县长罗雨仓主持，在燕氏发现玉石器的附近进行了为期10天的发掘。发掘收获丰富，根据这些材料，

---

1 王文才、王炎编著：《蜀志类钞》，巴蜀书社，2010年10月，第2页。

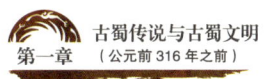

葛维汉整理出《汉州发掘简报》。遗憾的是，三星堆遗址自1934年首次发掘以后，发掘工作就处于长期停滞状态。

20世纪50年代开始，考古工作者又恢复了三星堆的发掘工作。当时大家还没有认识到三星堆遗址的巨大规模，所以将三星堆遗址北部的月亮湾和南部的三星堆各自当作一个遗址，分别命名为"横梁子遗址"和"三星堆遗址"。1963年，由冯汉骥领队，四川省博物馆、四川大学历史系组成的联合考古队再次发掘了三星堆遗址的月亮湾等地点，恢复了三星堆遗址和文化的基本面貌。当时，冯汉骥教授曾认识到，三星堆"遗址如此密集，很可能就是古代蜀国的一个中心都邑"[1]。

◎葛维汉（右一）、林名均（左一）与部分协助发掘的当地乡绅合影

◎著名考古学家、四川大学教授冯汉骥

20世纪八九十年代以后，三星堆遗址迎来了大规模连续发掘时期，前后长达20年。1980至1981年的发掘，清理出成片的新石器时代房址遗迹，出土标本上万件，还发现了具有分期意义的地层叠压关系。这次发掘的发掘报告《广汉三星堆遗址》中指出，三星堆是"一种在四川地区分布较广的、具有鲜明特征的，有别于其他任何考古学文化的一种

---

1 江章华、李明斌著：《古国寻踪：三星堆文化的兴起及其影响》，巴蜀书社，2002年4月，第5页。

古文化"[1]，已经具备了夏鼐提出的命名考古学文化的三个条件，建议命名为"三星堆文化"。

1982年和1984年，考古工作者分别在三星堆西南和西泉坎进行了两次发掘，发现三星堆遗址最晚期的遗存。1986年发现了大量文物和复杂的地层叠压关系。根据这些年的发掘材料，一些考古研究者开始了三星堆遗址分期的尝试。也正是在1986年，两处埋藏有丰富宝藏的长方形器物坑被意外发掘，出土了大量的金属器，引起了海内外学术界对位于中国西南的古蜀文明的重视。在三星堆遗址大规模发掘的同时，考古工作者于1985—1987年对成都市区的十二桥遗址进行了发掘，该遗址最下层的文化面貌与三星堆遗址最晚期遗存相同，为三星堆文化的去向等问题提供了重要材料。

1990年开始，考古学界对三星堆文化和文明的探索从成都平原延伸到了渝东地区和陕南地区。

二、出土文物与传说中的古蜀鱼凫王朝

青铜是以铜、锡或铜、锡、铅为主要原料的合金。古代蜀国的铜制品有铜锡、铜铅、铜锡铅、红铜等五类。由于青铜冶炼和铸造技术上承红铜重熔、铸器的技术而来，在此基础上人们才逐步掌握了还原氧化铜矿以得到纯铜的人工冶炼方法，中国冶金术的开端早于公元前3000年。

古代蜀国的冶金术，在公元前2000年左右已达到高度成熟的发展阶段。广汉三星堆遗址一、二号祭祀坑出土的大量青铜器，是迄今已知年代最早的古蜀国大型青铜器群。其无论从合金水平还是制作技术来看，都已经达到了较高的水平。广汉三星堆遗址祭祀坑所出青铜器，初步预测总重量超过一吨，这在当时的中国范围内是不多见的。这批青铜器中的绝大多数都与同一时期蜀国的陶、石等器物形制不同，显然早已脱离模仿其他原料器物的初级阶段。在造型技术上，诸如大型青铜立人和各种青铜人头、

---

[1] 四川省文物管理委员会、四川省博物馆、广汉县文化馆：《广汉三星堆遗址》，《考古学报》，1987年第2期。

面具、神树等,其工艺很复杂,已远远超出其他任何质料所做器物的技术难度。[1]

◎三星堆小型青铜面具

◎三星堆青铜纵目面具

◎三星堆大型青铜面具

从三星堆遗址第二期、第三期的发掘来看,人们注意到了广汉三星堆自第二期文化开始,就出现了与鸟有关的器物,而第三期所出的大批器物上不仅有鸟的图案,同时还有鱼图纹饰。这一变化反映出三星堆第三期文化与鸟和鱼这两种动物密切相关,或者说在创造了三星堆文化的这个古蜀族群里,鸟和鱼在其生产、生活以及精神世界中一定占据重要位置。

在三星堆出土文物中,有一件大型青铜神树,树干残高359厘米,通

---

[1] 段渝著:《玉垒浮云变古今——古代的蜀国》,四川人民出版社,2001年8月,第244页。

高396厘米。这个大型青铜神树由底座、树干和铜龙三部分组成，采用分段铸造法铸造，使用了套铸、铆铸、嵌铸等工艺，树干顶部及龙身后段略有残缺。在我国迄今为止所见的全部青铜文物中，这株神树也称得上是形体最大的一件。

铜树底座呈穹窿形，其下为圆形座圈，底座由三面弧边三角状镂空虚块面构成，三面间以三足相连接，构拟出三山相连的"神山"意象，座上铸饰象征太阳的"⊙"纹与云气纹。树铸于"神山之巅"的正中，卓然挺拔，有直接天宇之势。

◎三星堆大型青铜神树

树分三层，每层三枝，共九枝；每枝上有一仰一垂的两果枝，果枝上立神鸟，全树共二十七枚果实、九只鸟。树侧有一条缘树逶迤而下身似绳索相辫的铜龙，整条龙造型怪异诡谲，其树干上还有大量的蚕丝纹饰、鹭鸶鸟等形象。

《山海经·海内南经》说："氐人国在建木西，其为人人面而鱼身，无足。"《山海经·大荒西经》又有"有鱼偏枯，名曰鱼妇。颛顼死即复苏"[1]的记述，有学者认为鱼妇就是鱼凫，其意是说鱼妇为颛顼所化，为颛顼的后代。有专家认为，三星堆大型青铜神树上的蚕纹与鱼、鸟形象代表着古蜀蚕丛、柏灌、鱼凫三代王。鱼凫王朝对鱼与鸟有

◎三星堆喇叭座顶尊跪坐人像

1　（晋）郭璞注，（清）郝懿行笺疏，沈海波校点：《山海经》，上海古籍出版社，2015年4月，第370页。

着特别的崇尚，说明当时农业还不发达，渔猎仍是当时先民生活中的重要生产方式。

古蜀青铜器的装饰工艺，主要有刻镂、嵌错金银丝、嵌错红铜、浮雕以及表面镀锡等。刻镂多用于纹饰图案等装饰，如三星堆出土的喇叭座顶尊跪坐人像就运用了这种工艺。三星堆喇叭座顶尊跪坐人像底座直径10厘米，座高5.3厘米，通高15.6厘米。此器由山形座和跪坐顶尊人像两部分组成，山形座座腰上铸饰扉棱，座上有弯曲朴雅的镂空花纹。人像上身裸露，乳头突出，下身着裙，腰间系带，带两端结纽于身前，纽中插物。人像头顶一带盖铜尊，双手上举捧护圈足尊腹部。整体表现的应是古蜀国巫师在神山顶上跪坐顶尊以献祭神天的情景。

此人像虽小，却是珍品。第一，它是很完整的全身像；第二，尊罍是古代重要的礼器，但人们对于其具体使用方式却有很多不同的看法，顶尊跪坐人像则为我们展示了"尊"这种器物在古代祭祀时的具体使用方式之一。从人像的造型上看，古蜀国工匠具有很高的造型能力，整个人像结构完美、比例匀称、美观耐看，具有很高的观赏性和艺术价值。

◎三星堆青铜器

从商代到战国时期，蜀国的许多青铜器上都应用了刻镂工艺，多为浅刻，花纹纤细流畅。嵌错工艺是先在青铜器上镂刻或铸出沟槽，然后将金、银、红铜等金属丝嵌入，使纹饰呈现出极强的立体感。由此可以看出，在商代晚期，古蜀地区已能大量运用先铸法，商代晚期蜀人已熟练地掌握了铜焊技术，三星堆青铜器对此提供了可靠的实物证据。

另外，三星堆还出土了一件令世人瞩目的文物——金杖。金杖全长1.42

米,直径 2.3 厘米,净重约 500 克,一号祭祀坑出土,是已出土的中国同时期金器中体量最大的一件。金杖系用金条捶打成金皮后,再包卷在木杖上;出土时木杖已炭化,仅存金皮,金皮内还残留有炭化的木渣。在金杖一端,有长约 46 厘米的一段图案,图案共分三组:靠近端头的一组,合拢看为两个前后对称、头戴五齿巫冠、耳饰三角形耳坠的人头像,笑容可掬。另外两组图案相同,其上下方分别是两背相对的鸟与鱼,在鸟的颈部和鱼的头部叠压着一支箭状物。

目前学术界有观点认为金杖的图案表现的是以鱼和鸟为祖神标志的两个部族联盟而形成的鱼凫王朝。金杖图案中箭穿鸟颈射入鱼头,人头像作开怀笑状,便反映了"颛顼死即复苏""是为鱼凫"的传说,该图案也就是鱼凫王朝的徽号、标志。另一种说法则认为金杖上的鱼鸟图象征着上天入地的功能,"鸟"代表天,"鱼"代表地,"人头"代表人,是蜀王借以通神的法器。不仅如此,金杖由纯金包裹,而黄金自古以来都被作为稀世珍宝,其价值远在青铜、玉石之上,用纯金打造的权杖代表着对社会财富的占有,象征着经济上的绝对地位。因此该神杖集政治权力、宗教权力、经济权力于一身,在当时的历史背景下,能够使用金杖的应只有蜀王。

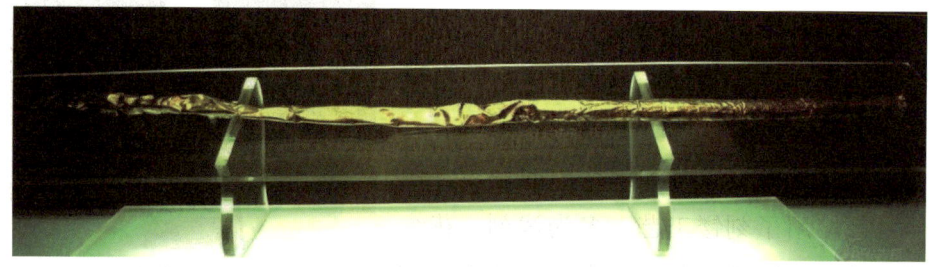

◎三星堆金杖

冶金术的起源与制陶术的进步有着不可分割的关系。矿石冶炼所必备的高温,一般是在制陶术发展到已经可以提供足够的加热温度后才可能获得。"三星堆遗址所出陶器,多为轮制,火候较高,还出土大量厚胎夹砂坩埚和翻模铸造的泥芯,确凿无疑地表明蜀人已掌握了相当的高温加热技术，足以为冶铸金属器提供温度技术条件。"[1]

三星堆遗址的发现以及大量青铜器、玉器、金器的出土，说明这一时期古蜀国的文化水平极高。然而，目前有关鱼凫王朝的文献记载极少，以三星堆出土文物中有鱼、鸟的图案就将其归纳为鱼凫王朝留下的文物似乎较为武断。但可以肯定的是，在成都周边的广汉等地发现的三星堆遗址群，表明从新石器时代晚期到中原文化的夏商时期，成都平原已经进入早期国家发展的阶段，并且其文化形态与中原地区差异明显，极富个性。

◎三星堆青铜大鸟头

◎三星堆金面铜人头像

◎三星堆陶盉

---

1 段渝著：《玉垒浮云变古今——古代的蜀国》，四川人民出版社，2001年8月，第244页。

第四节　金沙遗址与杜宇王朝

改革开放后，考古学家在成都西郊、南郊陆续发现了许多商周时期的遗址，考古学家将这些遗址代表的文化命名为"十二桥文化"。2001年，考古学家在成都西面的金沙村发现了一座古蜀遗址，出土了数以千计的金器、青铜器、石器、象牙等珍贵文物，这时人们才发现，之前发现的十二桥遗址实际上只是金沙遗址的一部分。金沙遗址一经发现就震惊了学界，谁能创造出如此辉煌的文化呢？人们不禁将目光转向了史书中记载的古蜀第四代蜀王——杜宇。

一、金沙遗址与蜀王杜宇

成都市十二桥遗址位于通惠门外，总面积达15000平方米左右，考古学家对该遗址共进行了三次发掘。该遗址文化堆积厚达4米，分为十三层，其中第十层至第十三层为商周时期。该遗址出土了千件以上的文物，以陶器为主，石器和骨器次之，并有一定数量的卜甲、铜器、兽骨，其中以尖底、小平底陶器及圆盘形石器最有代表性。

此外，十二桥遗址还发掘出保存较完好的商代大型宫殿式木结构建筑和小型干栏式木结构建筑群等遗迹。建筑群由形制不一的大、中、小型房屋组合而成，主体建筑为一座面积达1248平方米的大型干栏式房屋，对木材按需要进行了削平加工，工程复杂宏大。以十二桥遗址为中心的十二桥文化是继三星堆文化之后，古蜀文明发展史上的又一次高峰。商代木结构建筑遗迹的发现为研究古代蜀地的建筑形制、建筑风格、营造技术提供了重要的实物资料，也是对中国建筑史的重要补充。

◎成都十二桥遗址陶器

金沙遗址是中国进入 21 世纪的第一项重大考古发现。2001 年，经过考古工作者的考古发掘，遗址出土文物 6000 余件，并且文物的精美程度极高，具有很高的研究价值，主要分为金器、玉器、青铜器、漆木器、石器等。

在出土的金器中，有金面具、金带、圆形金饰、喇叭形金饰等 30 多件，其中金面具与广汉三星堆遗址的青铜面具类似，其他各类金饰则为金沙特有。金沙遗址出土的千余件青铜器主要以小型器物为主，有铜立人像、铜瑗、铜戈、铜铃等，其中铜立人像与三星堆出土的青铜立人像相近。出土玉器 2000 余件，数量众多，器形丰富。玉器种类繁多，有玉琮、玉璧、玉璋、玉戈、玉矛、玉斧、玉凿等，十分精美。出土石器近 1000 件，包括石人、石虎、石蛇、石龟等。

◎金沙遗址金面具

此外，金沙遗址的祭祀坑中还出土了象牙器40余件和不计其数的象牙，总重量近一吨，这些象牙是古蜀人奉献给天地神灵的重要祭品。有时是整根象牙极有规律地朝着一个方向摆放，有时象牙被切成饼状或圆柱状，还有的时候只取象牙的尖来祭祀。这些方式体现出了一种强烈的宗教色彩，具有某种特定的宗教含义。此外，考古工作者还发现了金沙祭祀台。经考古发掘证实，斜坡堆积的黄土层是用生土由人工堆筑而成的，可称之为黄土台。金沙遗址祭祀区出土的6000余件金器、铜器、

◎金沙遗址铜人形器

玉石器、象牙等珍贵文物，90%都出土于黄土台之上。从发掘情况看，金沙遗址祭祀区的建设在建造黄土台前，祭祀品主要以石器和象牙为主，而在建筑黄土台后，开始大量使用金器、铜器、玉器等作为祭祀用品，这也是金沙遗址最为兴盛的阶段。

那么，创造如此辉煌成就的会是杜宇及其族人吗？据史书记载，杜宇是继鱼凫后又一位传奇的蜀王。在文献记载中，杜宇的出身被明显神话。传说中杜宇从天而降，他与另一位从江源中出来的女子朱利结为夫妻，并在蜀地称帝，在成都周边的郫邑建都，创造了盛极一时的杜宇王朝。《水经注校证》云："望帝者，杜宇也。从天下。女子朱利，自江源出为宇妻，遂王于蜀，号曰望帝。"[1] 传说中，杜宇在蜀地教民务农，发展农业，因而被蜀人奉为农神始祖。如前所述，杜宇王朝时蜀人的疆域得到极大扩张，其疆域"以褒斜为前门，熊耳、灵关为后户，玉垒、峨眉为城郭，江、潜、绵、洛为池泽，以汶山为畜牧，南中为园苑"[2]，相比于之前蜀人活动范围大抵不出岷山及其山麓平原一带有了巨大扩展。

1　（北魏）郦道元著，陈桥驿校证：《水经注校证》，中华书局，2007年7月，第770页。
2　（宋）乐史撰：《太平寰宇记》，中华书局，2007年11月，第1458页。

从这些史书记载中可知，杜宇王朝的社会生产力得到空前发展，社会经济结构出现巨大转变，从理论上讲具备创造金沙遗址的社会基础。但是，目前所见有关杜宇的记载均出自西汉以后，其可信度受到学者们的质疑。尽管如此，从杜宇创造的古蜀王朝与金沙遗址出土的文物之间还是可以找到两者许多的联系。比如，建立蜀国后，杜宇首先"教民务农"。在他的治理下，成都平原的农业发展兴盛。农业是安居最重要的条件之一，十分巧合的是，金沙遗址就出土了典型的木质农具。再如，传说中杜宇王国常有水患，若想在成都平原长期定居，就必须跟洪水斗争。而在金沙遗址摸底河北边发现了多条竹笼模式制作的石埂子，成为金沙时代人类与洪水作斗争的见证。

当然，农业工具与防洪工具并不是杜宇王朝的发明，任何一个王朝在农耕时代都会创造出这些器物，如果将金沙出土的类似器物统一归为杜宇王朝所特有，也会显得有失偏颇。实际上，笔者认为，历史上是否真实存在"杜宇"这个人或者这个族群并不是问题的关键，关键在于"杜宇"作为史籍中古蜀文明的一个代号，其更大的意义是古蜀辉煌农业文明的见证。从这个角度讲，金沙遗址的发现为先秦时期古蜀令人惊叹的文明提供了考古学的支撑。

二、太阳神鸟金箔与古蜀人的精神世界

在金沙遗址6000余件出土文物之中，我们不得不提的就是太阳神鸟金箔。该金箔外径12.53厘米，内径5.29厘米，厚0.02厘米，通身金质，整体为圆形，厚度均匀，极薄，图案分为内外两层，均采用镂空的方式表现。内层图案中心为一个没有边栏的圆圈，周围等距分布有十二条顺时针旋转的齿状芒，犹如中心的太阳向四周喷射出十二道光芒。芒呈细长獠牙状，外端尖，图案好似空中旋转不停的太阳。外层图案由四只相同的逆时针飞行的鸟组成，它们等距分布于内层太阳的周围，引颈伸腿，展翅飞翔，爪有三趾，首足前后相接，向着同一方向飞行，飞行的方向与内层芒纹方向相反，所以又被称为"四鸟绕日"。

第一章 古蜀传说与古蜀文明
（公元前316年之前）

太阳神鸟金箔之所以具有代表性，在于它体现了鸟这种动物在古蜀先民精神世界中的重要意义。太阳神鸟金箔出土于金沙遗址祭祀区内，这里是古蜀王国商代晚期至春秋早期一处专用的滨河祭祀场所，面积约15000平方米，目前已经出土了金、铜、玉、石、漆木器等6000余件文物，还有数以吨计的象牙、数千枚野猪獠牙以及鹿角和陶器等。在祭祀区内还发现了九个成方形排列整齐的柱洞，据专家研究，此处很可能就是金沙先民举行祭日仪式的祭台。

太阳神鸟金箔有着丰富的历史文化内涵，具有重大的历史、艺术和科学价值，是研究商周时期古蜀先民金器制作工艺、青铜文明以及深层次意识形态的重要实物资料，因而被确定为"中国文化遗产"的标志和成都城市形象标识主图案。精美绝伦的太阳神鸟金箔，构图严谨、线条流畅、极富韵律，充满强烈的动感，四只展翅飞翔的神鸟围绕着太阳循环往复地飞翔，寓意深远。它不仅仅是古蜀先民深邃哲学宗教思想和丰富想象力的体现，更是非凡的艺术创造力和精湛工艺水平的完美结合，是古蜀黄金工艺辉煌成就的代表。

有专家对太阳神鸟金箔的图案做了分析，认为：金箔中间部分的十二道齿状芒象征着太阳，环绕太阳飞翔的四只神鸟反映了先民们对美好生活的向往，体现了自由、美好、团结向上的寓意，圆形的围合也象征着保护的概念。而十二道太阳光芒与四鸟的"十二"与"四"是中国文化经常使用的数字，诸如十二个月、十二生肖、四季、四方等，或许表达了古蜀先民们对自然规律的认识。

还有学者认为，旋转的火球象征着太阳，四只鸟是负着太阳在天上运行的神鸟，该图案所表现的就是"金乌负日"[1]这一中国古代神话传说。传说中国古代天上有十个太阳，他们住在东方汤谷的扶桑树上，太阳被金乌所背负，一只返回后另一只又接着出去，每天轮流着从东方的扶桑飞向西方的若木。汉代画像砖上发现的太阳形象就是一只鸟背着一轮圆日。

---

1 金乌，中国神话中的神鸟。古人认为，红日中央有一只黑色的三足乌鸦，黑乌鸦蹲居在红日中央，周围是金光闪烁的"红光"，故称"金乌"。

◎长沙马王堆汉墓中发现象征"金乌负日"的帛画

太阳神鸟金箔表现了古蜀人对太阳和鸟的崇拜,是研究古蜀国宗教祭祀活动和中国古代神话传说的重要物证,表达了远古先民对太阳孜孜不倦的追求,以及对光明的向往。多年的考古发现证明,对太阳和神鸟的崇拜是古蜀族千百年来传承的古老习俗。其他遗址中也发现了大量反映太阳和神鸟崇拜的遗物,如三星堆遗址出土的铜太阳形器、栖息有九只鸟的青铜神树等。

在金沙遗址中,这种信仰体现得尤为清晰,除太阳神鸟金箔外,金沙遗址出土的青铜立人头上戴着太阳帽,俨如光明的使者或太阳神的化身;带柄铜璧上首尾相接的三只神鸟图案与"太阳神鸟"金饰一样,是古蜀人崇拜太阳和神鸟的真实写

◎金沙遗址青铜立人像

照。此外，金沙遗址中还有一些独立的鸟形文物，充分表达出古蜀人对太阳和神鸟的崇奉与爱戴。

三、金沙遗址出土文物与古蜀先民的对外交流

从金沙遗址出土的文物来看，这一时期的古蜀文化不仅有着自身独特的魅力，还与中原文化有着密切的联系。成都平原虽地处西南，但位于黄河流域与长江流域之间，是我国南北两大文明起源的汇聚之地，因而古蜀文明在发展过程中受到中原文化的巨大影响。与人们对蜀地封闭独立的印象截然不同的是，古蜀先民与外界有着长期密切的联系。

古蜀先民很早就与中原地区保持着密切的联系。在金沙遗址考古发掘中，考古人员发现了大量的玉器。这些玉器种类多样，有玉璋、玉璧、玉戈等。夏商时期，中原王朝的国家制度逐渐形成体系，王权与军事政权取代巫觋神权成为国家政治的核心。为了炫耀彰显其通过战争实现兼并的功绩，夏商时期逐渐把玉制的武器变成礼器，成为王权和身份的象征。以玉戈、玉钺、玉璋等为代表的兵器仪仗类玉器，既是夏商时期社会宗教思想、礼仪规范的代表与象征，又是手工业技术、审美意识、时代精神的集中体现，是史前玉器和两周玉器的过渡形态。

◎巴蜀式玉戈

值得注意的是，三星堆遗址和金沙遗址共出土玉璋300多件，超过全国其他地方出土的总量。玉璋最早流行于夏朝时期的黄河流域，商灭夏以后，商人并没有使用玉璋的习惯，于是夏朝的后人就把玉璋进行扩散传播，古蜀人则在此时继承和发展了夏朝宗教的观念和礼制思想，使玉璋成为古蜀文明最核心的礼

器。玉器的广泛使用并未止步于平畴千里的成都平原，而是从这一西南广大地区文化交流的"中转站"继续延伸，再经四川盆地走向岭南地区，甚至到达东南亚地区。有领玉璧、凹刃玉凿等有着鲜明特色的玉器，也曾在越南、泰国等区域出土，成为不同地区文化交流的有力证据。

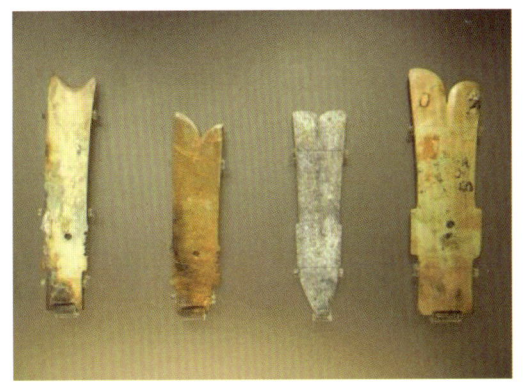

◎金沙遗址玉璋

◎金沙遗址有领玉璧

金沙遗址还出土了一件长江中下游良渚文化的典型器物——玉琮。该玉琮共有十节，高22.2厘米，宽6.3～6.9厘米，为青玉材质，呈翠绿色半透明状，质地晶莹剔透，表面打磨光滑，每节都雕刻有简化人面纹，做工十分精细。实际上，十节玉琮并不是金沙遗址出土的唯一玉琮，到目前为止，金沙遗址已经出土玉琮类器具近30件，可以说是目前国内除良渚文化区域以外出土玉琮最多的一处。这些玉琮全部出土于金沙遗址祭祀活动场所中，说明玉琮在金沙礼制系统中占有极其特殊的地位。

◎金沙遗址十节玉琮

  玉琮是中国古代重要的礼器之一，其基本形制呈方柱体，当中是上下相通的圆筒状，主要流行于距今约5000年的江浙一带的良渚文化中，极富地方文化色彩。金沙遗址发现的这件十节玉琮的玉质和金沙其他玉器的玉质相比有显著的区别，因此可以认定其不是本地制作的产品。而在已发现的良渚文化遗址中，虽然经常出土的是不透明的白色或黄白色玉器，但在上海、苏州、嘉兴等地区出土的良渚文化玉器中则可以见到有青绿色或湖绿色的玉器。无论从材质、形制、工艺还是纹饰方面进行分析，金沙遗址出土的这件十节玉琮都具有十分浓厚的良渚文化风格，是一件典型的良渚文化晚期的玉琮。

  良渚文化在距今5000多年时兴起于长江下游的太湖地区，延续了1000多年的历史，而金沙遗址繁盛于3000年前的长江上游的成都平原，这两个考古学文化不仅在距离上相隔了1000多公里，而且还跨越了1000多年的历史长河。那么，这个十节玉琮何以会在成都金沙遗址出现呢？有学者分析称：良渚玉琮这种代表纯观念形态的礼器，器形如此复杂，不可能出现在两个没有关系的文化中，这当中必然会有某种联系。很可能是良渚文化在当时遭遇一场重大变故或自然灾害而突然衰落，良渚人群向四处迁徙、流动并逐渐定居下来，并进而影响了当地的文化。目前的考古发现证实，古蜀文化的代表三星堆遗址与河南二里头文化关系密切。良渚玉器可能是跟随良渚人从二里头来到了三星堆。而十节玉琮可能是随着部族迁徙，从三星堆又流传到了金沙。

  玉琮在良渚文化中是神圣的象征，随着良渚人群的到来，良渚文化中独特的神权思想、对玉琮的重视与崇敬也影响到了古蜀人，因此，这件玉琮仍然被继续使用。十节玉琮出现在古蜀金沙遗址，正是蜀文化对外来文化的包容与吸收的体现，也正是这些外来文化的植入，直接推动了古蜀玉器的生产，古蜀玉器在此基础上不断吸纳、包容、发展，从而走向繁荣。

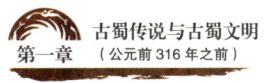

第五节　成都近年考古发现与古蜀开明王朝

大约在春秋战国时期，古蜀第四代王朝杜宇王朝覆灭，来自荆楚地区的鳖灵建立了开明王朝，徙治成都。鳖灵作为开明一世，废除禅让制，实行世袭制，后传位于其子，史称卢帝。开明王朝在蜀地立国约350年，历经十二世，其统治者对内效仿中原礼制，建宗祠、重礼乐，兴修水利，治理水患，进一步发展农业经济；对外不断开拓国土，与其他地区进行经济、文化上的沟通联系，为"天府之国"的发展打下坚实的基础。开明王朝成为西南地区的一个强大王国。近年来，考古学家在成都及其周边发现了大量先秦时期的文化遗存，为我们了解开明王朝时期古蜀民众的生产生活状况提供了实物参考。

一、成都考古发现与开明王朝

长期以来，人们对于古蜀国历史的了解，主要凭借西汉扬雄《蜀王本纪》、晋代常璩《华阳国志》等少量文献，史料的不足导致学界对于古蜀国基本历史情况难以理清。可喜的是，随着成都羊子山战国墓、绵竹巴蜀船棺葬、新都马家战国大墓、成都商业街船棺葬遗址、青白江双元村战国墓的发现和相关研究的推进，古蜀开明王朝的历史面貌逐渐清晰地呈现在人们面前。

1955年，西南博物院成都羊子山工作组对羊子山172号战国古墓进行了清理。出土文物中玉器占了很大比例，既有用作礼器的玉璧、玉环，也有玉瑗、玉簪、玉觿等饰物品和漆奁等生活用具以及金银制品。一并出土的还有一颗珍贵的琉璃珠，乃当时珍稀物件。众多出土文物中，漆器的数量也较多。早在新石器时代晚期，先民们把漆树黏液涂在木器上，一来可以作为装饰，二来可以对木器进行保护。这种漆就是现在我们所说的土漆。

1976年，考古人员在绵竹发现了一座战国船棺墓，船棺形似独木舟，一端稍齐平，一端略尖，在墓葬中出土了铜器150余件，包括釜、豆、鼎等饮食器，斧、钺、矛、戈等兵器，以及刀、凿、锯、钩等工具。此墓出土的文物与之前成都百花潭十号战国墓出土的文物多有相似，但兵器所占的比例较高，且多为实用兵器，因此部分专家推测墓主人可能是开明王朝时期的蜀军将领。[1]

1980年，成都近郊新都县马家乡的村民在修整晾晒谷物的晒坝时，意外发现了一座墓室。考古学家闻讯后立即赶到，根据出土文物，专家们推测这应是古蜀晚期开明九世至十一世之间的一座蜀王木椁墓。经过近两个月的发掘清理，人们从墓穴中发现了大量商周至战国时期的陶器、青铜器、漆器和其他种类的宫廷用品，包括剑、戈、钺、矛、斧、锯、斤削、凿、刀、豆、盘等文物。

2000年，四川省委办公厅在成都中心城区的商业街修建机关食堂时，意外地发现几具大型船棺。后来一共发掘出17具大型的船棺和独木棺，这些木棺整齐地排列在一个长约30米、宽约20米的竖穴式墓坑中。从船棺内出土的文物有陶器、漆器、竹木器、铜器、青铜巴蜀式兵器等，其中漆器又包括耳杯、几案、器座、梳子、瑟、编钟基座及大量的木构件。商业街发现的船棺葬无论形制还是规模都是蜀地绝无仅有的，墓坑中大量船棺的发现也表明商业街船棺墓是家族墓地的可能性更大。据此，考古学家推测这或为古蜀开明王朝时期蜀王的家族墓葬。

◎ 商业街船棺葬战国漆器

---

1 王有鹏：《四川绵竹县船棺墓》，《文物》，1987年第10期。

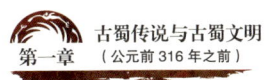

春秋战国时期，中原各国相继进行变法改革，据史书记载，位于蜀地的开明王朝在政治、经济上也采取了许多举措，如：废除禅让制，实行以宗法等级为核心的王位世袭制；大力发展农业经济，推动漆器、青铜冶炼等手工业的发展；发展自身的军事力量，向北控制汉中地区，向东与荆楚争夺地盘等。这些举措使得古蜀开明王朝成了西南地区颇具实力的大国。而在以上出土的大量生产、生活、军事用具中，开明王朝推行的这些措施似乎得到了印证。

二、古蜀先民的文化符号

巴蜀图语又称"巴蜀符号"或"巴蜀图形文字"，是学界对巴蜀象形文字符号的统称。从20世纪20年代开始，人们陆续从成都平原周边的一些战国墓室中发现了一些零星的刻画符号。这些符号大多刻画在青铜兵器或青铜印章上，但因发现的数量较少，无法推测这些符号表达的意义。这些符号的样式形态大约可分为两大类：一类是较为直观形象的符号，另一类是经过简化后的抽象符号。这两类符号或单独，或重复，或成组，或交叉出现，且每一种符号的基本形态较一致。于是专家们认为，这些应属于巴蜀地区特有的文字。[1]

据初步统计，巴蜀图语的单符现已发现百余种，成组的复合符号现已发现二百余种。这些符号代表动物、植物、器物、人物、自然景观等，符号之间构成一种固定的表达形式。巴蜀图语在许多出土的青铜兵器、礼器上都有体现。典型的巴蜀图语是虎纹、手心纹、花蒂纹等，年代在公元前9世纪西周到公元前1世纪西汉之间，前后延续长达800年之久。目前关于巴蜀图语大致有三种说法：其一，可能是巴蜀古族用来记录语言的工具、族徽、图腾或宗教符号；其二，李学勤先生认为，可能是一种音符；其三，巴蜀图语可能是古彝文。

---

1 段渝著：《玉垒浮云变古今——古代的蜀国》，四川人民出版社，2001年8月，第330页。

◎新都县马家乡出土刻有巴蜀图语的铜勺

在这些图案的发现过程中，以新都县马家乡出土的铜勺和四川各地出土带有巴蜀图语的青铜印章比较有代表性。1980年3月，在四川省新都县马家乡第三生产队的晒坝所在地，一个战国时期的古墓被发现。考古学家到现场一清理，发现墓葬外层的木椁竟然由整整46根楠木叠砌而成，结构十分宏大。就是在这个战国古墓中，考古人员发现了带有刻画符号的铜勺。该铜勺由直径为8厘米的勺身和7厘米长的勺柄组成，铜勺的勺面上，精心地刻了三组图案：中间是一只乌龟，有头有尾，还有"十"字形的龟甲；左边是一只雕刻精美的飞鸟，右边是一条游鱼。在飞鸟和游鱼后面，还分别刻着云雷和花枝的花纹。一些考古学家由此分析，这个铜勺上面的图案或与史书记载中的"鱼凫""杜宇""鳖灵"等古蜀王有关。

2015年9月，考古人员在蒲江鹤山镇盐井沟船棺葬中发现的多枚青铜印章上也有巴蜀图语。这些铜质印章的直径为1～2厘米不等，以圆形为主，还有砝码形、"山"字形、方形，印文均为巴蜀图语。学术界关于这些印章大致有三种说法：其一，印章的图案是巴蜀部落的图腾；其二，印章上所刻的是巴蜀的古老文字，或说印章是边关重镇商贸通行

◎各式各样的巴蜀印章

的信物；其三，印章是古人的腰间饰物。虽然目前这些刻有文字符号的印章用途不甚明确，但印章的发现极大地改变了以往学界认为古蜀没有文字流行的认识。

除此之外，在荥经、芦山等地还出土了很多类似的带有巴蜀图语的青铜印章，至今发现二百余枚。随着考古证据的增多，越来越多的学者倾向于将巴蜀图语视为秦汉前流行于巴蜀的一种独特文字，而且是目前国内唯一未被破译的公元前古代文字。著名学者李学勤曾指出：21世纪对于中国历史学家和考古学家的最大挑战，就是如何成功地破译巴蜀图语。目前出土的带有巴蜀图语的文物应该还只是冰山一角，无论巴蜀图语能不能作为一种"文字"，其对于我们进一步研究古蜀文明都具有重要的参考价值。巴蜀图语不仅大大丰富了古蜀文明的内容，同时也证明了在成都平原这片肥沃的土地之上曾出现过一个璀璨的文明，说明中国古代文明是多元一体的。

三、古蜀先民的丧葬习俗

船棺葬在巴蜀地区盛行于战国到秦汉之际，是古代巴蜀地区的族群常用的一种丧葬形式。从20世纪50年代开始，随着昭化宝轮院、巴县冬笋坝、成都羊子山等船棺葬的相继发掘，学界对巴蜀船棺葬的关注从未停歇。2000年7月，四川省委办公厅在成都市商业街修建机关食堂时，意外发现

◎成都博物馆展出的船棺

了一座规模巨大的墓葬，考古人员得知后迅速对该墓葬进行发掘，发现这是一座战国时期的墓葬，且是迄今为止发现的最大船棺、独木棺合葬墓。此船棺葬的发现无疑为我们了解古蜀先民的丧葬习俗提供了难得的实物。

成都市商业街发现的墓葬是一座大型的长方形竖穴式土坑多棺合葬墓，该墓既未发现墓道，也未发现封土，是巴蜀地区典型的战国时期墓葬。该墓葬墓坑长约30米，宽约20米，面积约620平方米，坑口距地表3.8～4.5米，墓坑残深约2.5米。其规模宏大，是以往发现的船棺墓无法比拟的。墓中共发现葬具17具，其中2具专门放置随葬品，5具因破坏严重未发现人体骨骼，其余10棺均一棺葬一人。专家将出土的人骨进行鉴定，发现至少个体人数为20个，据此推断，商业街墓葬如没被破坏，其棺木总量至少可达32具。[1]

商业街船棺墓葬独特的形制以及其宏大的规模体现了墓主作为古蜀国开明王朝上层统治人物的社会地位。虽然我们已经看不到墓葬上方布局规整的地面建筑，但仍能感觉到它宏伟、庄重的气势。《华阳国志·蜀志》记载："九世有开明帝，始立宗庙。"[2] 而商业街船棺葬遗址的地面建筑格局与宗庙建筑的寝庙非常相似，似乎印证了宗庙建筑"前庙后寝""寝庙相连"的格局，充分显示开明时期古蜀国的宗教礼仪制度达到了相当的高度。

据《蜀王本纪》记载："开明帝下至五代，有开明尚，始去帝号，复称王也。"[3] 开明九世应属于开明王朝后期的蜀王，其迁都成都的时间也应接近公元前316年秦灭蜀国时，即其迁都时间大致应为战国中早期。这与考古学家对商业街船棺葬时间的判断可以吻合。并且，根据商业街船棺内发现的人体骨骼判断，这些墓葬应属于二次墓，表明船棺中的骨骼应是从外地转移至此。这就很容易让人将商业街二次葬的特殊形式与古代典籍中

1　成都市文物考古研究所：《成都市商业街船棺、独木棺墓葬发掘简报》，《文物》，2002年第11期。
2　（晋）常璩撰：《华阳国志》，商务印书馆，1938年2月，第28页。
3　王文才、王炎编著：《蜀志类钞》，巴蜀书社，2010年10月，第5页。

记载的"蜀王据有巴、蜀之地,本治广都、樊乡,徙居成都"[1]等内容联系起来,换句话说,商业街船棺的二次葬很有可能与九世开明迁都成都有关联。

在先秦时期,北方的墓葬往往以车马进行陪葬,南方习水的部族则用船棺作为载魂工具,从中体现出的是南北丧葬文化的巨大差异,船棺葬也就成了南方丧葬文化尤其是巴蜀丧葬文化的特色。成都商业街船棺葬的发现,不仅是近年我国重要的考古发现之一,也是四川继广汉三星堆遗址之后有关古蜀国考古的又一重大发现。从宝墩遗址到三星堆遗址,再到成都市内的金沙遗址、商业街遗址,将近年来的考古发现串联起来,一条古蜀文明的发展脉络便显现在世人面前。如此丰富的文化遗存表明,四川盆地是长江文明的发源地之一。

四、战国时代的古蜀兵器

古人云:"国之大事,在祀与戎。"在成都平原的各大遗址出土了很多工艺精美的青铜兵器,这一方面体现出古蜀王国已经拥有了相当高超的制作工艺,另一方面也体现出"蜀人好武"的性格。近年来的考古发掘中,考古学家发现不少古蜀时期的兵器,其中以青铜兵器数量最多,制作方式都是巴蜀式。这些兵器上刻画着巴蜀符号,显示出它们的巴蜀文化身份。

在先秦时期,相比于近战的刀剑,矛作为一种远程打击的利器,在军事活动中有着更为重要的地位。矛分长短两

◎战国巴蜀虎头纹"成都"铭文青铜矛

---

[1] 王文才、王炎编著:《蜀志类钞》,巴蜀书社,2010年10月,第5页。

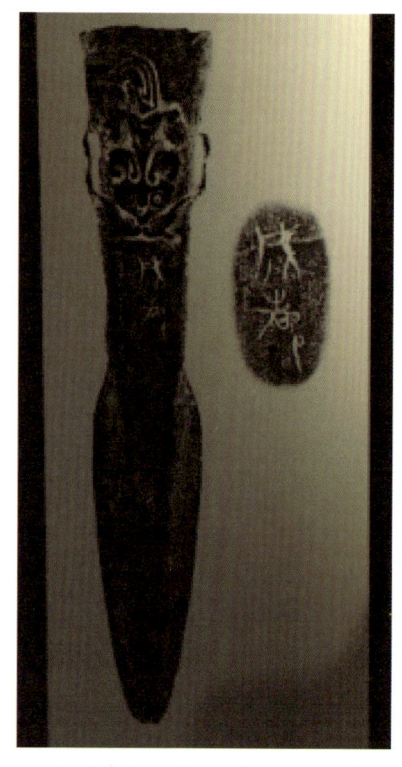

◎ "成都矛"纹饰铭文拓片

种，长柄矛主要在战车上配备，用于车战，短柄矛分发给单兵，用于步兵作战。在近年来成都平原出土的众多青铜兵器中，一把刻有"成都"二字的青铜矛最引人瞩目。1985年，四川雅安荥经县战国晚期船棺葬墓群一号墓中出土了一柄刻"成都"铭文的青铜矛，这是目前发现最早刻有"成都"铭文的器物。

此青铜矛表面虽锈迹斑斑，却掩盖不住它整体流畅的线条，它通长21.9厘米，宽3.1厘米，銎径2.8厘米。在"成都矛"弓形双耳间的骹面上，铸饰有一只浅浮雕虎像，矛的一面铸虎的头顶和前驱，另一面铸虎头的下颚。从矛的侧面，参观者可以清楚看到虎像的全貌：面露凶相，威猛无比。虎头硕大，身躯长如蛇，蜿蜒至骹的另一面，老虎的长舌则由骹的前部和刺叶取代，虎口大张，露出尖牙，瞪目竖耳，让人不寒而栗。在虎首前端的骹面阴刻的铭文"成都"二字清晰可辨，其背上另有阴刻铭文"公"字。

战国至秦汉时期，荥经曾是"南方丝绸之路"上的一个边关重镇，是西南地区与中亚、西亚物资交流的商品贸易集散地，是西南地区的政治、经济中心。由于其特殊的地理位置，荥经不仅是中央政权控制"西南夷"的桥头堡，还是防御"西南夷"入侵的军事要塞。雅安荥经县"成都矛"的发现，无疑提高了成都的历史定位。

无独有偶，2017年，考古学家在成都市蒲江县战国船棺中，也发现一把刻有"成都"二字的青铜矛，这把"成都矛"与雅安荥经战国墓葬出土的青铜矛形制十分相似。此外，四川地区此前还出土过铜戈、漆木器，上面也有"成都"二字。例如青川县的战国墓地里有一柄"吕不韦戟",上面就有"成都""蜀东工"等字样。加上两柄青铜矛的发现,充分说明了成都当时兵器制造业的繁华。战国时期,许多能工巧匠迁入蜀地,成都成为重要的制造中心。这些刻有"成都"字样的文物,是成都为当时的文化之都、经济之都、技术之都,且青铜铸造技术高度发达的有力佐证。

除矛以外,戈、钺、戟、剑等也是巴蜀地区较常出土的兵器。戈从商代前期开始出现,延续到秦汉

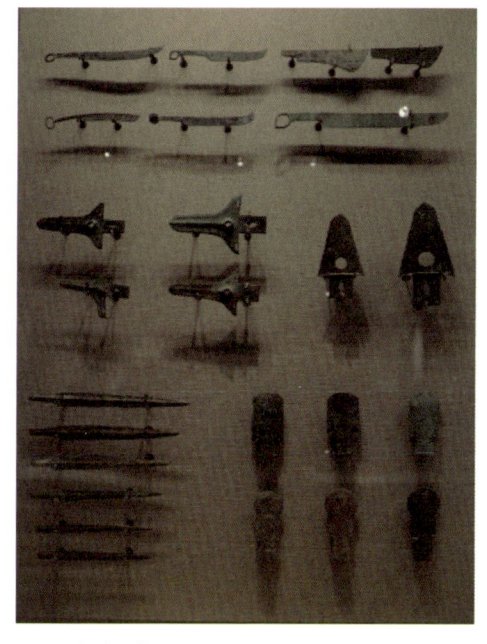

◎成都博物馆展出的各式巴蜀兵器

初期,贯穿整个巴蜀青铜器发展始终。钺盛行于商周时期,是王权地位的象征,同时也用于行刑、作战及指挥仪仗。剑出现在商周时期,巴蜀地区多出土柳叶剑,剑身扁平细长,剑柄无格。巴蜀青铜兵器最具典型的地方特征是将动物纹饰和巴蜀图语组合,仅戈、矛、剑、钺四类兵器上的虎纹就有30余种,龙纹约10余种,兽面饕餮纹约17种,鸟纹7种,蝉纹8种,人形纹13种,还有蛇纹、蛙纹、蜂纹、蚕纹、螭纹、鹿纹等,浅刻的象形符号多达17类180多个,极具艺术性。

成都寻古录

第二章

秦灭蜀国与成都的中原化

（公元前316—公元前221年）

QIN MIE SHUGUO YU CHENGDU DE ZHONGYUANHUA

春秋战国时期的开明王国是长江上游颇具实力的国家，因其独特的地理位置，开明王国长期以来与北方的秦国，东方的巴国、楚国以及西南方的各少数民族有着密切联系。随着楚国不断向西方扩张，古蜀文化受到荆楚文化的影响越来越明显，与此同时，来自北方的中原文化也深刻地影响着蜀地的文化发展。位于蜀国北方的秦国在商鞅变法后日益强大，终于于公元前316年，派大将司马错伐蜀，攻占蜀地。至此，治蜀300余年、历经十二世的开明王朝覆灭，蜀地在此后走上了中原化的发展进程。

第一节 秦灭蜀国前蜀地与外界的交流

一、古代的蜀国与国外的交流

古代的蜀国虽然处于西南一隅，但始终与外界保持着一定的联系。早在三星堆遗址、金沙遗址内，考古学家就发掘出了大量时代约为商周时期的海贝。需要注意的是，海贝中的一种"环纹贝"只产于印度洋海域地区。这说明，至迟在商周时期，也就是古蜀文明的杜宇、开明时期，蜀地就已与外界有着经贸上的往来。

◎三星堆遗址海贝　　　　　　　　◎金沙遗址海贝

那么，这些海贝究竟是通过什么样的路径进入蜀地的呢？在各方专家的考证下，学术界基本达成共识：此类海贝应是经"南方丝绸之路"来到成都平原的。"南方丝绸之路"又叫"西南丝绸之路"，相对于传统中原地区的陆上丝绸之路而言，由我国学者在20世纪80年代中后期提出。南方丝绸之路国外部分有西路、中路和东路三条交通通道。在国内部分一般认为主要集中在"零关道""五尺道"，这两条道路都源于成都，分为东西两线。西线灵关道经雅安宝兴、汉源到凉山西昌后再到攀枝花，然后西行至大理；东线经乐山、宜宾到楚雄、昭通，再经曲靖到昆明，然后西折至大理。两条线在大理汇合后经"永昌道"出国境至缅甸，再到东南亚、南亚地区。

其中最出名的就是上述所说的西线，又称"蜀身毒道"，是中国西南对外贸易和文化交流中路程最长、历史最悠久的国际交通要道。在徐中舒先生关注较多的古籍《交州外域记》中有记载："蜀王子将兵三万，来讨雒王雒侯，服诸雒将。蜀王子因称为安阳王。"[1]《史记·大宛列传》中也有描述："骞曰：'臣在大夏时，见邛竹杖、蜀布。问曰：安得此？'大夏国人曰：'吾贾人往市之身毒。身毒在大夏东南可数千里。'……以骞度之，大夏去汉万二千里，居汉西南。今身毒国又居大夏东南数千里，有蜀物，此其去蜀不远矣。"[2]这些都是史书中关于蜀地与外界联系的描述。

◎宜宾境内的"五尺道"遗迹

考古工作者在成都平原还发现了一种奇特的玻璃制品——"蜻蜓眼"。这种"蜻蜓眼"是一种圆球形的玻璃珠，它最早诞生在公元前1500多年

---

[1] 徐中舒：《〈交州外域记〉蜀王子安阳王史迹笺证》，《四川地方史研究专集》，四川人民出版社，1980年7月，第3页。
[2] （汉）司马迁撰：《史记》，中华书局，1982年11月，第3166页。

的埃及，此后在地中海沿岸和西亚、中亚等地广泛流行。这种珠子由石英砂和泡碱烧制而成，有不同的凸面，就像蜻蜓的眼睛一样五彩斑斓。蜻蜓眼纹饰图案的制作工艺包含镶嵌法、叠层堆积法等多种手法。其制作材料和工艺也体现出明显的中东文明特点，很有可能是从埃及经南方丝绸之路而来到成都平原的。

◎蒲江出土的"蜻蜓眼"

二、金牛道的开辟与司马错伐蜀

近年来在白水江左岸金牛古道上出土了大量的战国文物，包括秦武王二年（公元前309年）的青川木牍，刻有"相邦九年吕不韦"字样的古代兵器铜戈（公元前238年造），铸有小篆"蜀郡"二字的先秦农具古锸等。此外，从上百座战国墓及数不清的汉墓中还出土了大量"秦半两钱"、巴式剑、古铜镜、陶器、漆器等。这些文物的出土表明这一时期古蜀国与中原地区尤其是秦国有着密切的经济、文化方面的联系。

金牛古道

金牛道又叫"石牛道""金牛古道",是2000多年前巴蜀地区通往中原的一条重要道路。它南起成都,过广汉、德阳、梓潼,越大、小剑山,经广元而出川,穿秦岭,出斜谷,直通八百里秦川,全程

◎金牛古道遗迹

共600余公里。相传战国时期,秦国欲征服蜀国,但秦、蜀两地间隔了连绵高山,无法通行。秦王遂想了一计,命人造五头石牛送给蜀王,并谎称这些石牛能"日粪千金"。贪财的蜀王听后十分欣喜,于是命五丁凿山开路、迎接石牛。道路修通后,蜀王迎来了"日粪千金"的石牛,同时秦国的虎狼之师也跟随石牛一同入蜀,蜀国灭亡,后来人们把这条路称为"石牛道"或"金牛道"。

《蜀王本纪》记载:"秦惠王时,蜀王不降秦,秦亦无道出于蜀。蜀王从万余人,东猎褒谷,卒见秦惠王。""秦王欲伐蜀,乃刻五石牛,置金其后。蜀人见之,以为牛能大便金。牛下有养卒,以为此天牛也,能便金。蜀王以为然,即发卒千人,使五丁力士拖牛成道,致三枚于成都。秦道得通,石牛之力也。"[1] 从这些记载我们可以推测,古蜀时期,巴蜀还没有向北通往外界的大型通道,出蜀一般从水路经重庆过三峡。到了战国末年,秦国的势力日渐强大,开始对外进行大规模军事扩张,于是地处西南的蜀国和巴国成为秦国迫切想要夺取的地方。巴蜀地区土壤肥沃、河道密

---

[1] 王文才、王炎编著:《蜀志类钞》,巴蜀书社,2010年10月,第6页。

布，是不可多得的农业生产区，且地势崎岖、易守难攻，征伐不易。于是秦惠王采取司马错的建议，利用蜀王的贪婪，以石牛开道，乘势大举进攻，一举大败巴蜀两国，将巴蜀之地尽收囊中。

实际上，秦国与蜀国毗邻，两国均有内求改革、外谋发展的野心，于是，开明王朝立国不久，就与秦国保持了相对稳定的友好关系。这一时期，两国相安无事，史书中没有两国冲突的记载。但从公元前451年开始，秦、蜀两国为争夺汉中地区开始了长达60余年的军事冲突，最终，蜀国没能战胜秦国，失去了汉中平原。秦国也在战胜后励精图治、推行变法，国力更加强盛。

司马错伐蜀

开明王朝后期，蜀王沉迷美色，且很贪婪，不思朝政。秦王得知蜀王好色贪婪，遂送金牛及美女予蜀王，蜀王大喜，派五丁开道迎接。此时正值蜀国和巴国因边界有纠纷，两国的纠纷为秦国兼并巴蜀提供了条件。但秦惠王此时举棋不定，由此引发了司马错与张仪之间著名的辩论，史称"司马错论伐蜀"。

据《战国策》记载，司马错在与秦惠王商讨伐蜀动机时指出：

欲富国者，务广其地；欲强兵者，务富其民；欲王者，务博其德。三资者备，而王随之矣。今王之地小民贫，故臣愿从事于易。夫蜀，西僻之国也，而戎狄之长，而有桀、纣之乱。以秦攻之，譬如使豺狼逐群羊也。取其地，足以广国也；得其财，足以富民；缮兵不伤众，而彼已服矣。故拔一国，而天下不以为暴；利尽西海，诸侯不以为贪。是我一举而名实两附（副），而又有禁暴正乱之名。[1]

---

[1] （清）吴楚材、吴调侯编，刘开举、王斐、绿净译注：《古文观止译注》上，上海三联书店，2017年3月，第102页。

从以上文字可以看出司马错的观点有二：其一，巴蜀乃西僻小国，国内政局又不稳，中原各国轻视这里，秦国打下他，就如同豺狼捕猎羊群一样简单；其二，巴蜀地域广阔，可以扩大秦的国土，巴蜀物资丰饶，坐拥成都平原，沃野千里，可以为秦国提供丰富的物资。

秦王采纳了司马错的建议，使其率都尉墨等人经石牛道伐蜀，蜀王率军至葭萌（今四川剑阁东北）抵御，兵败遁逃，被秦军杀死，蜀国灭亡。随后，张仪、司马错等人又攻灭苴、巴，俘虏巴王。为了便于秦国对巴蜀地区的控制，秦国在巴蜀实行郡县制，以蜀王子弟为侯，以陈庄为蜀相，张若为蜀太守，封巴王为"君长"，置巴郡，郡治江州（今重庆北部）。

秦昭王时期，川蜀地区为秦国的统一发挥了重要作用，那就是秦军入蜀后从长江上游沿水道可通楚国直接威胁到楚国国都郢（今湖北荆州），"得蜀则得楚，楚亡则天下并矣"，从而使秦军在出函谷关东进时，楚国不敢轻易出兵。在鄢郢之战中，白起利用地形上的优势，顺汉江而下，开堤灌水直取郢都，使楚丧失大量国土，迁都陈郢，加快了秦统一六国的步伐。

司马错伐蜀是秦统一全国过程中的一个重大军事举措，在秦史上是不可或缺的。商鞅变法为秦统一中国奠定了经济基础，司马错伐蜀则为秦统一中国打下了军事基础，二者在某种意义上具有同等之功。至此，巴、蜀两国原有的政治体制被秦国的政治体制取而代之，人民的生活方式也发生了改变，巴蜀文化开始走上中原化的发展进程。

蜀地的中原化

1980年，考古学家在四川青川县郝家坪第50号战国墓发掘出了两件木牍，其中一件长46厘米，宽2.5厘米，厚0.4厘米，正面计121字，背面33字；另一件长46厘米，宽3.5厘米，厚0.5厘米，该木牍文字已残损，无法辨识。木牍为墨书秦隶，笔法流畅，率意而不呆板，结体错落有致，并有篆籀遗韵，有些字形已体现出篆隶之间的转化轨迹。木牍正面记载了秦武王二年（公元前309年），王命左丞相甘茂更修《田律》等事，背面为与该法律有关的记事。青川木牍的发现见证了秦国作为外来统治者管理蜀地的活动，在考古学界有着重要意义。

◎青川木牍局部

经商鞅变法后，秦国综合实力大大增强，秦并巴蜀在中华民族多元一体化格局形成上起到了推动作用，由此，成都开始融入中原文化圈中。

秦灭蜀国之初，为了维护社会的稳定，并没有完全消灭蜀地残存的王族势力，相反还册封十二世蜀王的儿子为蜀侯，以原蜀国大臣陈庄为相，管理蜀地。这种做法既贬低了蜀王族的地位，又使得蜀地能维持正常的统治秩序。与此同时，秦国还在蜀地推行郡县制，以大将张若为蜀太守，主管军政大权。直到公元前309年，蜀相陈庄起兵谋反。于是秦王派遣甘茂、司马错等人出兵入蜀，诛杀陈庄。此后20年内，秦王不再封蜀侯，而是在蜀地全面推行郡县制，以成都为蜀郡治所，下辖郫、繁、广都、临邛等县，郡县长官均由秦国任命，大大加强了蜀地政治上的稳定。

另外，秦还向蜀地移民万家。在伐蜀之前，秦国最看重蜀地的就是其丰富的自然资源和适宜的气候条件。灭蜀国后，秦国向蜀地迁移了大量民众，以发展生产。常璩《华阳国志》"戎伯尚强，乃移秦民万家实之"一句，就真实地记述了这一状况。按一家最少三口人计算，迁移入蜀的秦民至少有数万人，从当时的人口数量来看，这绝非小数。开明王朝败亡后，蜀王子孙及其部族流散于西南各地，蜀国的一位王子安阳王则率领所部兵将与家属三万人辗转南迁，在交趾之地建立了安阳王国。再加上战争中的死伤者，这些都造成了蜀地人口的锐减，有鉴于此，秦国才大量移民入蜀。常璩所说"实之"，便有补充与充实之意。

20世纪起，成都周边考古发现的许多战国秦汉时期的墓便是移民墓。值得注意的是，秦灭六国之后，为了补充巴蜀因战乱造成的人口流失，继续实行大规模的人口迁徙。此举不仅扩充了蜀地人口、带动了蜀地经济社会发展，而且削弱了六国的势力，使六国原有的豪强大族分化瓦解，对秦朝的统一大业来说可谓一举两得。这些移民中有善于铸造与经商者，将中原地区的铁器铸造技术与农耕方法带到了蜀地，不仅对蜀地的经济发展起到了积极的作用，同时在客观上也加速了区域文化之间的融合。譬如《史记》与《汉书》中记述的临邛卓氏，便是秦汉之际从北方迁到蜀地的移民代表。

秦并蜀国后，还将先进的兵器制造工艺带入蜀地，极大地推动了蜀地冶铁业的发展和进步。秦入蜀地之前，蜀国的兵器制造业十分落后，所生产的铁器质量欠佳，多为铁和铜的混合物，杀伤力较低。公元前310年，秦在蜀郡设置铁官，负责监督管理蜀地的兵器制造。同时，秦国还鼓励蜀地民间自发开采、冶炼铁器，这些民间手工作坊不仅能生产出斧、刀等工具，还能生产支架、釜、盆等生活用具。

比如，1987年，四川青川一农民在田间发现了一件青铜兵器，时值文物普查，考古工作人员立即前往现场查看，发现这是一把刻有"吕不韦"等铭文的铜戟。该戟体型修长，开口锋利，戟身背面刻有文字，经专家解读为"蜀东工"等字样，正面有铭文"九年，相邦吕不韦造。蜀守宣，东工守文，丞武，工极，成都"，共21字。秦国对兵器的制造有严格的规范，从上述文字可以看出，制造该戟时蜀地的郡守为"宣"；由工匠"极"负责制造，"东工守文"可能是秦时成都制造兵器的东工作坊。在此之前，考古学家还发现刻有"蜀西工"的青铜兵器，两相比较可以推断战国末年成都制造兵器的作坊有多处。

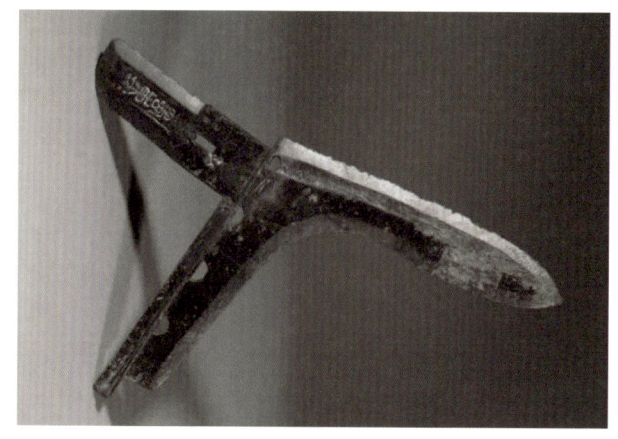

◎ 刻有"蜀东工"字样的吕不韦戟

从以上列举的出土文物中我们可以看出，秦并蜀国后，在蜀地推行了一系列统治措施，蜀地得天独厚的自然地理条件，也为秦国的发展提供了物质基础，成为秦灭六国重要的粮食产地。至此，成都进入与中原一体的发展进程，大一统的中国格局逐渐形成。

第二节 战国时期成都城市的发展

成都建城历史悠久，但真正有城墙的城池历史起源于秦并巴蜀之后。古蜀杜宇、开明王朝时期，蜀地并没有真正意义上的城墙，这时的蜀国皆以江河为屏障，辅之以木栅土垒为城墙。秦并巴蜀以后，来自北方的秦国十分重视城墙对军民的保护作用，于是在成都仿咸阳的城墙规制，建立起了高大雄伟的城墙。

公元前311年，秦王命蜀太守张若主持修建成都城。蜀地民间传说，张仪、张若在成都修筑城墙，城墙刚修好不久就垮了，此后几个月也未修好。后又暴雨不断，所筑的城墙全部垮塌。一天夜里，张仪、张若两人同时梦见一只大乌龟在成都爬行，乌龟托梦说："将军筑城有诚意，就顺我爬行之道修筑，保证城墙不会再垮。"次日，张仪、张若便照乌龟所爬的道路修筑高七丈的城墙，还修筑东、南、西、北四门，以及城门楼，说来也怪，这次城墙就没有垮塌。成都城很快修好了，城墙外形就像一只大乌龟，故成都又称"龟城"。民间的传说仅仅是对张若修建成都遇到困难的神化，其原因可能在于张若作为北方人，不熟悉成都的地理条件，导致城墙部分选址不当，从而出现屡修屡垮的情形。

实际上，传说中修建成都的人为张仪、张若两位也有讹误之处。常璩《华阳国志·蜀志》记载："惠王二十七年，仪与若城成都，周回十二里，高七丈；郫城周回七里，高六丈；临邛城周回六里，高五丈。造作下仓，上皆有屋，而置观楼射兰。成都县本治赤里街，若徙置少城内。营广府舍，置盐、铁、市官并长丞；修整里阓，市张列肆，与咸阳同制。其筑城取土，去城十里，因以养鱼，今万岁池是也。""城北又有龙坝池，城东有千秋池，城西有柳池。冬夏不竭，其园囿因之。平阳山亦有池泽，蜀之渔畋之地也。"[1] 据司马迁《史记》载，秦惠王二十七年，张仪在燕国说服燕王臣事秦国。随后，惠王卒，秦武王立。武王不悦张仪，仪惧而去了魏国。武王元年（公元前310年），张仪死于魏国。所以，主持修筑成都城的应为张若。

张若修的成都城，史称"秦城"，由大城、少城两部分组成。大城与少城外廓的总长度为十二里，此之谓"周回十二里"。张若在城内修建官衙府舍，设立了管理盐、铁、市场的机构和主管官员，盐官、铁官主收盐、铁税，市官负责管理市场，兼收商业税。可见，秦统一蜀地后，很重视本土经济和商业的繁荣发展。扬雄《蜀王本纪》云："秦惠王遣张仪、司马错定蜀，因筑成都而县之。都在赤里街，张若徙置少城内，始造府县寺舍，令与长安同制。"[2] 张若还修整了居民区，规范了市井街坊，奠定了此后成都2000余年的城市基本格局。

---

1 （晋）常璩撰：《华阳国志》，商务印书馆，1938年2月，第29～30页。
2 王文才、王炎编著：《蜀志类钞》，巴蜀书社，2010年10月，第9页。

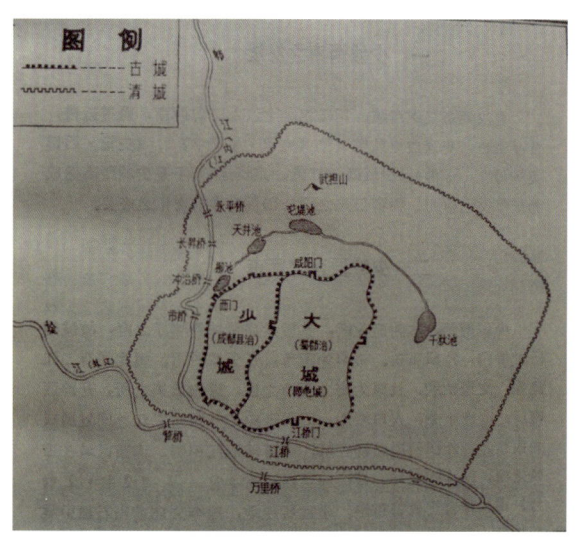

◎秦代创筑大少城图

除了少城以外,成都还修建了具有专门职能的"锦官城"与"车马城"。自古以来四川就有着"蚕丛古国"的美誉,古代的四川地区种植着大面积的桑树,当时这里盛产蚕丝,使得四川丝织业很发达。

常璩《华阳国志》记载:"其道西城故锦官也,锦江、织锦濯其中则鲜明,濯他江则不好,故命曰锦里。"[1]锦官所在地在少城东南流江南岸。四周筑有高墙,因而被称为"锦官城"。南朝人李膺《益州记》云:"锦城在益州南笮桥东,流江南岸,昔蜀时故锦官处也。号锦里,城墉犹在。"诸葛亮曾在教令中说:"今民贫国虚,决敌之资,唯仰锦耳。"谯周《益州志》称:"成都织锦既成,濯于江水。其文分明,胜于初成。他水濯之,不如江水也。"[2]张若修建成都城,市张列市,立锦官以管理蜀锦织造。

《后汉书·第五伦传》载:"蜀地肥饶,人吏富实,掾史家资多至千万,皆鲜车怒马,以财货自达。"成都融入中原文化圈后,社会繁荣、贸易增多,商业发展迅速,社会需要大量的车马。官吏贵族、富商大贾以及一些民众对代步车马的需求也逐渐增多,故而成都出现了很多的车马。

---

1 (晋)常璩撰:《华阳国志》,商务印书馆,1938年2月,第34页。
2 成都市地方志编纂委员会编:《成都市志·大事记》,方志出版社,2010年12月,第588页。

◎汉代车马过桥画像砖

为了更好地管理车马，秦汉时期管理车辆的衙门以及制造车辆的工厂所在地——"车马城"便出现在了成都。车马城是官府制造马车等交通工具的大型制造基地。据《华阳国志》记载，汉政府在成都城的西面内江和外江之间，修筑了车马城，负责制造各种车辆，还在车马城的东西南北四面专门修筑军事营垒加以保护。

郫城与临邛城是战国时期在四川修建的重要城市。据史料记载，秦惠王更元九年（公元前316年）灭蜀以后，由于政治和军事需要，秦王命在蜀地修筑城堡，临邛、成都、郫三地土地肥沃、地当要冲，非常适合建城。故秦惠文王于更元十四年（公元前311年）派蜀太守张若主持修建三城。郫城、临邛城两座卫星城与成都城在东西200里间，呈"品"字形，互为掎角之势，以震慑原蜀王在成都西南数次建都的地区，即今成都郫都区、温江区、双流区等地。临邛城因临近邛民（邛族）聚居地，故取名。临邛城店肆林立，规模较大，城址在今邛崃临邛镇。据《华阳国志·蜀志》载："城周回六里，高五丈。造作下仓，上皆有屋，而置观楼射栏。"[1] 当时郡县制尚未普及，临邛城、郫城实为县的雏形。

1　（晋）常璩撰：《华阳国志》，商务印书馆，1938年2月，第30页。

秦筑成都城，奠定了此后 2000 余年成都城市的基本格局，这种格局一直延续到了明清时期，直到明清少城（明代为蜀王府）修建时才被打破。

第三节 李冰修建都江堰及蜀地的水神崇拜

从古蜀时期起，水患就是困扰蜀地民众最普遍的自然灾害，无论是杜宇王朝还是开明王朝，皆以治水为治理国家的重要任务。秦灭蜀国后，秦王派遣治水能人李冰担任郡守。李冰在总结古蜀人治水的经验基础上修建都江堰，以疏导的方式解决蜀地水患，从此蜀地水旱从人，成了享誉全国的"天府之国"。

一、李冰修建都江堰

2012 年，在四川大剧院的建设工地上，工人们发现了一件大型圆雕石兽。石兽出土于一坑内，通体近似犀牛，由整块的红砂岩雕刻而成，作站立状，侧身掩埋于坑内，头东尾西，头部略呈圆锥形，刻有较清晰的耳朵、眼睛、下颌及鼻部，局部装

◎天府广场出土的秦汉时期石犀牛

饰简单的卷云图案，风格粗犷，躯干部分显得丰满圆润、四肢短粗。石兽长 3.3 米，宽 1.2 米，高 1.7 米，重约 8.5 吨。根据出土情况判定，石兽的埋藏时间约在西晋，但其制作年代当大大早于西晋，其线条简练而生动，应属于秦汉时期偏早的石雕艺术品。

据文献记载，李冰担任蜀郡太守期间，曾建造五头石犀，以镇压水精。这尊石犀是否为李冰所造需进一步考证，但可以肯定的是，这头石犀与李冰治水的故事是一个体系的，兼具水则（古代衡量水位的水尺）和镇水神兽的功能。李冰，公元前256至公元前251年任蜀郡太守，其最大的功绩在于修建了都江堰这个伟大的水利工程。

都江堰位于四川省成都市都江堰市城西，坐落在成都平原西部的岷江上，距成都市区约50公里，是全世界迄今为止、年代最久、唯一留存、仍在使用、以无坝引水为特征的宏大水利工程。今天的都江堰，除了仍发挥其水利工程的作用外，已变为享誉海内外的著名风景区和世界文化遗产。在此，既可以感受到千年古堰带来的历史文化气息，也可以享受到好山好水的优美风光，令无数游客流连忘返。

都江堰始建于秦昭王末年，是李冰父子在前人鳖灵开凿玉垒山的基础上组织修建的大型水利工程，也是岷江干流由深山峡谷进入成都平原的起点。整个水利工程由鱼嘴、飞沙堰、宝瓶口等几部分组成，2000多年来一直发挥着防洪灌溉的作用。

◎都江堰水利工程航拍图

司马迁在《史记·河渠书》中记载："于蜀，蜀守冰凿离碓，辟沫水之害，穿二江成都之中。此渠皆可行舟，有余则用溉浸，百姓飨其利。至于所过，往往引其水益用溉田畴之渠，以万亿计，然莫足数也。"[1]

据历史地理学家研究，距今约4000年前的远古时期，岷江上游的降雨量远远高于现在，且降水多集中于夏秋季节，这使得岷江上游的河流泛滥，有着"西蜀天漏"的说法。成都平原处于岷江下游，地势较为低平，

1　（汉）司马迁撰：《史记》，中华书局，1982年11月，第1407页。

受上游洪水影响很大，水患时有发生，生活在成都平原的古蜀先民不得不与洪水搏斗。

在古代神话中，华夏大地一直饱受洪水肆虐之苦。舜命鲧治理水患，可鲧整整九年都没有治理好水患，反而因此丢了性命。禹作为鲧的儿子，临危受命承担治理水患的任务。禹因势利导、因地制宜，成功治理了九州水患。自此，天下太平，四方安宁，禹建立了中国第一个王朝，史称夏朝。实际上，大禹还是治理岷江水患的重要人物。相传，大禹从岷山深处来到成都平原帮助古蜀先民治理水患，以"岷山导江，东别为沱"的方法，率领古蜀先民在东边开挖人工河道，对岷江的水系进行分流，从而疏导岷江水量，减缓岷江压力，此"沱"为今天都江堰西南方的郫江。大禹为后世治理成都平原的水患提供了历史经验。此外，蜀地不仅有大禹治水的传说，还有杜宇治水、鳖灵治水等传说。这些古蜀先民治水的经验，为李冰修建都江堰提供了参考。

秦昭王时，李冰被封为蜀郡太守。成都平原因地势平坦，加之平原内部水系发达，特别是岷江水系有水系广、水流量大等特点，岷江干流从岷山深山峡谷冲出，遇自西向东走向的玉垒山转而东去，造成了成都平原西涝东旱。李冰来到蜀郡后，决心治理水患，不辞辛苦

◎汶川县城大禹雕像

地对岷江水系进行考察，认真吸取前人治理水患的经验教训，认为治理成都平原水患的关键就在于治理岷江。鉴于此，李冰父子因势利导、因地制宜提出了一个系统治理岷江水患的水利工程方案，修建了被后世千古传颂的都江堰。

李冰在修建都江堰之前，先针对成都平原各河流之间相对独立、又多有泥沙堆积的情况进行了治理。在李冰的治理之下，成都的郫江和检江得

到疏通，水量大增的同时还为成都百姓提供了稳定的生活生产用水。与此同时，经过治理的两江均可行船，郫江、检江在成都南部的黄龙溪汇入岷江，进而与长江水系联系，两江水运的疏通一改成都平原交通闭塞的局面，促进了成都平原与外界的经济交流和文化交流。

两江疏通后，成都的城市格局也发生了变化。李冰担任蜀郡太守期间，将位于城中的"市"迁往成都南郊河畔，使得农业、手工业等商品货物交易更加便利，大型货物也可通过水路在此交换，成都城市规划变得更加科学合理，市的布局大致与河流方向平行，河上建以桥梁，方便政府对市进行管理。此后，位于成都的东市、西市、锦官城、车马城也开始沿江分布，不仅有利于大宗器械的运输，也为交通转运提供了便利，使得成都成为西南地区的交通枢纽。

二、都江堰的工程原理

都江堰主要由宝瓶口、鱼嘴、飞沙堰三大工程组成。宝瓶口指的是玉垒山外伸入岷江处由人工开凿出的一个口子，因形状类似瓶口而称为宝瓶口，开凿玉垒山分离的石堆叫"离堆"。开凿宝瓶口时，李冰父子邀集了许多有治水经验的农民，对地形和水情进行了实地勘察。由于当时生产力还不发达，李冰父子采用以火烧石的方法，使岩石爆裂，终于在玉垒山凿出了一个宽20米、高40米、长80米的山口。宝瓶口的宽度和底高都有极严格的控制，古人在岩壁上刻了几十条分划，是我国最早的水位标尺。之所以开凿宝瓶口，是因为只有打通玉垒山，使岷江水能够畅通流向东边，才可以减少西边江水的流量，使西边的江水不再泛滥，同时也能解除东边地区的干旱问题，使滔滔江水

◎都江堰宝瓶口

流入旱区，灌溉那里的良田。这是都江堰整个系统工程的第一步。

宝瓶口同飞沙堰配合具有节制水流大小的功用，是控制内江进水量的关键。水流经过宝瓶口流入，灌溉成都平原的大片良田。在洪水期间，内江水位过高时越过飞沙堰，洪水进入外江流走，再加上宝瓶口对水流的约束，起到了防洪的作用。内江水流进宝瓶口后，顺应西北高、东南低的地势，沿大小各支引水渠不断分流，形成自流灌溉渠系，灌溉成都平原上一千余万亩农田。据《永康军志》载："春耕之际，需之如金，号曰'金灌口'。"因此宝瓶口古时又名"金灌口"。宝瓶口右侧过去有一个未凿去的岩柱与其相连。因长期水流冲刷、漂浮物撞击，该处已于1947年被洪水冲毁坍塌。

宝瓶口引水工程完成后，虽然起到了分流和灌溉的作用，但因江东地势较高，江水难以流入宝瓶口，为了使岷江水能够顺利东流且保持一定的流量，充分发挥宝瓶口的分洪和灌溉作用，修建者李冰在开凿完宝瓶口以后，又决定在岷江修筑分水堰，将江水分为两支：一支顺江而下，另一支被迫流入宝瓶口。

鱼嘴是在岷江江心修筑的分水堤坝，形似大鱼卧伏江中，它把岷江分为内江和外江，内江是人工引水渠道，主要用于灌溉，外江用于排洪，是岷江正流，俗称"金马河"。鱼嘴与金刚堤连在一起，位于江心，它们的建造和作用与弯曲的河床形态

◎都江堰鱼嘴

有密切关系。金刚堤实质是岷江河床上的江心洲，鱼嘴位于金刚堤的顶端。从分水堤与金刚堤位于河床的中心位置来分析，李冰利用了河流弯道环流的科学原理来建造这个堤坝。

鱼嘴发挥了分叉河流的分水分沙作用，如冬春枯水季节，岷江水位较低，河流主流多靠近河谷凹岸流去，分水堤将十分之六的江水导入内江，十分之四的江水导入外江，保证了灌区的用水量，简称"四六分水"；夏、秋洪水季节，岷江水位相对升高，河流主流线相对变直，大部分江水流向凸岸，故分水堤又将十分之六的江水排入外江，十分之四的江水注入内江。这是李冰掌握了分叉口即江心洲的分水分沙特点后，又利用了内江具有平面弯道环流泄水特性而创造的科学分水方法。

　　为了进一步控制流入宝瓶口的水量，起到分洪和减灾的作用，防止灌溉区的水量忽大忽小、不能保持稳定的情况，李冰又在鱼嘴分水堤的尾部，靠着宝瓶口的地方，修建了分洪用的"平水槽"和"飞沙堰"。飞沙堰是都江堰确保成都平原不受水灾的关键，唐朝名"侍郎堰""金堤"，后又名"减水河"，它因具有泄洪排沙的功能，故又被称为"飞沙堰"。它的主要作用是当内江的水量超过宝瓶口流量上限时，多余的水便从飞沙堰自行溢出；如遇特大洪水的非常情况，它还会自行溃堤，让大量江水回归岷江正流。其另一作用是"飞沙"，岷江从万山丛中急驰而来，挟着大量泥沙、石块，如果让它们顺内江而下，就会淤塞宝瓶口和灌区。飞沙堰将上游带来的泥沙和卵石，甚至重达千斤的巨石，从这里抛入外江，确保内江通畅，确有鬼斧神工之妙。

　　为了观测和控制内江水量，李冰又雕刻了三个石桩人像，放于水中，以"枯水不淹足，洪水不过肩"的口诀来确定水位。还凿制石人置于江心，以此作为每年最小水量时淘滩的标准。这些石人显然起着水尺的作用，他们是原始的水尺。从石人足和肩两个高度的确定，可见当时不仅有长期的水位观察，并且已经掌握岷江洪、枯水位变化幅度的一般规律。

　　"深淘滩，低作堰"是都江堰的治水名言。"深淘滩"是指飞沙堰一段、内江一段河道要深淘，深淘的标准是古人在河底深处预埋的"卧铁"。岁修淘滩要淘到卧铁为止，才算恰到好处，才能保证灌区用水。"低作堰"就是说飞沙堰有一定高度，高了进水多，低了进水少，都不合适。飞沙堰是都江堰三大工程之一，看上去十分平凡，其实它的功用非常大，可以说是确保成都平原不受水灾的关键。古时，飞沙堰是用竹笼卵石堆砌的临时工程，如今已改用混凝土浇筑，使其防洪功能更为有效。

三、后人对李冰的崇敬

自20世纪70年代以来，在都江堰岁修工程中，先后发现了多尊汉代李冰石像。以1974年发现的这尊李冰石像为例，上有石刻题记："故蜀郡李府君讳冰。建宁元年闰月戊申朔廿五日，都水掾尹龙长、陈壹造三神石人，珍水万世焉。"学者由此推断，东汉时期人们凿刻李冰石像既有纪念和祭祀的性质，又有借助神性以镇水的目的。李冰治蜀期间，兴修水利，政通人和，促进了成都平原的政治、经济、文化等方面的发展，为成都平原被誉为"天府之国"打下了坚实的基础。如今成都地区很多古迹以及出土的文物都寄托着老百姓对李冰父子的感恩之情。

◎都江堰发现的李冰石像

"夫圣王之制祀也，法施于民则祀之，以死勤事则祀之，以劳定国则祀之，能御大灾则祀之，能悍大患则祀之。"[1] 这表明，在中国古代，那些对国家、社会有着卓越贡献的人，很容易成为民众崇拜祭祀的对象，久而久之，这些历史人物便逐渐演变为某个区域乃至全天下民众的保护神，即所谓"生而有功于民，死后尊之为神"[2]。巴蜀地区民众独特的"二王"[3] 崇拜即是如此。人们对于李冰的祭祀活动在秦汉时期就已有之。据应劭《风俗通义》记载："秦昭王听田贵之议，遣李冰为蜀郡太守，开成都两江，溉田万顷，无复水旱之灾，岁大丰熟。"[4] 大约在秦始皇统一六国后，就已

---

1 （清）阮元校刻：《十三经注疏》，中华书局，1980年10月，第1590页。
2 李绍明：《都江堰渠首出土汉石刻人像探讨》，《四川文物》，2008年第2期。
3 "二王"崇拜，又称"川主"崇拜，即巴蜀地区民众对于李冰父子的祭祀与崇拜。
4 （汉）应劭撰，王利器校注：《风俗通义校注》，中华书局，1981年1月，第583页。

经为李冰修建祠堂，以纪念其对巴蜀地区水利建设的贡献。

汉晋时期，李冰治水的事迹则被进一步神圣化。《水经注校证》引《风俗通》，记述了李冰斗河神的故事："江神岁取童女二人为妇，冰以其女与神为婚。径至神祠劝神酒。"[1] 晋人常璩《华阳国志》云："周灭后，秦孝文王以李冰为蜀守。冰能知天文、地理，谓汶山为天彭门。乃至湔氐县，见两山对如阙，因号天彭阙。仿佛若见神，遂从水上立祠三所，祭用三牲，珪璧沈濆。"[2]。由此可见，李冰在时人眼中已成为能通鬼神之人。

李冰被官方大规模祭祀并享有官爵称谓应不晚于宋代。唐末五代时期，后蜀政权册封李冰为"大安王"，又封"广圣灵应王"。宋太祖建国初，有一次洪水肆虐巴蜀地区，赵匡胤下诏封李冰为"广济王"，并将祭祀李冰的庙宇重新修缮，这可以认为是官方承认李冰神灵地位的开始。官方祭祀李冰的活动在两宋时规模极为宏大，曾在蜀地为官的南宋诗人范成大便有"刲羊五万大作社，春秋伐鼓苍烟根"[3]的诗句，描绘了宋代官方祭祀李冰的盛况。民众对于李冰之子二郎的记载也始于宋代。北宋开宝五年（972年），太祖诏修崇德庙时尚未提及二郎之事，到了景德年间（1004—1007），宋真宗钦赐《二郎神碑》，称李二郎为"川主二郎神"，始与李冰同祀于崇德庙。民间描写李冰治水事迹的小说如《李冰治水记》等，也在社会上广为传播，李冰父子事迹已深入人心。[4]

元、明两代，李冰及其子李二郎则被官方赐予各种封号。元至顺元年（1330年）元文宗封李冰为"圣德英惠王"，封二郎为"英烈昭惠灵通仁佑王"[5]，以表明朝廷对水利建设的重视。明代，一种新的供奉李冰及二郎的民间水神祭祀场所——"川主庙"在四川西部出现，并迅速分布于四川各地，甚至在与四川接壤的贵州、云南也有修建，"川主"崇拜成为西南地区民间最普遍的水神崇拜。明末清初，因为战乱，都江堰失修多年，到

---

1 （北魏）郦道元著，陈桥驿校证：《水经注校证》，中华书局，2007年7月，第767页。
2 （晋）常璩撰：《华阳国志》，商务印书馆，1938年2月，第30页。
3 中华书局上海编辑所编辑：《范石湖集》，中华书局，1962年8月，第248页。
4 周九香：《试论都江堰修建与李冰崇拜》，《中国史研究》，1994年第1期。
5 冯广宏主编：《都江堰文献集成·历史文献卷·先秦至清代》，巴蜀书社，2007年8月，第586页。

了清康熙四十八年（1709年），祭祀李冰父子的活动才重新开始。

清朝官方将祭祀李冰父子的日期固定下来，演变成了都江堰地区盛大的民俗节日——开水节。雍正五年（1727年），礼部上书皇帝请封李冰为"敷泽兴济通佑王"，封李二郎为"承绩广惠显英王"[1]，并令地方官春秋致祭。春秋两祭，逐渐演变成了与都江堰岁修有关的两个特定的日子：一在春天岁修完成后，砍杩槎放水，即所谓"开水节"；一在秋天岁修开始之前，下杩槎封堰停水。开水节一般选在清明前后，且有一套较为稳定的程序：来自成都的官员在开水节前一天启程，途中经过郫县到望丛祠祭拜望、丛二帝，然后于当天赶到灌县；开水节那天，主祭官率领大小官吏到二王庙，在庙内道长主持下，献祭品，行跪叩礼，诵读祝词；官祭之后，主祭官来到江边岁修现场，主持开水。[2]

◎位于都江堰的二王庙是祭祀李冰父子的重要场所

---

1 冯广宏主编：《都江堰文献集成·历史文献卷·先秦至清代》，巴蜀书社，2007年8月，第586页。
2 谭徐明著：《古代区域水神崇拜及其社会学价值——以都江堰水利区为例》，首届中国水文化论坛组委会编：《首届中国水文化论坛优秀论文集》，中国水利水电出版社，2009年10月，第230～231页。

第三章

秦汉成都"列备五都"

(公元前221—220年)

QINHAN CHENGDU "LIEBEI WUDU"

公元前221年，大秦帝国统一六国，建立起"车同轨、书同文"的中央集权制国家。秦朝建立后实行高压的统治政策，很快激起了民众的反弹，农民起义随之爆发，以刘邦为首的农民起义军推翻秦朝，建立起西汉王朝。西汉王朝对内实行休养生息，对外扩大疆土，迅速成为中国历史上一个繁盛的王朝。作为西南地区重要的大都市，在这一时期，成都的社会经济有了巨大进步，迅速发展成为秦汉时期五大商业中心之一，成都生产的蜀锦不仅闻名全国，而且在南方丝绸之路的沟通下远销海外。与此同时，成都的科教文化事业在两汉时期也得到较好发展，文翁治蜀使得蜀地文明得到开化；井盐、火井、天文历法等领先世界的技术发明让成都成为当时的科技之都；茶叶产地、休闲之都、漆器之都、道教发源地等称号更是这一时期成都有别于其他城市的闪亮名片。

第一节 "天府之国"与"列备五都"

一、从"天府之国"到"列备五都"

"天府"原是一个官职，主要掌管人间珍宝，故而后来用天府之国来指富裕肥沃且地势显要的地方。"天府之国"的称呼最早出现在战国时期，指秦国统治的关中平原。在修建郑国渠之后，关中这个区域就号称"陆海""天府"。历史上有关"天府"的文献也有许多，比如《史记·留侯世家》称："夫关中左崤函，右陇蜀，沃野千里，南有巴蜀之饶，北有胡苑之利，阻三面而守，独以一面东制诸侯。诸侯安定，河渭漕挽天下，西给京师；诸侯有变，顺流而下，足以委输。此所谓金城千里，天府之国也。"[1]《战国策·秦策》中记述的纵横家苏秦对秦惠王说的一段话中也有类似的表述："大王之国，西有巴、蜀、汉中之利，北有胡、貉、代、马之用，南有巫山、黔中之限，东有肴、函之固。田肥美，民殷富，战车

---

[1] （汉）司马迁撰；《史记》，中华书局，1982年11月，第2044页。

万乘,奋击百万,沃野千里,蓄积饶多,地势形便。此所谓天府,天下之雄国也。"[1]

但因北方战乱不断,再加上大兴土木等导致关中平原的生态环境持续恶化,到了战国时期,天府之国的含义开始发生变化。相较于关中平原,因李冰修建了都江堰,成都平原的农业生产水平得到迅速提高,成都平原成了中央王朝的主要粮食供给基地和主要赋税来源,再加上盆地在冷兵器时代具有易守难攻的特殊战略地位,避免了历史上很多次战争的破坏,得到了一个相对安定的社会环境,成都平原成为新崛起的"天府之国"。《华阳国志》记载,李冰修都江堰后,成都平原"沃野千里,号为陆海,旱则引水浸润,雨则杜塞水门,故记曰:水旱从人,不知饥馑,时无荒年,天下谓之天府也"[2]。

2010年11月,在成都天府广场出土了两通东汉石碑,即"裴君碑"与"李君碑"。其中,"裴君碑"有刻字1400余字,"李君碑"有刻字800余字,是四川地区发现文字较多、保存较为完整的汉代石碑,记载了蜀守裴君与李君治蜀的功绩。"裴君碑"碑文中有"蜀承汶水,缉熙极敬"的文字,

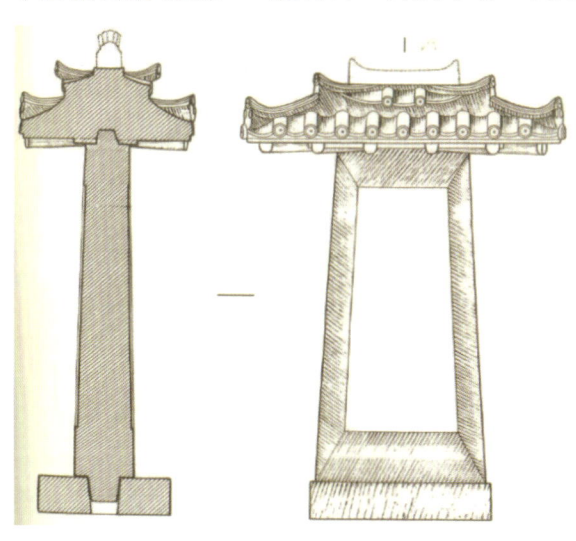
◎"裴君碑"外观图

◎博物馆展出的"裴君碑"

---

1 (西汉)刘向编,何建章注释:《战国策注释》,中华书局,1990年2月,第74页。
2 (晋)常璩辑撰:《华阳国志》,商务印书馆,1938年2月,第130~131页。

这与《史记·河渠书》中"蜀守冰凿离堆、辟沫水之害，穿二江成都之中"等记载非常吻合。最近几年出土的李冰石像等文物，也证实了汉代以成都平原为中心的蜀郡在两汉时期物产丰富。这离不开成都平原土地肥沃、水利设施优良的农业生产条件。此外，"裴君碑"描述成都"旧设储值，填盈殿馆。金银文锦，骇目动欲"，也与《汉书·贡禹传》"蜀广汉主金银器，岁各用五百万"[1]等记载吻合，说明汉代成都丝绸、金银器、漆器等手工制造业的兴盛，这也与近年成都老官山汉墓出土的汉代织机、纺织俑等文物相印证。

◎ "裴君碑"碑文局部

值得注意的是，"裴君碑"中首次以"列备五都"的称谓给两汉时期的成都做了历史定位。史书上记载两汉时的成都，往往形容成都平原"沃野千里"、城市"既丽且崇"，但"裴君碑"碑文却以"列备五都，众致珍怪"为成都给出了另一个鲜明的定位。两汉时期的"五都"曾见于汉书，是指除都城长安以外，商业最发达的洛阳、邯郸、临淄、宛（今南阳）和成都这五座城市。"列备五都，众致珍怪"的说法说明了当时成都在全国的商业地位。

---

1 （汉）班固撰，（唐）颜师古注：《汉书》，中华书局，1962年6月，第3070页。

公元 133 年左右，河南襄城人李膺在成都教育处于最低谷时，被任命为蜀郡太守。李膺饱读诗书，满腹经纶，文武双全。他是带着恢复、振兴蜀郡学校教育的明确任务和理想而来的。李膺在任时，以当年的文翁石室为基础，大力推进教育。133 年秋天，李膺调离蜀郡。在李膺离任 3 个月后，蜀郡人为李膺立下了一通碑，这通碑便是我们现在看到的"李君碑"。这通碑在 146 年被洪水冲倒。后来另一位裴姓蜀郡太守在组织修缮学校建筑设施的工程中，安排人员再度将它竖立起来。"李君碑"上，有人在正面碑文结束后刻下一道横线隔断，另外加刻了一段说明，讲述了"李君碑"被洪水冲倒后再次竖立的过程。

"李君碑"碑文中有"同心齐鲁、诱进儒墨"的文字，颂扬了文翁兴学、蜀地教育可与齐鲁媲美，而李君则继承文翁办学传统，重振教育，恢复了西汉文翁兴学的盛况。此外，史料还记载文翁石室在东汉安帝永初年间（107—113）遭遇了一场大火灾。这场大火让成都城遭到了严重破坏，整座城市毁灭殆尽，只有西汉文翁修建的一间石结构的建筑因为抗火性强，得以保存。此后，文翁学堂得以在原址恢复重建。然而宋末元初，文翁石室在长时期的战乱中被彻底破坏，此后官府重建学堂，但已经不在原石室的范围。结合史料记载和现有的出土文物，东御街口汉碑出土处，极可能就是当年文翁建石室学堂之处。

二、西汉织机与丝路名城

2013 年，在成都老官山附近的地铁 3 号线施工现场发现了四座西汉时期的墓葬，在其中一座墓葬中发现了四架汉代多综织机模型，这四架织机模型中，一架略大，高约 50 厘米，长约 70 厘米，宽约 20 厘米；另外三架则略小，大小相近。经考古学家分析，这些模型正是之前从未发现过的蜀锦提花机模型。中国是世界上最早从事织锦业的国家，四川的古代丝织业更是高度发达，老官山汉墓织机的出现将蜀锦的繁盛历史大大推前，可以说，这四架织机模型见证了两汉时期蜀地织锦业的发展。

◎复原后的蜀锦提花机模型

成都老官山汉墓出土的四架多综织机模型,提供了古代多综织机的实物证据。这些织机都采用一样的移动齿梁选综机构,提综机机构却有不同,其中一架织机用一个旋转踏板提升滑框,滑框再提升多片纹综。另外三架方法相同,用一个旋转踏板提升连杆,连杆再提升多片纹综。考古学家们通过出土文物的实物对照,分析选综机构和提综机构的机械原理,比较出两种提综机构的性能优劣,推断滑框式织机可以织造经向纹样循环大的经锦,但操作较费力;曲柄连杆式织机织造的经锦纹样循环虽小,但操作省力。2000年前我们的先人虽然没有现代力学的理论支持,但他们通过不断的实践加上自己的聪明才智,发明出如此高效合理的机械装置。选综机构巧妙运用重力平衡原理,使用操作省力,提综机构用一个旋转踏板控制几十片纹综,其效率已超过三国时期马钧的"皆易以十二蹑"。

蜀锦,又称蜀江锦,起源于战国时期的成都,已有2000多年的历史。蜀锦大多以经线彩色起彩,彩条添花,经纬起花,先彩条后锦群,方形、条形、几何骨架添花,对称纹样,四方连续,色调鲜艳,对比性强,是一种具有汉民族特色和地方风格的多彩织锦。它与南京的云锦、苏州的宋锦、广西的壮锦一起,并称为中国的四大名锦。在我国古代纺织业发展史上,

◎汉代蜀锦"五星出东方利中国"护臂

有关四川出产丝绸的记载在古代文献中经常见到。以桑蚕丝为编织对象的丝织业历来都是四川地区的传统手工业之一,它的起源时期较早,至今蜀地依旧盛产蜀锦之类的丝织品。

关于蜀地产丝制品的时代,段渝先生在《嫘祖考》中指出:"古蜀是中国丝绸的早期起源地之一,在夏商时代,古蜀丝绸已经达到相当水平。"[1]可见蜀地早在先秦时期就出产丝绸。文中提到早在张骞通西域以前,产于蜀地的蜀布、邛竹杖等物就已经来到了身毒(今印度)地区,而将这些物品带到当时印度地区的人正是古蜀商人们,这说明早在先秦时期,古蜀国商人已经走到印度地区了。随着蜀商的往来,蜀地所产的丝绸也就完全可能被他们带到印度。蜀地所产的其他物品也不断向外输出,并受到当地人的喜爱,因此蜀物也对相关地区经贸文化的繁荣起到了一定的作用。

当前的研究表明,早在商周时期,古蜀人就已经与南亚、东南亚等国家有着密切的贸易往来。这都要归功于当时蜀地与外界沟通的重要通道——南方丝绸之路。

---

1 段渝:《嫘祖考》,《炎黄文化研究》,1997年第4期。

　　南方丝绸之路同北方丝绸之路、海上丝绸之路一样，是我国古代对外交通贸易和文化交流的重要通道。这条贸易通道以古蜀腹地成都为起点向南进发，经滇国（今云南），越嶲国（今缅甸），通往身毒（今印度）、中亚，最后到达西亚及西欧。南方丝绸之路作为中国最早的对外交通干线，我们通常将其分为国内段与国外段。国内段是以成都为起点通达云南的这一段，通常将其称为南方丝绸之路川滇段。川滇段有两线：其一是从成都出发向南经新津、邛崃、名山、雅安、汉源、喜德、冕宁、西昌，即"牦牛道"或"零关道"，在到达会理后折向西南行进，过金沙江经攀枝花入云南大姚，最后通达云南大理；另一路从成都出发，顺岷江而下，经乐山至宜宾，再沿古"五尺道"一路向南经高县向西入横江河谷地区，经云南豆沙关、昭通、曲靖抵昆明，再由昆明出发到大理。两线在大理合二为一，并沿今滇缅公路，经保山、腾冲，沿江南行，经干崖抵达中缅边境地区。这就是早期西南交通贸易线，这条贸易线将川滇地区紧紧地串联起来，形成了早期南方丝绸之路的国内段。

　　南方丝绸之路国外段从干崖边境入缅甸境内的八莫，从八莫抵印度有两条途径：其一为水路，从八莫顺伊洛瓦底江通达出海，经海路抵达印度港口，与印度沿海港口地区进行贸易往来；另一路为陆路，从八莫出发，经过密支那，过亲敦江，再沿布拉马普特拉河谷可到印度平原地区。这两条以成都为出发点经云南过缅甸通达印度的交通线构成了早期的中印交通线。

　　通过蜀锦，成都不断与世界进行着对话。如果说三星堆、金沙展示的是成都远古而神秘的一面，蜀锦则体现了成都这座城市的开放包容与勇于创新。南方丝绸之路不仅促进了成都与南亚、东南亚国家的经济文化发展，同样也给成都人的生活、经济注入了新的活力。

三、领先世界的科技之都

秦统一巴蜀后，巴蜀地区的经济逐渐有了长足的发展。公元前4世纪末，一个以成都为中心，以郫县、临邛（今邛崃、蒲江一带）为拱卫的经济中心开始形成，成都及其周边地区的科技发展达到了相当的高度。

井盐的开采

战国末年，随着铁制工具大量应用于手工业生产，广都（今成都双流一带）盐井在这个经济区的中心地带钻凿成功，揭开了我国井盐生产的序幕。公元前255至公元前251年，李冰在兴建都江堰工程时发现了盐卤，随即"穿广都盐井"，揭开了中国井盐开发的序幕。李冰开凿的广都盐井，是在当时打井取水的基础上开凿的大口浅井，这种盐井因受技术的限制，不会很深，但是口径很大，这种大口浅井采卤技术一直被沿用了1200多年。

新发明的盐井钻凿术很快向周边地区扩展。到了西汉初年，临邛地区也开始钻井煮盐了。在临邛地区地质钻井和盐卤开发的历史上，西汉宣帝地节三年（公元前67年）是一个特别重要的年份。《华阳国志》记载当年"又穿临邛、蒲江盐井二十所，增置盐铁官"[1]。在一个地区大规模穿凿盐井之前，必定存在一个勘察、试掘和试采的阶段。如果没有通过某种形式的勘察手段以大致确定可能藏卤的地带，不可能贸然进行大规模开采。

◎成都博物馆藏井盐画像砖

---

1 （晋）常璩撰：《华阳国志》，商务印书馆，1938年2月，第32页。

"增置盐铁官"也说明了同样的问题，即临邛地区的盐铁手工业经过一定的发展过程进入了新的阶段。在这个阶段，生产的规模和数量都和先前大不相同，以致封建国家必须在产地增设专门机构和任命专业官员来加以管辖。新的经济管理机构的出现正是生产力发展到一定程度的反映。对于井盐业来说，由于铁官的设置和冶铁手工业的发展，可以就地铸造和修理各种铁制工具，进一步提高盐井的钻凿能力。东汉是中国大口浅井型盐井蓬勃发展的时期，不但能开采自然盐泉、盐岩所标示的地下盐卤，而且能开采没有自然盐泉标示的地下盐卤。两汉时期，在临邛县蒲江河谷有盐井20所，设有盐官。这些都表明，两汉时期蜀地的井盐开采处于世界领先水平。

火井的发现

在汉代，人们统一将天然气井称为"火井"，火井镇便因此得名。据记载，古时候，这里原是一片荒滩，有人发现地下有盐水浸出，于是就地挖井熬盐。挖井越深，出盐越多，于是众人效仿，一共挖了六口井，呈六角形排列，统称"六角井"。一日深夜，电闪雷鸣，一道霹雳下来，最深的一口井中突然呼啦啦蹿出火焰，腾高数丈，民间敬为"神火"，最初的火井出现了。"火井沉荧于幽泉，高焰飞煽于天垂。"这是西晋文学家左思在《蜀都赋》中赞美古临邛火井喷射燃烧的壮丽景象。临邛

◎临邛火井遗址

火井是人类历史上第一口天然气井，它的出现为科学技术史谱写了新的篇章。

根据现存史料，最早记载临邛火井的是西汉宣帝在位时出生于成都的扬雄。他以夸赞的心情和瑰丽的笔触在《蜀都赋》和《蜀王本纪》中描绘蜀地历史之久远和山川风物之美盛时，两次指出临邛有"火井"，且记下火井深度为"六十余丈"。西晋张华所著《博物志》记载："临邛火井一所，纵广五尺，深二三丈。井在县南百里。昔时人以竹木投以取火。诸葛丞相往视之，后火转盛热。执盆盖井上，煮盐得盐。入以家火即灭，迄今不复燃也。"[1]

宋代刘敬叔在《异苑》一书中写道："蜀郡临邛县有火井，汉室之隆，则炎赫弥炽。暨桓灵之际，火势渐微。诸葛亮瞰而更盛。"[2] 这里说到东汉桓帝和灵帝时期，火井已经不如最初那样旺盛了，可是诸葛亮去看了一下，火势又旺了起来。这当然有点近乎神话，十分牵强。不过，天然气是流动的，所以火焰也会在某个时候旺盛、某个时候衰微。

古代开发利用临邛火井的劳动者们，经过长期的生产斗争，在当时的条件下，出色地解决了一系列有关的技术难题，表现出了惊人的智慧和创造能力。天然气作为一种近代能源，它的大规模开发是在近代社会。相对于后来有声有色的大开发，临邛火井的发展史好像是悠长的前奏。

我国对天然气的记载较早，并且率先将天然气作为地下矿藏，通过凿井进行开采利用。从零星采集到凿井生产，表明人们对这个新能源的认识产生了质的飞跃。我国建造了人类历史上第一批天然气井，成为世界上最早以天然气作为能源的国家，比起欧洲最先利用天然气的英国早了10多个世纪，这是中国人民可以引以为豪的。

---

[1] （晋）张华著，唐子恒点核：《博物志》，凤凰出版社，2017年10月，第27～28页。
[2] （南朝）刘敬叔撰，范宁校点：《异苑》，中华书局，1996年8月，第27页。

农时历法

任何一个古老的民族，在观察与生活关系极为密切的昼夜交替、月圆月缺、星宿出没、四季变化的过程中，都会积累起若干天象知识。这些天象知识经过总结，就形成了最初的天文学。为了便于安排农事，人们必然要尽力掌握时间变化的特点与规律，制订出能让大家共识的时间单位，于是就出现了最初的历法。我国的古代天文学是全世界最先进、最有特点的天文学之一。巴蜀的古代天文学在我国古代天文学中贡献巨大，自古就有"天数在蜀"的说法，这是对古代巴蜀发达的天文学的形象化描述。

◎四川阆中落下闳铜像

历法是按照某种人为的规定，将年、月、日三者合理地编排起来，便于人们安排各种生产和生活活动，同时也符合天体运动规律。由于回归年、朔望月、太阳日三者之间没有公约数，而且各个时代其年、月的长度也各取不同的近似值，因此，就产生了"阳历"或"太阳历"，"阴历"或"太阴历"和"阴阳合历"等不同的历法。汉武帝时期，著名的天文学家、今四川阆中人落下闳对历法的改革，是我国历法史上的第一次重大改革，他所创制的新历，就是闻名于世的"太初历"。"太初历"内容全面，结构严整，科学性强，为我国后世历法的制定奠定了良好的基础。[1]

落下闳在制定"太初历"时采用了"以无中气月置闰"的制度。一个回归年中的二十四节气，从冬至开始，把奇数次序的十二个节气如冬至、大寒、雨水、春分、谷雨、小满、夏至、大暑、处暑、秋分、霜降、小雪

---

1 鲁子健著：《巴蜀天数》，巴蜀书社，2005年5月，第86页。

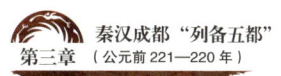

叫作中气；把偶数次序的十二节气如小寒、立春、惊蛰、清明、立夏、芒种、小暑、立秋、白露、寒露、立冬、大雪，叫作节气。根据《汉书·律历志》记载：立春、立夏、立秋、立冬四个节气，它们应是四季的开始；春分、夏至、秋分、冬至四个中气处在各个季节中间，应分别排在农历的二月、五月、八月、十一月之中。节气可以在本月的上半月，也可以在上月的下半月。而中气则必须安排在指定的月份内。这种无中气月置闰的方法，使闰月安排得更准确、更合理，使节气在月份里的变化不超过半个月，从而使颁行的历书和劳动人民的生产季节可以更好地结合起来。[1]

落下闳创制的"太初历"是古代巴蜀地区天文历法的代表，以正月为岁首，以没有中气的月份为闰月，使月份与季节配合得更合理。"太初历"把二十四节气第一次收入历法，对古代的农业生产起到了重要的指导作用。

第二节　两汉时期成都的休闲活动

一、说唱俑与成都的民间艺术

俑最早出现在战国时期，用以取代活人殉葬的古老传统。到了秦汉时代，俑的使用逐渐多了起来。作为随葬品，俑不仅是丧葬制度和丧葬礼仪的重要体现，也是古代社会政治、经济状况以及生活习俗、衣着服饰的再现。汉武帝之后，"视死如生"的观念兴起，俑成为最能全面展现死者生前生活场景的一个重要方式。汉俑的题材涉及面很广，内容丰富，从家奴到庖厨，从仕女到军士，都具有很强的写实风格。

最为世人所熟知的东汉击鼓说唱俑有两件：一件是1957年出土于四川成都天回山崖墓，现收藏于国家博物馆的击鼓说唱俑，这也是最著名的一件；另一件是1982年7月出土于四川成都三河镇马家山崖墓的击鼓说唱俑，被定为国家一级文物，现藏于杨升庵博物馆内。两件都是灰陶制，

1　鲁子健著：《巴蜀天数》，巴蜀书社，2005年5月，第93页。

都出自四川，除尺寸不同外，面容、神态、动作都非常相似。

现藏于国家博物馆的击鼓说唱俑一副憨厚大叔形象，头戴软小冠，并以长巾围绕一匝，前额上打一小结。上身光赤，袒胸露腹，下身着长裤，赤脚，左臂抱一扁鼓，翘起的右脚，扬起的右手握着鼓槌，着意表现出一位神采飞扬的说唱俑滑稽形象。

两汉时期，上至皇室贵胄，下至平民百姓，都十分喜爱说唱表演，当时的皇室贵族、豪富高

◎国家博物馆藏击鼓说唱俑

官蓄养俳优之风甚盛。这些说唱者常由身材矮胖、相貌滑稽的侏儒充任，他们被称为俳优。史书记载，汉武帝时"俳优侏儒之笑，不乏于前"，丞相田蚡"爱倡优巧匠之属"，俳优与"排忧"同音。汉代俳优大致以调谑、滑稽、讽刺的表演为主，以此来博得主人和观赏者的笑颜。他们往往随侍主人左右，做即兴表演，表演时一般边击鼓边歌唱。

汉代画像中经常可以看见一些身材粗短、上身赤裸和动作滑稽的表演者，汉墓中也不乏此类形象的陶俑。出土的汉代陶俑中，经常有俳优演出的场面，表明俳优表演在当时十分盛行。汉代民间也极为盛行说唱表演，这些陶俑身材矮胖，表情生动活泼，雕塑线条简练，技法娴熟，是富有浓郁民间气息和地方风貌的优秀雕塑作品，有着很高的艺术价值和欣赏价值，为中国古代雕塑艺术之瑰宝。在四川的东汉墓中先后出土多件类似形象的击鼓说唱俑，也说明了当时蜀地说唱表演颇为流行。

此外，在乐山、遂宁以及重庆等地，此类陶俑也均有出土。这些陶俑的高度通常在50厘米以上，具有袒裸上身、左臂佩镯、着裤跣足、一手

执桴一手抱扁鼓、或坐或立、神态诙谑等造型特征。这些陶俑塑造了汉代俳优的生动形象,具有很强的艺术感染力,为研究、欣赏汉代的民俗、陶塑艺术、乐舞艺术和民间艺术提供了珍贵的实物资料。

二、茶叶产地与漆器中心

四川是中国乃至世界种植、制作、饮用茶叶的起源地之一,茶文化源远流长。四川也是中国产茶大省,茶业与茶文化既促进了四川的经济增长,又丰富了人民群众的生活。顾炎武曾道:"自秦人取蜀而后,始有茗饮之事。"[1] 他认为饮茶是秦统一巴蜀之后才开始传播开来的,肯定了中国的茶文化最初是从巴蜀发展起来的。这一说法现已被绝大多数学者认同。茶为贡品和祭品,在先秦时就已出现,而茶叶成为商品则是在西汉时期。西汉大文学家王褒就记载了有关茶叶买卖的故事。

王褒(公元前90—公元前51),字子渊,四川资中人,西汉时期著名的辞赋家。王褒在成都赶考时,寄居在成都安志里他的亡友家中。王褒常使唤亡友家中一个名叫便了的家僮为他打酒,便了不肯,甚至跑到亡主坟上大哭。于是女主人干脆把便了卖给王褒,王褒写下买仆的《僮约》。《僮约》写得洋洋洒洒,从晨到夜,从春到冬,从家事杂务到田间耕作,从执戈巡守到收租纳税,从个人起居饮食到对待邻居,从手中编织到市上贩卖,百般苦役,细细规定,倘不听话,鞭打百下。在《僮约》中有"烹茶尽具"和"武阳买茶"两句名言,为中国茶业和中国茶文化史留下了最早、最可靠的文字史料。

《僮约》的价值可以总结为以下几点:首先,它是最早提及茗饮风尚的文献。文中的"烹茶"即为煮茶,说明茶的煮制方式已开始形成。其次,它是最早提及茶市场的文献。"武阳买茶"就是说要赶到武阳去买回茶叶。茶叶能够成为商品上市买卖,说明当时饮茶习俗至少已开始在中产阶层流行。最后,汉朝很有可能已经有了专门的饮茶器具。"烹茶尽具,已而盖

---

1 (清)顾炎武撰:《日知录》卷七,乾隆刻本。

藏"[1],可解释为烹茶的器具必须完备,据此可推测,至少从西汉开始,饮茶已经有了固定的器具。

实际上在西汉时,成都不仅已成为中国茶叶的消费中心之一,从后来的文献记载看,很可能也已形成了最早的茶叶集散中心。东汉文字学家许慎在《说文解字》中专门对茶进行了解释:茶,苦荼也。由此可见茶在当时生活中的重要性。茶的药用被权威地记录,则是在西汉辞赋家司马相如的《凡将篇》中。其中记录有二十几种药物,包括桔梗、芫华、款冬、贝母、木蘖、蒌、芩草、芍药、桂、漏芦、蜚廉、萑菌、荈诧等,其中的"荈诧"就是荈茶,即采摘时间较晚的茶。就因为这两个字,陆羽将司马相如的《凡将篇》选入《茶经》,由此可证茶在汉时的药理作用很大。

东汉时期,有名士葛玄在浙江天台山设立"茶之辅"的记载。茶的种植受到地理位置、生态环境的多种限制,宜茶之地只限于特定地区。汉代,茶的商品色彩很浓厚,"武阳买茶"的"买"字告诉我们茶是可以买来的。在商品经济并不发达的汉代社会,能够享用茶的人不会是普通的劳动者。

◎汉代画像砖上的饮茶图

---

1 (清)严可均辑:《全上古三代秦汉三国六朝文》,1958年12月,中华书局,第718页。

和茶最早结缘的应是文人、雅士、贵族和隐士。四川、南阳、浙江等地出土的汉代画像砖上饮茶图中的品茶者应该是贵族或隐士，他们有侍婢服务，有乐伎鼓琴奏乐。

据史书记载，四川自古盛产生漆与朱砂，据说成都是中国漆器最早的发源地之一。成都漆器历史悠久，又称"卤漆"，最远可追溯至商周时代。成都的漆器工艺为全国五大著名漆艺之一，以工艺精湛、光泽细润、富贵典雅、图彩绚丽而著称。四川新都战国墓出土的绘有巴蜀图语图形的漆耳环，为目前发现的最早的成都漆器。2000年，考古人员从成都商业街出土的战国船棺中发现大量漆器。这些漆器均为木胎漆器，底子是黑色的，上面加绘鲜亮的红彩。虽然历经数千年，但仍是光洁如新、亮可鉴人。每一件漆器都是色彩亮丽、纹饰斑斓的绝世珍品。其纹饰变化多端，有龙纹、变形鸟纹、卷云纹等。

荥经和青川的墓地中曾大量出土春秋战国时期的成都漆器，种类包括漆盒、漆盘、漆壶、漆杯、漆奁、漆梳等日常生活用品，说明当时的漆器已不是什么罕见的贵重物品。在汉代，蜀郡、广汉郡已是全国漆器生产中心，而长沙马王堆汉墓、湖北江陵凤凰山汉墓等中先后出土的汉代精美漆器，都有"成市草""蜀都作牢""蜀都西工""成都郡工官"等铭文，这些铭文正是当时成都漆艺鼎盛辉煌的佐证。

第三节 两汉时期蜀学的巨大成就

两汉时期是蜀地文化事业的大发展时期,这一时期,成都的教育事业明显进步,文学上涌现出司马相如、王褒、扬雄等辞赋大家,享有"以文章冠天下"的美誉;这一时期,本土宗教道教在蜀地产生并迅速发展,成都成为重要的宗教中心;这一时期,传统中医药学取得长足进步,经穴漆人、木牍医简见证了其医学成就。两汉时期的成都人才荟萃、文脉昌盛,走在了同时代全国城市的前列。

一、蜀学的兴起与昌盛

蜀学诞生于巴蜀大地,带有巴蜀文化兼收并蓄、集杂成醇等鲜明特色,长期与中原学术相互推动发展。蜀学具有极强的包容性、开放性和创新性,纵观蜀学发展史,其在易学、史学、文学、道教等方面,均有不凡的造诣和创新,取得了引人注目的成就,总体呈现出诸学共治、儒道融合、开放包容、锐意革新的突出个性和优良风格。[1]

文翁治蜀

文翁治蜀是西汉成都文学史上的重要事件。西汉"文景之治"时,蜀郡物产丰富,经济有一定发展,但文化还比较落后。文翁为蜀郡守,为改变蜀地文化不发达的状况,他首先从发展教育入手,决心"治郡先治愚"。汉武帝后元三年(公元前141年),文翁在成都城南建立文学精舍讲堂,即现在成都石室中学的前身。文学精舍讲堂当时用汉白玉、花岗岩等建造。《华阳国志》记载:"始文翁立文学精舍讲堂作石室,一作玉室,在城南。"[2]后来人们称之为"文翁石室"或"文翁玉室"。文翁石室建成后,

---

1 舒大刚、胡游杭:《"蜀学"的特征与贡献》,《中国哲学史》,2017年第4期。
2 (晋)常璩撰:《华阳国志》,商务印书馆,1938年2月,第34页。

文翁即开始办学,"招下县子弟入学",即招收蜀郡所辖十多个县的学生。文翁石室刚办时规模不大,第一年只有四名学生,由于实行奖励政策,鼓励有志青年上学,学生逐年增多。"县邑吏民见而荣之,数年,争欲为学官弟子,富人至出钱以求之。"¹ 由此,文翁开了中国地方官办学校之先河。

文翁是一个"仁爱好教化"的人,见成都当时"僻陋有蛮夷风",除了办学校,他还同时选派了"开敏有材"的郡县小吏到京师去学习。他"选郡县小吏开敏有材者张叔等十余人亲自饬厉,遣诣京师,受业博士,或学律令。减省少府用度,买刀布蜀物,赍计吏以遗博士。数岁,蜀生皆成就还归,文翁以为右职,用次察举,官有至郡守刺史者。"² 即文翁选拔小吏到长安的全国最高学府学习,或到研究经书的博士那里继续深造,或学习法律。这一批又一批的"受业博士"回到成都以后,有的教授学生,有的被提拔重用为郡守、刺史。他们传播先进的管理理念和文化知识,促进了成都文化的发展。

◎成都石室中学大门

---

1 （汉）班固撰,（唐）颜师古注:《汉书》,中华书局,1962年6月,第3626页。
2 （汉）班固撰,（唐）颜师古注:《汉书》,中华书局,1962年6月,第3625页。

当时，文翁很注重学生的实际锻炼，"常选学官僮子，使在便坐受事，每出行县，益从学官诸生明经饬行者与俱，使传教令，出入闺阁"[1]。文翁每次到县巡视、考察，总是在学校挑选一些经书读得好、品行端正的学生陪他一道去，让学生到每家每户宣扬教化，谙习政事，上传下达，在实践中锻炼他们的才干。文翁培养的学生成为治国能臣，他的办学经验引起皇帝重视，认为文翁与文翁石室是全国楷模，汉史称他为"循吏第一"。《汉书·文翁传》记："至武帝时，乃令天下郡国皆立学官，自文翁为之始云。""至今巴蜀好文雅，文翁之化也。"[2] 当时四川学者很多，文风大盛，比肩文化发达的齐鲁。

文翁石室由于教育有方，因而越办越旺，以后，每期入学的学生不断增加，学堂的规模也逐渐扩展，办学成绩十分显著，表现在两个方面：第一，川西地区文化落后的状况有了根本改变。蜀郡由文化落后"辟陋有蛮夷风"，发展为全国名列前茅、比肩齐鲁的文化发达地区。第二，奠定了蜀学的坚实基础，哺育和造就了大批人才。当时，文翁的学生便已有"官至郡守刺史者"，后来扬雄等人词章富赡，文名噪于一时，他们的名声和成就都与蜀中教育有关。[3]

司马相如

司马相如（约公元前179—公元前118），字长卿，汉族，蜀郡成都人，西汉辞赋家，中国文学史上杰出的代表。司马相如少年时代喜欢读书练剑，二十多岁时做了汉景帝的武骑常侍，但这些并非其所好，因而有不遇知音之叹。在梁孝王时，司马相如得以结交邹阳、枚乘、庄忌等辞赋名家。后来因病退职，前往梁地与这些志趣相投的文士共事，就在此时，相如写了

---

1 （汉）班固撰，（唐）颜师古注：《汉书》，中华书局，1962年6月，第3626页。
2 （汉）班固撰，（唐）颜师古注：《汉书》，中华书局，1962年6月，第3627页。
3 黄剑华：《成都最早的学堂——文翁石室》，《四川文物》，1984年第1期。

著名的《子虚赋》。

梁孝王死后，相如回到安汉老家，家贫无以自业，往依故友、临邛县令王吉。临邛富人卓王孙宴请王吉及其好友，司马相如应邀赴宴。当时卓王孙的女儿卓文君新寡在家，相如琴挑求爱，又使"侍者通殷勤"，文君当夜与其私奔，驰归相如安汉老家。可是司马相如家徒四壁，不得已，两人又回到临邛，开一间酒店谋生，文君当垆，相如涤器。卓王孙"闻而耻之"，无奈，只好给文君僮仆百人、钱百万和衣被财物。于是相如偕文君到成都买田地、房屋，定居下来。

《子虚赋》作于司马相如为梁孝王宾客时，时在汉景帝年间，其主题是以当时流行的以虚静为君的道家思想为指向的，但是并没有得到景帝的赏识，景帝不好辞赋。景帝去世，汉武帝刘彻继位。刘彻看到《子虚赋》非常喜欢，以为是古人之作，叹息不能与作者同时代。当时侍奉刘彻的官员杨得意是蜀人，他对刘彻说：此赋是我的同乡司马相如所作。刘彻惊喜之余马上召司马相如进京。司马相如向武帝表示说：《子虚赋》写的只是诸侯打猎的事，算不了什么，请允许我再作一篇天子打猎的赋。《上林赋》便这样诞生了。

汉武帝读了《上林赋》后很高兴，封相如为郎官。郎官是皇帝的侍从，相如因此经常跟随武帝出行游猎，陆续写出《哀二世赋》《谏猎疏》《大人赋》等著名作品。其间，唐蒙受命使通夜郎，由于办事不妥，引起巴蜀吏民惊恐。武帝召问相如，相如认为开发西南边境意义重大，坚定了武帝的信心。武帝先派他出使南夷去晓谕安抚，继而拜其为中郎将，使西夷。相如先后写出了《喻巴蜀檄》《难蜀父老》等文，成为他出使巴蜀的纲领和经历之总结。

"西汉文章两司马"之一的司马相如，不仅是汉代的代表性作家，而且是中国文学史上影响深远的重要作家。他被班固、刘勰称为"辞宗"，被林文轩、王应麟、王世贞等学者称为"赋圣"。鲁迅的《汉文学史纲要》更是把司马相如和司马迁二人放在一个专节里加以评述。鲁迅指出："武

帝时文人，赋莫若司马相如，文莫若司马迁。"[1]

王褒

  王褒（公元前90—公元前51），蜀资中人，西汉时期著名的辞赋家，与扬雄并称"渊云"。王褒一生留下《洞箫赋》等辞赋16篇、《桐柏真人王君外传》1卷，明末时有《王谏议集》，收王褒作品11篇。王褒少时家贫，青年时来到成都求学深造。他不仅天赋极高，也非常勤奋，精通六经，擅长作文，在成都颇具名声。王褒因崇拜屈原，曾写《九怀》来纪念他。汉宣帝时，国家经济恢复，喜欢音律和诗歌的宣帝十分重视文教，不仅命人编写汉武帝时期的掌故，同时还令人讲论六经等书。在宣帝的影响之下，各地官员也十分推崇文学，王褒的杰出才华为益州刺史所发现，进而被举荐给宣帝做文学待诏。王褒来到京师长安后，先后写下了《圣主得贤臣颂》《甘泉宫颂》《四子讲德论》等著名作品。由于王褒才思敏捷，故而宣帝外出打猎时常让王褒陪同，并令他作赋歌颂，然后对文章评定高下，按等级赏赐缣帛。王褒所写赋，不仅宣帝喜欢，太子也爱不释手，常让后宫贵人或侍从朗诵《甘泉宫颂》和《洞箫赋》等。公元前51年，汉宣帝听说益州出现"金马碧鸡之宝"，遂派王褒前往祭祀，不料王褒在途中染病不治去世，时年仅40岁。

  王褒是汉代很有成就的辞赋大家之一，一生写了很多赋、诗、文，但是流传于世者不多，只有《圣主得贤臣颂》《洞箫赋》《甘泉宫颂》《九怀》等数篇，其中《圣主得贤臣颂》和《洞箫赋》最为后人所称颂。王褒的赋往往并不追求政治上的讽喻规诫，而是譬如女工有绮縠、音乐有郑卫，显现出唯美的纯文学属性，因此不符合当时儒家言志尚用的标准，但却更具有陶冶性情的审美价值。

  总之，作为一个著名的文化学者，王褒没有司马相如那种磅礴的气势

---

1 鲁迅著：《汉文学史纲要》，北京联合出版公司，2014年10月，第41页。

和批判精神，无法达到相如"广博宏丽，卓绝汉代"的巨大成就，但他善于观察生活，善于描写那些独具特色的事物。在汉赋的题材开拓、手法创新和语言锤炼等方面，都做出了自己的贡献，不愧为一代名家。他那诙谐幽默的语言风格，乃是巴蜀人民乐观开朗性格的外在表现，在巴蜀文学史上产生了不可忽视的影响。

扬 雄

扬雄（公元前53—18），字子云，西汉官吏、学者，蜀郡成都人，道学家严君平弟子。扬雄少年好学，口吃，博览群书，长于辞赋。年四十余，始游京师长安，以文见召，有《甘泉》《河东》等赋。成帝时任给事黄门郎，王莽时任大夫，校书天禄阁。扬雄是继司马相如之后西汉最著名的辞赋家。所谓"歇马独来寻故事，文章两汉愧扬雄"。在刘禹锡著名的《陋室铭》中"西蜀子云亭"的"西蜀子云"即为扬雄。

◎扬雄画像

汉武帝时，蜀地有才子司马相如，作赋壮丽典雅，扬雄心中佩服他，每次作赋，常把他作为榜样模仿。扬雄也佩服屈原，但却对屈原投江的行为不甚理解，认为君子时势顺利就可大有作为，时势不顺就应像龙蛇蛰伏，机遇好不好是命，不必投江，于是便写了一篇文章，摘取《离骚》中的句子来反驳，名为《反离骚》；又依《离骚》重作一篇，名为《广骚》；又依《惜诵》《涉江》《哀郢》《抽思》《怀沙》等篇作一卷，名为《畔牢愁》。

扬雄早期以辞赋闻名，晚年对辞赋的看法却有所转变。他评论辞赋创作是欲讽反劝，认为作赋乃是"童子雕虫篆刻"，"壮夫不为"。另外还提出"诗人之赋丽以则，辞人之赋丽以淫"的看法，把楚辞和汉赋的优劣得失区别开来。扬雄关于赋的评论，对于赋的发展和后世对赋的评价有一定影响，如对于后来刘勰、韩愈的文论，颇有影响。

扬雄在散文方面也有一定的成就，其《谏不受单于朝书》便是一篇优秀的政论文，其笔力劲练，语言朴实，气势流畅，说理透辟。他的《法言》刻意模仿《论语》，在文学技巧上继承了先秦诸子的一些优点，语约义丰，对唐代古文家产生过积极影响，韩愈称："所敬者，司马迁、扬雄。"此外，他是"连珠体"的创立人，自他之后，继作者甚多。

总之，蜀学虽然以蜀地为名，但其影响已远远超出这个空间的范围。以汉代的文学为例，上述列举的司马相如、王褒、扬雄等人是汉赋的开创者，在汉代文学领域享有盛誉，但诸如何武、张宽、李仲元、杨统等人，也为汉代文学的发展做出过积极的贡献。西汉蜀地的文人历史意识浓厚，司马相如撰有《蜀本纪》，严君平也有同名著作《蜀本纪》。此外，成都人张宽作《春秋章句》，何英作《汉德春秋》，杨终作《春秋外传》，这些都是当时蜀地史学成就的表现。由此可见，两汉蜀地人文发达，以"文辞显于世、文章冠天下"来形容两汉蜀学的盛况应不为过。

二、道教的产生与发展

道家学说

西汉初年，由于秦末战乱，全国的生产受到极大破坏，高祖刘邦及文景二帝均推崇道家无为而治的主张以休养生息。于是在西汉年间，道家学说得到世人的格外重视，成都人也不例外。《太玄经》是西汉末年扬雄撰写的一部哲学著作，也称《扬子太玄经》。扬雄撰《太玄经》，将源于老子之道的"玄"作为最高范畴，并在构筑宇宙生成图式、探索事物发展规律时以"玄"为中心思想。该书分一玄、三方、九州、二十七部、八十一家、七百二十九赞,以模仿《周易》之两仪、四象、八卦、六十四重卦、三百八十四爻。其赞辞,相当于《周易》之爻辞。《周易》有《象传》《象传》等"十翼"做补充说明,《太玄经》亦作《玄冲》《玄摘》等十篇做补充说明。

此外,西汉时期,成都还产生了一名精通道学、易学的大家——严君平。严君平(公元前86—10),又名庄君平(因避汉明帝刘庄讳,改写为严君平),西汉晚期道家学者、思想家。汉成帝时隐居成都市井中,以卜筮为业,"因势导之以善",宣扬老子《道德经》,以惠众人。严君平著书颇多,其中最重要的著作有《老子注》二卷、《老子指归》十四卷、《易经骨髓》等,这些著作使老子的学说更加系统化、条理化。

◎严君平画像

严君平终身不仕,以卜筮和讲授《易经》及老子之学为生,由于原本姓庄,生前生后也都一直被人称之为"庄子"。严君平是扬雄的老师,扬雄从小随严君平学习易老之学,扬雄成名之后,对严君平的学说十分推崇。严君平的著作后来在中国各地流传开来,甚至影响到了后来道教的产生。

道教起源

道教是在东汉中后期产生的,最早有两个派别:一是张角于汉灵帝熹平年间(172—178)所创立的太平道,另一个是张道陵于顺帝年间(126—144)创立的五斗米道。从时间上看,张道陵创立五斗米道的时间比张角创立太平道的时间略早,而且太平道在因发动黄巾起义而遭到东汉王朝的残酷镇压之后,便情况不明。但五斗米道却一直传承不绝,并愈来愈强大。故道教内外有些学者在研讨道教发展的历史时,即以张道陵创立五斗米道的时间作为道教创立的开端。

五斗米道在道教的书籍里被称为天师道、正一道、正一盟威之道或自称太清玄元道。"五斗米道"这个称谓系官方史书里的名称。陈寿《三国志·张鲁传》说:"张鲁字公棋,沛国丰人也。祖父陵,客蜀,学道鹄鸣山中,造作道书以惑百姓,从受道者出五斗米,故世号米贼。陵死,子衡行其道。衡死,鲁复行之。"[1]范晔《后汉书·刘焉传》的说法与陈寿《三国志》的记载基本相同,唯"鹄鸣山"作"鹤鸣山","道书"作"符书"。常璩《华阳国志·汉中志》也与上面的记载大同小异,其文称:"汉末,沛国张陵学道于蜀鹤鸣山,造作道书,自称太清玄元,以惑百姓。陵死,子衡传其业;衡死,子鲁传其业。"[2]《三国志》作者陈寿为西晋四川南充人,《华阳国志》作者常璩为东晋四川人,《后汉书》作者范晔为南朝刘宋河南人,皆去张道陵生活的时期不远。特别是陈寿与常璩,不仅时间相近,居住地均在四川,其所记载有关四川的事实应属可信。

道教圣地

在汉代,由于当时四川地区今文经学的风气很盛,黄老道术也甚为流行,当时西南地区少数民族中的神仙方术和巫术盛行。在巴蜀的少数民族中,本有长生修仙思想,为道教在四川的形成和发展提供了得天独厚的条件。鹤鸣山为中国道教发源地之一,为古代剑南四大名山之一,位于四川省大邑县鹤鸣乡境内,属岷山山脉,海拔1000余米。鹤鸣山北依青城山,南邻峨眉山,西接雾中山,东抵川西平原,距成都约70公里。

除了鹤鸣山外,四川境内有名的道教圣地还有青城山。青城山位于都江堰市西南,东距成都市区68公里,主峰老霄顶海拔1260米。青城

---

1 (晋)陈寿撰,(南朝宋)裴松之注:《三国志》,中华书局,1982年7月,第263页。
2 (晋)常璩撰:《华阳国志》,商务印书馆,1938年2月,第16〜17页。

山群峰环绕起伏、林木葱茏幽翠，享有"青城天下幽"的美誉。青城山的道教历史悠久，是中国道教发源地之一，是全国道教十大洞天的第五洞天。关于青城山名字的由来，有两种说法：一种

◎鹤鸣山的建筑

是青城山林木青翠，终年常绿，诸峰环绕，状若城廓，故名"青城山"。另一种是青城山原名"清城山"，因古代神话说清都、紫薇名乃天帝所居，故名"清城"。

西汉末年，被称为"蜀中八仙"之一的阴长生入青城山修道。但真正奠定青城山为道教名山地位的是张道陵。东汉顺帝初年，张道陵入鹤鸣山修道，创立五斗米道，亦即天师道。鹤鸣山与青城山同属古岷山山脉，东汉汉安二年（143年），在写完二十四道书两年后，张道陵到达青城山，在此结茅传道，使青城山成了中国四大道教名山之首。

青羊宫位于四川省成都市一环路西二段，被誉为"川西第一道观""西南第一丛林"，也是四川著名的道教宫观之一。青羊宫始建于周朝，原名青羊肆，现存建筑大多为清代康熙六年至十年陆续重建。扬雄《蜀王本纪》记载，老子为关令尹喜著《道德经》，临别时曰："子行道千日后，于成都青羊肆寻吾。"相传，时隔三年，老子降临此地，尹喜如约前来，老子显现法相，端坐莲台，尹喜敷演道法。自此以后，青羊宫便成为神仙聚会、老子传道的圣地。

道教尊道重道、唯道是求的人生哲学，激励国人刻苦磨炼、知行合一，为求道得道而努力探索、不懈奋斗。道教贵生乐生、逍遥洒脱的精神，塑造了成都人热爱生活、求真务实的品性，其上善若水、以柔克刚的思维方

式，造就了成都人内敛、含蓄的性格心理。道教奉行"知常容，容乃公"的准则，其阴阳协调、天人合一的思想也影响了成都人的辩证思维方式，形成了成都宽容谦让、包容开放的城市性格，促使巴蜀文明经久不衰。由此可见，巴蜀地区道教文化的繁荣对巴蜀社会生活的各个方面都产生了极大的影响。

◎道教圣地青城山

三、医学的巨大成就

2012年7月至2013年8月，成都文物考古研究所和荆州文物保护中心组成

◎被誉为"川西第一道观"的青羊宫

联合考古队，对位于成都北郊天回镇老官山一处西汉时期墓地进行了抢救发掘，共发掘西汉时期土坑木椁墓4座，出土大量漆木器、陶器、铜器、铁器等珍贵文物，包括一个经穴漆人和五部医简。

经穴漆人

在成都博物馆展厅内，有一个"微不足道"的"小人物"——经穴漆人。它仅高14厘米，但却是成都博物馆的文物"明星"。经穴漆人裸身直立，手臂垂直放于两侧，五指并齐，掌心向前，双脚呈一字站立，光头，眉、眼、鼻、口、耳清晰，体形匀称，全身涂以黑漆。漆人身体表面用错综复杂的细线标识出人体经脉，其中红色线22条，白色线29条，与任脉、带脉和《灵枢·经脉》记载的十二经脉分布非常相似。漆人全身有117个清晰可见的腧穴点，并带有"心""肺""肾""盆"等铭文，标识在相应身体部位。漆人虽小，却展现了2000年前中国人对经脉针灸理论的认识，反映了当时的医疗水平。该经穴漆人与大量医学典籍一同出土，说明这些遗物并非随葬品，而可能是墓主在生前行医和教学中使用过，应是我国发现的迄今最早、最完整的经穴人体医学模型，对探索中华医学经

◎老官山汉墓经穴漆人

脉针灸理论的起源具有重要意义。这也证明在西汉早期，中国的中医针灸学已经形成了较为完备的理论体系。

经穴漆人是迄今为止我国发现最完整的人体经穴模型，1995年在绵阳双包山西汉木椁墓群中也发现了一件经脉漆人，年代在文景时期，早于景武时期的老官山漆人。遗憾的是绵阳双包山人体经脉漆木俑左手和双脚残缺，两者主要经脉相似，但在经脉数量、走行和腧穴上有差异。与双包山经脉漆人相比，老官山经穴漆人经络循行路径和交汇信息更加丰富复杂，经脉类型除任脉、带脉外，还反映了《灵枢·经脉》十二经脉中的大部分，展示了更加完备而精微的经脉针灸学知识。

经脉医简

老官山汉墓中伴随经穴漆人出土的还有五部医简。部分专家将医简分别命名为《脉书·上经》《脉书·下经》《治六十病和齐汤法》《刺数》《逆顺五色脉藏验精神》。《脉书·上经》内容以五色脉诊为核心,而"五色脉诊"正是扁鹊医学最突出的标志。《脉书·下经》内容以经脉病候为核心。《治六十病和齐汤法》载录治六十种病之方。《刺数》是一篇关于针刺疗法的专论,内容可与《灵枢·官针》篇对照。《逆顺五色脉藏验精神》与《脉书·上经》有相承关系,或为西汉时期"扁鹊脉书"最具代表性和影响力的传人仓公所传,由其弟子编撰成册。

五部医简分属于"经脉医学"和"汤液医学"两类,其代表人物便是扁鹊。可以说,老官山医简极有可能是早已失传了的中医扁鹊学派经典书籍。这批医简的发现,不仅使成都地区成为我国一处重要的汉代简牍发现地,更为研究汉代医经的成书提供了新史料。在老官山汉墓出土的医简中,基本没有巫术,这也证明西汉早中期"医""巫"已分家,标志着中医已走上独立发展的道路。

众所周知,扁鹊学派又被称为齐派医学,扁鹊、仓公皆为齐人,那么经穴漆人和医简为何会出现在遥远的四川呢?老官山西汉墓群中出有"弓"字铭文漆器,专家认为"弓"为墓主姓氏,据《风俗通义》记载:"弓氏,鲁大夫叔弓之后。"可见弓氏起源于鲁国,其范围相当于现在的鲁南、鲁中地区。扁鹊学派活跃于战国至西汉时期的齐地,相当于现在山东的大部分地区,与弓氏起源地鲁国接壤。因此,这位弓姓医生,很有可能是来自今山东地区的扁鹊学派的代表人物。弓氏师承仓公,并将扁鹊经脉学术由齐地传入蜀地,东汉时蜀地著名的涪翁、程高、郭玉一派精通针经、诊脉法,便是继承和发展扁鹊学派的体现。

成都老官山汉墓出土的经穴漆人与经脉医简,是近年针灸学史上最重要的考古发现,证明在西汉早期我国的中医针灸学已经形成了较完备的理论体系,对研究中华医学经脉针灸理论的起源和发展具有重要意义。

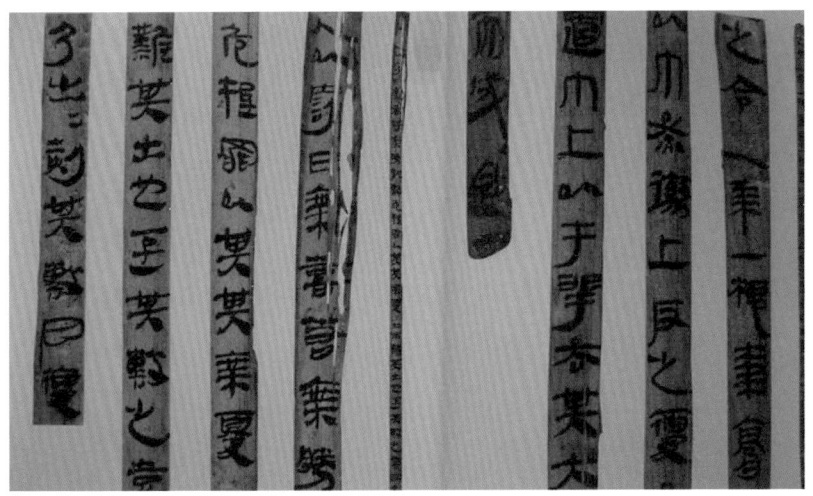

◎老官山汉墓中出土的部分医简

成都寻古录

第四章

魏晋南北朝时期

(220—581年)

WEIJIN NANBEICHAO SHIQI

第一节 蜀汉立国与三国鼎立

公元 2 世纪末 3 世纪初,东汉王朝政治极度腐败,皇帝权势衰微,不能正常治理国家,全国爆发了大规模的农民起义,中国再次进入了分裂割据的时代。曹操"挟天子以令诸侯",其子曹丕建立魏国,称霸中原;孙权凭借长江天险,建立东吴,占据江左;刘备则率兵入蜀,以成都平原为依托,成立蜀汉政权,从而形成三国鼎立之势。蜀汉的建立,给成都带来了难得的发展机会。在蜀汉丞相诸葛亮的治理下,蜀地的经济文化发展快速,成为战争中的"乱世乐土"。公元 263 年,魏国军队攻占蜀地,后主刘禅被迫投降,蜀汉政权灭亡。

一、武侯祠与蜀汉立国

蜀汉于公元 221 年建立,定都成都,因此成都市有许多名胜古迹都与蜀汉政权有关,如武侯祠、万里桥、衣冠庙、桓侯巷、洗面桥等,而其中最著名也最能集中反映蜀汉历史的莫过于武侯祠。

武侯祠

武侯祠位于四川省成都市武侯区,始建于公元 223 年修建刘备惠陵时,它是中国唯一的君臣合祀祠庙和最负盛名的诸葛亮、刘备及蜀汉英雄纪念地,也是全国影响最大的三国遗迹博物馆。武侯祠现占地 15 万平方米,由三国历史遗迹区、三国文化体验区以及锦里民俗区三部分组成,享有"三国圣地"的美誉。在武侯祠,人们不仅能感受到浓郁的三国特色民俗文化,还能学习到三国的历史尤其是蜀汉建国的历史知识。漫步武侯祠,三顾茅庐、草船借箭、赤壁之战等一个个耳熟能详的三国故事浮现脑海,让人回想起刘备、诸葛亮带领蜀中百姓建立蜀汉政权的历程。

◎武侯祠

隆中对

刘备是汉王室中山靖王刘胜的后裔，家道中落，后在商人张世平、苏双的资助下，招募私人武装，并在镇压黄巾起义中取得了战功，从而获得了官位。公元207年冬至208年春，当时驻军新野的刘备在幕僚徐庶的建议下，三次到襄阳隆中拜访诸葛亮，但直到第三次刘备方得见诸葛亮。

在见到诸葛亮时，诸葛亮为刘备分析了天下形势，提出先取荆州为家，再取益州成鼎足之势，继而图取中原的战略构想。陈寿在其《三国志》里对《隆中对》有完整的记载，内容如下：

亮躬耕陇亩，好为《梁父吟》。身长八尺，每自比于管仲、乐毅，时人莫之许也。惟博陵崔州平、颍川徐庶元直与亮友善，谓为信然。时先主屯新野。徐庶见先主，先主器之，谓先主曰："诸葛孔明者，卧龙也，将军岂愿见之乎？"先主曰："君与俱来。"庶曰："此人可就见，不可屈致也。将军宜枉驾顾之。"

由是先主遂诣亮，凡三往，乃见。因屏人曰："汉室倾颓，奸臣窃命，

主上蒙尘。孤不度德量力，欲信大义于天下，而智术浅短，遂用猖（蹶），至于今日。然志犹未已，君谓计将安出？"

亮答曰："自董卓已（以）来，豪杰并起，跨州连郡者不可胜数。曹操比于袁绍，则名微而众寡，然操遂能克绍，以弱为强者，非惟天时，抑亦人谋也。今操已拥百万之众，挟天子而令诸侯，此诚不可与争锋。孙权据有江东，已历三世，国险而民附，贤能为之用，此可以为援而不可图也。荆州北据汉、沔，利尽南海，东连吴会，西通巴、蜀，此用武之国，而其主不能守，此殆天所以资将军，将军岂有意乎？益州险塞，沃野千里，天府之土，高祖因之以成帝业。刘璋暗弱，张鲁在北，民殷国富而不知存恤，智能之士思得明君。将军既帝室之胄，信义著于四海，总揽英雄，思贤如渴，若跨有荆、益，保其岩阻，西和诸戎，南抚夷越，外结好孙权，内修政理；天下有变，则命一上将将荆州之军以向宛、洛，将军身率益州之众出于秦川，百姓孰敢不箪食壶浆以迎将军者乎？诚如是，则霸业可成，汉室可兴矣。[1]

建安十三年（208年），刘备三顾茅庐请到诸葛亮后，有了全新的发展目标。在诸葛亮的努力下，刘备和孙权达成联盟，两家于赤壁之战中合力击败曹操。

赤壁之战

赤壁之战发生在建安十三年（208年），是刘备、孙权联军在长江赤壁（今湖北省赤壁市西北）一带大破曹操的战役。这是中国历史上以少胜多、以弱胜强的著名战役之一，是三国时期"三大战役"中最为著名的一场，也是中国历史上第一次在长江流域进行的大规模江河之战。孙刘联军最后以火大破曹军，曹操北归，孙、刘各自占领荆州的一部分，从而奠定了三国鼎立的基础。

---

[1] （晋）陈寿撰，（南朝宋）裴松之注：《三国志》，中华书局，1982年7月，第912～913页。

曹操在平定北方之后，于建安十三年（208年）正月回到邺城，之后立即开始了向南用兵的军事和政治准备。同年七月，曹操挥军南下。八月，荆州刘表病死，蔡瑁、张允等拥立刘琮继任荆州牧。曹操接受了荀彧的意见，先走捷径轻装前进，疾趋至宛、叶。九月，曹操到达新野。依附刘表、屯兵樊城的刘备对曹操南下的消息一直不知道，直至曹军到达宛的附近时才发现；此时刘琮已向曹操投降，却不敢告诉刘备。刘备发现状况，于是派亲近询问刘琮，这时刘琮才派宋忠告知刘备相关情况，刘备既惊骇又气愤，只好立即弃樊城南逃。

江东孙权在鲁肃的建议下，派鲁肃到夏口窥探虚实。鲁肃抵达后，听说曹操大军已向荆州进发，便日夜兼程前往。等他到达南郡时，刘琮已经投降曹操，刘备向南撤退。鲁肃便直接去见刘备，在当阳的长阪与他相会。鲁肃传达了孙权的意思，与刘备讨论天下大事，刘备听后大为高兴，于是采纳鲁肃的计策，进驻鄂县的樊口，与孙权结盟。

是年十二月，孙刘两军逆水而上，行至赤壁，与正在渡江的曹军相遇。曹军当时已遭瘟疫，而新编水军及新附荆州水军难以磨合，士气明显不足，初战便被周瑜水军打败。曹操不得不把水军"引次江北"与陆军会合，把战船靠到北岸乌林一侧，操练水军，等待良机。周瑜则把战船停靠南岸赤壁一侧，隔长江与曹军对峙。当时曹操因为北方士卒不习惯坐船，于是将舰船首尾连接起来，保证人马于船上如履平地。但这种队形最怕火攻，于是，孙刘联军选取战船十艘，装上干荻和枯柴，在里边浇上油，外面裹上帷幕，上边插上旌旗，预先备好快艇，系在船尾，并派吴将黄盖诈降，当战舰离曹军还有两里多远时，那十艘船同时点火，火烈风猛，船像箭一样向前飞驶，把曹军战船全部烧光，火势还蔓延到曹军设在陆地上的营寨，曹军大败。

赤壁之战的失利使曹操失去了在短时间内统一全国的可能性，而孙刘双方则借此胜仗开始发展壮大各自的势力，刘备借荆州后实力迅速壮大，进而谋取益州。孙权屡次亲率大军进攻合肥，数战不利，损兵折将。曹操在退回北方后，休养生息五年，平定关中后才大举南征孙权。从此，天下三分的雏形形成。

取得荆益

赤壁之战后的第二年,即公元209年,荆州牧刘琦(刘表之子)去世,刘备占据荆州,接任其位。荆州地处魏、吴交界之地,受到强大的外部压力,因此刘备在诸葛亮的建议下决定向西发展,夺取益州以图霸业。但益州此时正被手握重兵的益州牧刘璋占据,取得益州之地,谈何容易。

益州牧刘璋虽拥兵自重,但性格懦弱,并无远见。刘璋与控制汉中地区的张鲁矛盾很深,刘璋想乘机除掉张鲁,但又怕曹操借机南下,于是在谋士张松的建议下,决定与刘备联合,以刘备的力量抗击张鲁。公元211年,刘璋率领三万余人在涪城(今四川绵阳)迎接刘备的到来。之所以选择涪城,也是为了防止刘备乘机攻占益州。然而,刘璋并没有想到,自己的想法早已被手下的谋士和刘备识破,一场夺取益州的行动正悄然展开。

其时,刘璋的谋士法正、张松等人认为刘璋难成大器,早已暗中投奔了刘备,并向刘备献计,为夺取益州做准备。刘备认为,想要取得益州,光靠武力是不够的,还需要得到蜀中民众的支持。于是,刘备在行军北上到达葭萌(今广元昭化)后,并没有急于攻打张鲁,而是休养生息,广施恩惠,收买刘璋的军队。同时向刘璋进言,之所以迟迟不北上,是因为自己手中的兵力不够。刘璋对此深信不疑,并给刘备调去数千兵马。

通过此番准备,刘备的军力得到极大扩充,于是不再掩饰自己攻取益州的想法。他斩杀白水督军,攻打涪城,占领雒城(今广汉附近)。与此同时,诸葛亮、张飞、赵云等也从长江中游入蜀,占领江州后,又向川北、川东等地进攻。在此局势下,平庸软弱的刘璋不得不在成都宣布投降,刘备顺利取得益州。

建立蜀汉

取得益州后的刘备仍然面临着内外交困的局势。首先，刘备入主成都，蜀地当地的地方豪强极为不满，蜀地几乎每天都有骚乱发生。刘璋旧部也对刘备的统治颇多怨言，比如215年春节之际，刘备宴请群臣，蜀地旧臣李邈就在宴会上对刘备言语相攻，令刘备十分难堪。除此之外，刘备的政权还面临着巨大的外在威胁。215年，东吴派使臣索要荆州，刘备十分恼怒，亲自率军东征。由于受到曹操攻破汉中的影响，刘备不得不放弃攻打东吴的想法，只好与东吴平分荆州之地。218年春，刘备率大军兵分两路北伐汉中，经过长达17个月的激战，蜀军攻占了整个汉中城，来自北方曹魏的威胁才有所减轻。

公元220年二月，曹操病逝，其子曹丕继位。同年十月，曹丕逼迫汉献帝禅让，正式取代汉王朝，建立曹魏，定都洛阳。刘备听闻曹丕称帝后，随即发丧制服，以显示自己汉室正统的身份。同时，刘备还在舆论上为自己称帝做了铺垫，比如犍为郡守李严宣称武阳赤水出现祥瑞黄龙；擅长谶纬的谯周从《河图》《洛书》等古籍中为刘备称帝寻找依据；蜀地的大臣太傅许靖、安汉将军糜竺等纷纷上书请求刘备称帝。

在这些准备完成后，公元221年五月，刘备宣布大赦天下，在成都城北的武担山登台祭天，登皇帝位，国号汉（史称"蜀"或"蜀汉"），定都成都，改年号章武。蜀汉于263年为魏所灭，共历二帝、四十三年。

二、攻心联与诸葛亮治蜀

在成都武侯祠里有一副"攻心联"，深受世人喜爱。这副对联悬在诸葛亮殿堂前正中，上联为"能攻心则反侧自消，从古知兵非好战"，下

◎武侯祠中的《攻心联》

联为"不审势即宽严皆误,后来治蜀要深思",是清光绪二十八年(1902年)由蜀地文人赵藩所写。此对联立意深邃,极富文采,高度概括了诸葛亮治蜀的功过得失,可以说是理解诸葛亮治蜀措施的一个窗口。诸葛亮在刘备夺取益州担任蜀汉丞相后,正是运用"攻心为上""赏罚分明""审时度势"等手段治理蜀中,并且取得了良好效果。

发展经济,休养生息

蜀地素产盐铁,自古以来,煮盐、铸铁之业都很发达。诸葛亮为了增加政府财政收入,重新恢复了盐铁官营的制度,"置盐府校尉,较盐铁之利"[1],并任命王连、吕乂为司盐校尉,任张裔为"司金中郎将,典作农战之器"。

诸葛亮大力发展织锦业,他提倡养蚕种桑,开辟丝源,广泛种植桑树,促进了蜀地养蚕业和丝织业的发展。三国时期,蜀汉普遍种植桑树。身为蜀汉丞相的诸葛亮就在今成都双流县种桑八百株。蜀国境内每年二月有"蚕市",种桑养蚕能手相聚,交流种桑养蚕的经验,相互购买优良的桑树和蚕种。蜀汉还设置锦官,专门组织和管理蜀锦的生产和调拨。诸葛亮把蜀锦生产放在发展手工业的首位,不仅使蜀锦成了蜀汉政府的主要财政来源和对外经济贸易的主要商品,而且使成千上万以养蚕织锦为业的益州百姓的生活来源得到了保障。经济上的发展,带来了蜀汉政权的进一步稳固。

诸葛亮十分注重水利工程的修建,他把都江堰视为"国之所资",专门设置堰官,"以征丁一千二百人主护之"。建兴十四年(236年),后主刘禅还到过都江堰,史料称:"后主至湔,登观阪,看汶水之流,旬日还成都。"[2]由于蜀汉重视对都江堰的维护,使"水旱从人,不知饥馑,沃

---

1 (晋)陈寿撰,(南朝宋)裴松之注:《三国志》,中华书局,1982年7月,第988页。
2 (晋)陈寿撰,(南朝宋)裴松之注:《三国志》,中华书局,1982年7月,第897页。

野千里"的成都平原更加繁荣兴盛。三国时期蜀汉兴修的水利灌溉工程保证了农田的水源、提高了农作物单位面积产量,从而在保证国家赋税来源、增强军事实力等方面起到了一定的积极作用。

在战争期间,交通往往成为战胜敌方的有利条件。诸葛亮曾开辟凉山北境的小相公岭,"山势高耸,石磴崎岖,自麓至顶十五里,武侯所开也"。商旅往来变得方便。《太平寰宇记》云:"熊耳水,一名熊耳峡。古老云:武侯凿山开道,即熊耳峡古道。"[1]这些都说明诸葛亮十分注意发展蜀地交通。

诸葛亮对蜀汉的治理,使蜀汉出现了"田畴辟,仓廪实,器械利,蓄积饶,朝会不华,路无醉人"[2]的繁荣景象,促进了成都及其周边地区社会经济的发展。在治蜀的过程中,诸葛亮依据益州地区的特点,通过实施正确的经济政策和采取有效的开发措施,使一个原本就富裕的地区的社会生产持续向前发展,出现了更加繁荣的局面,使仅占一州之地的蜀汉能和强大的曹魏、富庶的孙吴呈三足鼎立之势达四五十年,体现了诸葛亮卓越的经济思想和杰出的管理能力。

续结吴好,稳定外部

与东吴继续交好是诸葛亮为蜀地取得稳定发展环境的一项重要措施。刘备在世期间,曾因为荆州的地盘与东吴发生战争,但以失败而告终。吴蜀关系在夷陵之战后一直很微妙,孙权虽派使者表示请和,蜀国也多次派宋玮、费祎等回访报答,但孙权并未真心与蜀通好。刘备去世后,南中的高定、朱褒、雍闿同时反叛,孙权一律给予承认,并予以声援。他封刘璋之子刘阐为益州刺史,驻交州和益州交界的地方,准备随时入蜀。

---

1 (宋)乐史撰:《太平寰宇记》,中华书局,2007年11月,第1510页。
2 (晋)陈寿撰,(南朝宋)裴松之注:《三国志》,中华书局,1982年7月,第935页。

诸葛亮在担任丞相期间深知与东吴交好的重要性,他认为孙权虽是蜀国的威胁,但东吴与蜀汉互为犄角,共同的敌人是北方的曹魏。况且东吴贤才尚多,如果因为争夺地盘而失去了东部的安全,那么蜀汉将无法全力攻击曹魏。[1]在这样的认识下,诸葛亮遣邓芝与孙权修好。邓芝果然有杰出的外交才能,他成功地说服孙权断绝与曹魏的联系,"与蜀连和"。孙权致书诸葛亮,高度评价邓芝的外交才能,说:"和合二国,唯有邓芝。"诸葛亮北驻汉中后,邓芝因功被封为中监军、扬武将军。

费祎是诸葛亮重用的另一位外交人员,曾出色地完成联吴的外交使命。在北伐期间,诸葛亮让他"频烦至吴",因"奉使称旨",甚至连孙权也十分器重他,当面赞赏道:"君天下淑德,必当股肱蜀朝,恐不能数来也。"陈震也是一位杰出的外交人才,他品性"忠纯""老而益笃",诸葛亮发挥他"赞述东西,欢乐和合"的卓越才能,于建兴七年(229年)派他前去庆贺孙权称帝,"申盟初好",与孙吴达成"交分天下"的协议,为诸葛亮"续结吴好"的政策做出了贡献。诸葛亮选派的外交人员成绩卓著,使诸葛亮可以全身心地投入北伐曹魏的战争中,同时还能得到吴国军事上的援助和策应。实际上,与东吴结盟也实现了在战略上牵制或分散曹魏势力的目的。

任用贤才,重视法治

在成都武侯祠诸葛亮殿前,高悬着清人冯昆书颂诸葛亮的匾额"伊周经济"四字,将诸葛亮的治国才能与伊尹、周公二人相提并论,积极评价其经世济民的入世精神。实际上,诸葛亮能取得如此成就,离不开他广交名士、任用贤人的治国理政思想。

---

[1] 张作耀:《诸葛亮治蜀论》,《学术研究》,2002年第2期。

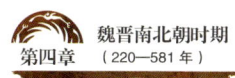

诸葛亮出生于邹鲁之地的名门望族,从小就受到良好的教育,早在他隐居襄阳期间,就凭借其叔父诸葛玄的社会关系,结识了襄阳名士庞德公、"水镜先生"司马徽、沔南名士黄承彦等,并与青年士人庞统、徐庶、崔州平、孟公威等人常有来往。在用人取士上,诸葛亮重视德、才的重要性,认为"夫治世以大德,不以小惠",提倡"非学无以广才,非志无以成学"的求学态度,是儒家主张以德治国的体现。[1]

众所周知,蜀汉立国后的主要官员主要源于刘备原本的荆州集团、刘璋的东州集团以及原有的益州集团等三个集团,因此调和这三个集团的人员关系便成了诸葛亮治理蜀汉的关键。比如,在蜀汉,诸葛亮虽然总理全国的军国事务,但同时以东州集团的许靖为太傅、益州集团的法正为尚书令,这正是调和三个集团关系的结果。在团结当地实力人物的问题上,诸葛亮充分发挥了他的政治才干。益州名士杜微在刘备定蜀后,装聋不仕,"闭门不出"。诸葛亮亲自登门再三请他出仕,最后任他为谏议大夫。刘巴本是反对刘璋邀刘备入蜀的,刘备掌权后,他又表现得很孤傲,不善与人相处。诸葛亮向刘备推荐刘巴道:"运筹策于帷幄之中,吾不如子初远矣!"后来,当蜀国军用不足时,正是刘巴建议"铸直百钱,平诸物价,令吏为官市",从而使得蜀地"数月之间,府库充实"。这些都是诸葛亮在治蜀过程中成功调和各方势力的具体表现。[2]

诸葛亮治国用人始终都坚持一条原则,那就是赏罚必信,执法公允。他自言:"吾心如秤,不能为人作轻重。"所以街亭之役,主将马谡被斩,他认为自己有用人不当和"不能训章明法"的过失,主动上表后主,请将自己贬官三等。正因他能以身作则,公允执法,所以后来受到他处罚的廖立、李严等都表示心服口服,而且在诸葛亮死后,他们都为生前所犯的过错表示忏悔,又为再也没有人能像诸葛亮那样贤明而痛心不已,李严更是因此羞愧发病而死。

---

1 杨代欣:《儒学与诸葛亮治蜀》,《文史杂志》,1991年第4期。
2 梅铮铮:《诸葛亮用人治国之道散论——从成都武侯祠著名"攻心"联说起》,《成都大学学报》,2001年第2期。

陈寿评价诸葛亮治国因"立法施度","科教严明,赏罚必信,无恶不惩,无善不显",使得朝廷"吏不容奸,人怀自厉"。官员们皆勤勉于朝政,于是蜀地出现了"道不拾遗,强不侵弱"的良好社会秩序。如此的评语不要说在三国时期,就是在整个封建时代,也都罕见。

当然,诸葛亮治蜀也非尽善尽美,比如其与曹魏的六次交战,伤亡甚大却成效甚微,在后世看来这是非常得不偿失的。再如,诸葛亮十分重视赏罚严明,但在后世看来,其许多措施已达到严刑峻法的程度。晋人郭冲就曾指出:"亮刑法峻急,刻剥百姓,自君子小人,咸怀怨叹。"诚然,诸葛亮并非完人,他的许多政策或有值得商榷的地方,但其鞠躬尽瘁、夙夜操劳,为蜀汉政权奉献一生的精神令人敬佩。

三、青铜弩机与蜀汉的军事活动

1964年,成都郫县有人在修水渠时发现一些青铜古物,考古队迅速赶到并对挖出文物的地方进行勘探,发现此处是一座三国时期的墓穴,墓主人身份不得而知。此次考古发掘并没有发现金银等贵重物品,但出土了不少三国时期的武器,其中一件青铜弩机引起了考古人员的注意。

这件弩机长13.3厘米,宽6.7厘米,高15.3厘米,由望山(瞄准器)、弩牙(弩机钩弦的部件)、悬刀(扳机)、钩心(弩机部件)等部分构成。比起三国时代复杂的弩来说,这件弩机操作灵活,能快速射出两三支弩,堪称古代的自动化武器。据史料记载,诸葛亮曾制作出一种连弩,并成立了由三千青壮男丁组成的"连弩士",战斗力十分惊人。虽无法确定这个青铜弩机就是记载中的"诸葛连弩",但弩机上面的铭文为我们了解蜀汉的兵器制造提供了参考。铭文为"延熙十六年四月廿日中作部典□□遂绪吏李飞□杨汲□工杨茗作立坂重二斤五两"35字,准确记载了该弩机生产的时间、制作人、制作机构、重量等信息。[1]

---

1 黄琦、尹恒:《物中观史:成都武侯祠博物馆馆藏文物与三国文化》,《中国文化遗产》,2016年第6期。

在蜀汉立国的四十余年里，为了巩固政权、扩张势力，先后进行了平定南中、北伐曹魏等军事活动，这些兵器正是这些军事活动的遗留。

◎三国蜀汉青铜弩机

◎三国蜀汉铜蒺藜

平定南中

南中是指两汉时期南方少数民族聚居的云南、贵州、四川等地，汉代称之为"西南夷"。东汉末年，控制南中地区的主要有三股势力：一是中央政权派驻的官员，二是当地的少数民族统领，三是南中地区大家族的势力。

刘备取得成都后，对南中地区进行积极统治，以朱提太守邓方为安远将军、庲降都督，驻扎南昌（今云南镇雄），庲降都督即蜀汉治理南中的最高军政长官。章武三年（223年），刘备卒，南中各大部族开始反叛蜀汉。益州郡雍闿在孙吴交趾太守士燮的引诱下，勾结孟获发起南中叛乱，将蜀汉官员正昂杀害。诸葛亮为控制西南边疆，安定后方，不得不着手平定南中。

由于南中叛乱有孙吴的势力，且正值蜀汉刘备去世，幼主刘禅刚即位，诸葛亮无法大规模动用军事力量，于是平定南中主要采取"和抚"的政策。"蜀建兴三年（225年）三月，当雍闿、高定元等击降蜀永昌郡时，诸葛亮遂率军分三路进军南中。一路由诸葛亮率领，从越巂入益州郡；一路由驻扎平夷的庲降都督李恢率领，由平夷西南入益州郡；另一路由新任牂牁太守马忠率领，由牂牁（今贵州黄平南）西入益州郡。三路军顺利南下，所战皆捷。诸葛亮对为南中夷夏所服的大姓孟获（雍闿为高定元部曲所杀，孟获代闿为主），七擒七纵，使其心服，不再叛变，同年秋，诸葛亮最终平定了南中越嶲、益州、牂牁、永昌四郡的变乱。"[1]

平定南中之乱后，诸葛亮对南中地区进行了大规模的开发。首先是重新划分郡县，诸葛亮将叛乱时间最长的益州郡改为建宁郡，以庲降都督李恢为太守；将建宁、永昌的部分地方划分出来，设立云南郡，吕凯任太守；将建宁、牂牁的一部合并为兴古郡；加上之前初设的朱提郡，南中原本的四郡变为七郡，大大加强了蜀汉对该地区的控制。

其次是重用南中官员。平定南中后，诸葛亮加封庲降都督、建宁人李恢为汉兴亭侯、安汉将军；任命抵御叛乱的永昌人吕凯为云南太守。还有许多参与叛乱的人员在日后得到重用，如南中少数民族爨习随军北伐，官至领军；孟琰官至辅汉将军、虎步监；孟获更是官至御史中丞，掌管蜀汉监察大权。如此人事安排，既笼络了南中少数民族上层势力，使得这些夷帅、夷将得以在蜀汉中央政权中担任官职，又能起到调虎离山的作用，分离瓦解南中各部的权势，增强中央的权威。

最后，诸葛亮大力开发南中地区，推广先进生产技术。平定

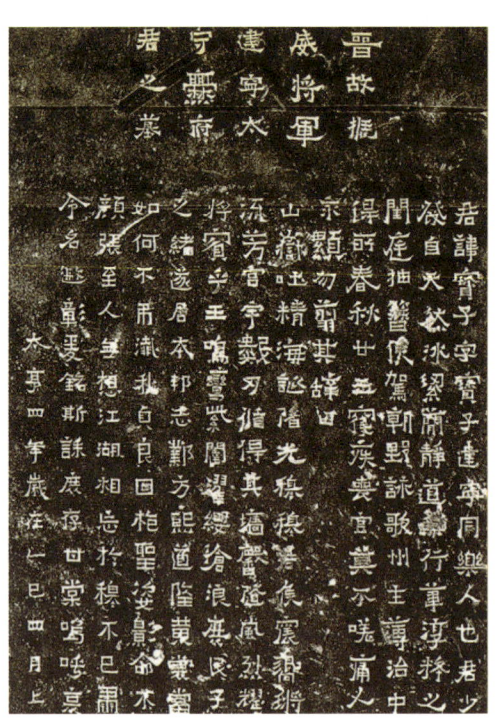

◎现存于云南曲靖一中的《爨宝子碑》

1　马大正主编：《中国边疆经略史》，武汉大学出版社，2013年3月，第107页。

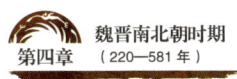

南中后，蜀汉政权便大力开发南中的自然资源，发展农业生产，在南中设置五部都尉，专门管理屯田事务。与此同时，诸葛亮还十分重视南中的水利建设，他在云南保山修筑了多个能灌溉千亩农田的水堰，后人称之为"诸葛堰"，将汉族地区先进的耕织技术传入南中，使得南中地区的民众走出山林，逐渐到平原地区开垦务农。

北伐曹魏

为抵抗北部曹魏强大的攻势，为蜀汉政权赢得发展机会，诸葛亮在建兴五年（227年）至建兴十二年（234年）先后六次亲率蜀军北伐曹魏。

蜀汉建兴五年（227年）三月，诸葛亮率军北驻汉中，命大将赵云、邓芝据箕谷（今陕西褒城北），并亲率大军攻击祁山（今甘肃礼县附近）。曹魏天水、南安、安定三郡叛魏应亮，关中震动。魏明帝曹睿立刻遣右将军张郃率步骑五万抵御蜀军。蜀军前锋马谡与张郃战于街亭（今甘肃陇城镇）。马谡违反诸葛亮节度，又不听副将王平的规劝，蜀军大败。诸葛亮只好迁居民千余家至汉中，斩马谡，晋升王平为讨寇将军，上疏刘禅请自贬三等，为右将军、行丞相事。这是诸葛亮第一次北伐曹魏。

同年十二月，诸葛亮又率大军出散关，围陈仓（今陕西宝鸡）。魏主帅曹真遣将郝昭坚守陈仓，诸葛亮用各种办法攻城，竟二十余日不能克。魏明帝随即遣张郃援救陈仓，蜀军终因粮草用尽而退兵。

建兴七年（229年）春，诸葛亮遣蜀将陈式攻武都、阳平二郡，魏雍州刺史郭淮率军援救。诸葛亮亲自率军至建威（今祁山附近），郭淮退兵，取得武都、阳平二郡凯旋。这是诸葛亮第三次北伐，算得上是一次较大的胜利。后主刘禅因此复拜诸葛亮为丞相。

建兴八年（230年）六月，魏明帝遣司马懿率军从汉水由西城（今陕西安康）西进，张郃由子午谷南下，曹真由斜谷伐蜀，三路围攻汉中。诸葛亮闻魏军大兵将至，率军到成固（今陕西城固）、赤坂（今陕西洋县东龙亭山）一带抵御魏军。曹魏知诸葛亮有备随即退兵。

建兴九年（231年）二月，诸葛亮命李严督运粮草，率大军复围祁山，以木牛运送军需。魏明帝命司马懿西出长安，督将军张郃、郭淮抵抗诸葛亮。六月，蜀军以粮尽退军，司马懿遣张郃追击，诸葛亮设伏兵射杀张郃。其后诸葛亮劝农讲武，做木牛、流马，运米聚集斜谷口，息民休士，达三年之久。

建兴十二年（234年）二月，诸葛亮率十万大军由斜谷北出伐魏，用流马运送军需。同时遣使约吴攻魏。四月，诸葛亮屯军于渭水之南；司马懿引军渡渭水，背水为垒抵抗。随后，诸葛亮屯蜀军据五丈原（今陕西岐山）。诸葛亮认识到之前多次伐魏，皆因运粮不足而退兵，乃于渭水之滨分兵屯田。因此，这次北伐，双方相持百余日。最终，诸葛亮病死于五丈原军中，蜀军败退。[1]

以上便是诸葛亮对曹魏的六次北伐，如果按照战争成效来看，六次北伐无疑是败多胜少。唐代大诗人杜甫在《蜀相》一诗中怀念诸葛亮的功绩道："三顾频烦天下计，两朝开济老臣心。出师未捷身先死，长使英雄泪满襟。"而陈寿作《三国志》时认为，诸葛亮北伐曹魏，"连年动众，未能成功，盖应变将略，非其所长"，可谓一语中的。诸葛亮虽有治国之才，但军事指挥并非其长项，连年的征战不仅没能解决北方的困局，还使得蜀汉不得不动员大批人力物力支持北伐，加重了人民负担，导致蜀汉内政面临"宽严皆误"的困局。

四、汉魏画像砖与成都社会生活

三国魏晋南北朝时代，中国虽然处于军阀割据的混乱时代，但许多城市却得到了发展，如曹魏的邺城（今河北临漳一带）、孙吴的都城建业（今南京）、蜀汉的都城成都等，都成了当时重要的政治、经济中心。成都在三国时期并未遭到破坏，相反，蜀汉建立后，成都更是得到难得的发展机遇，

1　郑世敏：《诸葛亮的北伐》，《中学历史教学参考》，1997年第7期。

因此，较两汉时期，蜀汉时成都的城市规模更大、经济水平更高，发展为"既丽且崇"的大都市。

"既丽且崇"一词出自西晋文学家左思《蜀都赋》："于是乎金城石郭，兼市中区。既丽且崇，实号成都。辟二九之通门，画方轨之广涂。"赋所描绘的就是成都繁华壮丽的城市景象。文学作品的描述虽富有文采，但难以给人直观的印象。汉末魏晋时期成都的城市究竟如何，其建筑特色又是怎样，当时成都的民众是如何生产生活的？这些问题长期以来困扰着历史学家们。好在近年来成都市郊区发现了一批东汉墓葬，出土了大量画像砖，其中不乏能够反映汉末魏晋建筑风格的画像砖，为我们了解当时的建筑提供了丰富信息。

画像砖是中国古代用于墓室建筑的砖刻绘画。它作为一种装饰性的建筑构件，始于战国晚期，兴盛于两汉，在东汉时达到了高峰，三国两晋南北朝时期仍有使用。汉魏时期的人讲求"事死如事生"，墓室为死者死后所居，故可以很大程度反映死者人生经历、生活环境、生前活动等，可以说，墓室就是墓主人生前环境的缩影。[1]

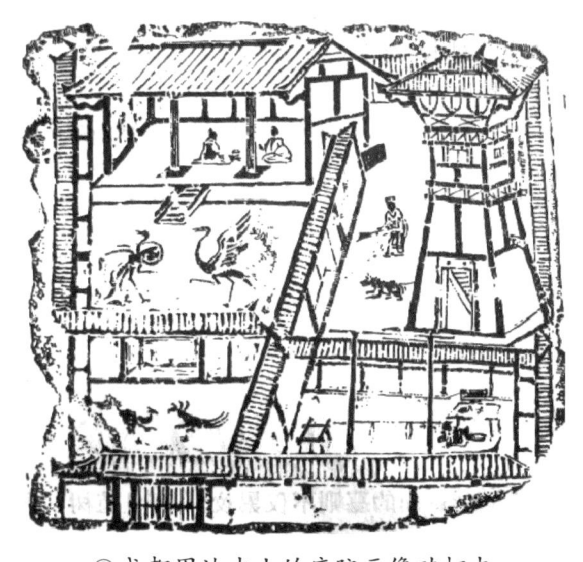
◎成都周边出土的庭院画像砖拓本

四川汉魏画像砖的发现，最早可以追溯到清代。清光绪三年（1877年），新繁出土了一方汉代文字画像砖，上面刻有24个篆书文字："富贵昌、宜宫堂、意气阳、宜弟兄、长相思、毋相忘、爵禄尊、寿万年。"光绪末年，广汉出土了一方桑园画像砖，古董商人为了卖一个好价钱，画蛇添足地

---
[1] 张薇薇：《亦有甲第既丽且崇——四川成都"宅院"画像砖反映的东汉居住建筑形象》，《四川文物》，2008年第2期。

在砖的侧面加刻了一个年号。1930年,广汉又出土了一方东市画像砖,也因上面有"东市门"和"市楼"等文字而得以流传下来。新中国成立以后,1952年、1953年以及1975年,文物考古工作者先后在成都站东乡青杠包汉墓、成都北郊羊子山汉墓、成都西郊曾家包汉墓发现了大量画像砖。这些画像砖采用的是范模成型技术,其生产制作过程如下:先将图案在木板上刻好阴模,然后在制好的砖坯上压模成型,经晾干后放入砖窑中烧制,最后再涂上红、绿、白等色彩。

从画像砖的图案我们可以发现,汉魏时期成都的城市规模在秦汉的大城、少城基础上又有所扩大。据史料记载,刘备在成都称帝后,即对城市进行扩建,扩建后的成都城周长20里,可见此时的成都城市规模较秦汉时期明显扩大。秦汉时期修建的锦官城、车马城等在蜀汉魏晋之际也得到继续扩大。蜀汉立国后,在今百花潭公园一带继续设置锦官,负责管理蜀锦的督造。车马城在锦官城以西,和秦汉时期的功能一样,依然是负责军马的管理。

汉魏时期,成都的城市建设也有明显改观。成都城在蜀汉时期共有城门18座,相互连接的街道宽阔整齐、井然有序,繁荣的城市吸引了大批外来移民。这一时期,成都的丝织业、手工业、制盐业等发展迅速,为商业的发展奠定了基础。西晋文学家左思在《蜀都赋》中描绘了成都的情形:"市廛所会,万商之渊。列隧百重,罗肆巨千。贿货山积,纤丽星繁。都人士女,

◎东汉制盐画像砖

袨服靓妆。"[1]商业繁盛的景象令人震惊,成都名副其实地成为"万商"汇集的商业之都。

除此之外,田间劳作的场景在画像砖中也有清晰地展现。1978年在四川成都新都县马家乡出土了一方东汉薅秧画像砖,画像由薅秧和耕作两幅图画构成。左图为薅秧,两农夫均手持一棍在薅脚秧。右图为耕作,两农夫高举尖嘴锄,奋力农作,前面有鸡一只、猪一头。画面上的农耕场面,至今还能在田间地头看到,可见汉代的农业生产技术已相当成熟。

◎ 东汉薅秧画像砖

在出土的一些画像砖中,还有部分颇能反映汉魏风俗的题材。1956年出土于四川彭州太平乡的东汉养老画像砖,是汉代养老风俗的写照,证实了史书上记载的两汉养老、尊老之风。这方画像砖正面勾画了一座建于台基之上的仓房,前方正中有踏道可供人上下。房前左方,一人穿长服席地而坐,似为管理仓房的小吏,前面放置着量器。右下角有一个执鸠杖的老人,躬身坐于地面,手扶粮袋,注视着仆役用量器分发粮食。

这些画像砖一般发现于东汉、魏晋时代的砖室墓,有方形、长方形以及图案在砖侧的花边砖三种。它们大都镶嵌在甬道和内壁两侧,依次排列,

---

1 (清)严可均辑:《全上古三代秦汉三国六朝文》,1958年12月,中华书局,第3765页。

涉及的内容包括农业生产、手工生产、商业贸易、建筑、交通车马、舞乐百戏、社交、居家生活以及神话传说等等。比起文字资料，画像砖更加具体、直观地展示了汉魏社会的各个方面。

◎东汉养老画像砖

第二节 成汉的建立与衰亡

成汉（304—349）为东晋十六国之一，是西晋末年益州蜀郡的巴氐族李氏家族在成都建立的政权。成汉是十六国中南方地区唯一由少数民族建立的政权，统治了成都四十余年，对成都的政治、经济、社会发展影响巨大。

一、成汉陶俑与成汉建国

在成都市博物馆二楼"花重锦官城"展厅中，藏有一批造型独特的陶俑，这些陶俑面貌奇特，方脸尖腮，弓形眉又粗又长，双眼呈橄榄形状，眼睑较宽且突出，两只招风大耳尤其显眼。总之，这些陶俑与常人在相貌特征上有着很大的差异，颇似科幻电影里一些外星人的模样。据考古学家介绍，这批陶俑大多数是在1985年成都桓侯巷的桓侯墓中发现的，纵观我国境内历代出土的大量各种类型的俑，很难找到与这些陶俑相似的。

桓侯墓位于今四川大学华西医院附近，因蜀汉著名将领张飞死后被追谥为"桓侯"，所以最初人们一直认为桓侯墓的主人为张飞。但随着考古工作的深入，大量刻有"太康""玉衡""玉恒""汉兴"等年号的石砖被考古人员发现，加之随葬品中有大量造型奇特的陶俑，考古学家们断定，此墓不是张飞墓，而是成汉时期的一座规格颇高的墓葬。[1]那么，创造出如此奇特风格的成汉究竟是怎样建立的呢？

◎造型奇特的成汉陶俑

太康元年（280年），西晋灭东吴，统一中国。不久，晋王朝内部矛盾激化，宗室诸王争权夺位，导致战祸连年、民众颠沛流离，大量被迫沦为流民的民众不断发起反晋起义。西晋末年，秦、雍二州连年荒旱，略阳、天水等六郡氐族和汉人等不得不流徙至梁、益地区就食。元康六年（296年），氐首领李特率难民入蜀。他们入蜀后，由于地方官吏的贪暴和政府限期迫令流民还乡，略阳氐族李特等利用流民的怨怒，于301年在绵竹聚众起义，领导西北难民反抗西晋的统治。晋永安元年（304年），李雄在成都称王。光熙元年（306年），成都王李雄即帝位，国号大成，改元晏平，共历三十余年。咸康四年（338年），李寿改国号为汉，历史学界常将这

1　成汉墓墓主身份争议颇多，有的学者根据"玉衡二十四年亲诏书立"砖推断墓主为李班，也有学者认为，桓侯墓墓主很可能就是成汉皇帝李雄。

两个政权并称为"成汉"。

成汉政权是少数民族割据政权,其统治核心是以李氏宗族、亲党为主的秦、雍二州六郡(天水、略阳、扶风、始平、武都、阴平)上层人士,政权的基础是入蜀的六郡流民。

二、汉兴钱与成汉经济社会发展

2003年4月,什邡市民主镇思源村附近发现了一批崖墓,什邡市文物保护管理所对其进行了抢救性发掘,并于2004年12月在该地进行了二次清理,两次发掘出土了大量珍贵文物,其中,出土了多枚刻有"汉兴"字样的钱币。实际上这并不是考古学家第一次发现汉兴钱,早在1985年,考古学家便在当时人民公园后面的小南街转角处发现了11枚汉兴钱。这些汉兴钱大多表面光滑,面背均有内外郭,钱币直径约为17毫米,钱体轻薄、材质较差。

◎汉兴钱

据史书记载,西晋被匈奴所灭后,黄河流域的广大地区成为进入中原的北方各少数民族争夺地盘和统治权的主要战场。参与争夺统治权的少数民族主要有匈奴、羯、羌、鲜卑、氐(巴氐),史称"五胡"。这些少数民族在中国建立了十余个政权,史称十六国,即成汉、前赵、后赵、前秦、后秦、西秦、前燕、后燕、南燕、北燕、前凉、后凉、南凉、北凉、西凉、夏。而参与争夺统治权的民族除"五胡"之外,还有汉人和賨人(巴氏),这一时期建立的国家还有代、冉魏、西燕等国。在公元316年西晋灭亡至公元439年(太延五年)北魏灭西凉的120多年中,黄河流域的广大地区一直是纷纷扰扰,为争夺地盘、统治权而发动的战争连年不断。

公元338年,李雄之侄李寿(昭文帝)改"大成"国号为"汉",改元"汉兴"。李寿在位共六年(338—343),汉兴钱就是在这段时间铸造的。在此之前,中国古代的钱币多以自身重量命名,如秦半两、汉五铢等,自汉兴钱为开端,年号钱逐渐取代重量钱而在官铸货币中居于主流地位,随后各代皇帝大多都以自己的年号作为当年发行货币的名称,比较著名的当数唐肃宗乾元元年(758年)所铸乾元重宝、宋太宗淳化元年(990年)所铸淳化元宝等。但就形制而言,自秦汉至唐宋,圆形方孔钱的样式一直没有变化。

◎秦半两

◎汉五铢

◎唐乾元重宝

◎宋淳化元宝

为何在成汉时期中国的钱币会出现这种变化呢？这实际上与当时成汉的社会经济发展是分不开的。蜀地自西汉文景治世以来，经济社会得到持续发展，人口渐丰，国富民殷，户百余万。而到晋代益州管辖的8郡44县，户口数仅不到15万，换算下来约合六七十万口，不免为社会带来了巨大的劳动力缺额。自三国至晋代这数百年间，战争是时代的主旋律，社会上的资源多为战争服务，大量男性劳动力被征召入伍，用来满足统治者对外战争的需要。随着战乱的持续，社会愈来愈缺乏稳定劳动力，而劳动力的缺失使得冶金、采矿等行业日渐凋敝，在生产力不足的同时，铸币材料也严重短缺。这都使得政府的官方铸币重量与币面标明的重量差距越来越大。

此外，使用国家年号的钱币也是出于巩固统治的需要。公元338年李寿即位，与后赵、前凉、东晋等诸国并立，币制十分混乱。例如：后赵石勒在公元319年"制挈壶署，铸丰货钱"，前凉张氏政权"宜复五铢，以济通便之会"。废除旧币制、铸就新钱，是东晋十六国普遍的做法。铸年号钱可以与别国铸币明显区分，有利于成汉的货币管理，消除其他政权对蜀地的经济影响，极大地促进了成汉的经济发展。

从蜀汉后期开始，蜀地由于连年战争，经济萧条滞后，苦于缺铜，民间甚至有"取帐钩铸钱"之说，这是当时经济萧条时非常特殊的现象。汉兴钱可从侧面真实地反映出当时的社会经济状况。它与其他蜀汉钱，诸如三国时期的直一、直百、直百五铢、定平一百等钱可相互印证，对研究魏晋时期成都的经济社会发展状况有重要意义。

◎蜀汉直百五铢

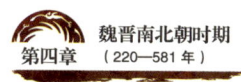

三、成汉的衰落与灭亡

李寿（300—343），即成汉昭文帝（338—343年在位），字武考。在刚夺取帝位之初，李寿还能继承李雄宽和俭朴的作风，遵行李雄的政策，没有放纵自己的欲望。但为了控制自己的政权，李寿改立宗庙，以父亲李骧庙为汉始祖庙，李特、李雄庙为大成庙，又下诏说和李期、李越不是一族，但凡各种制度，都有所改换。公卿以下的官员，大部分任用自己的僚属部下，而李雄的旧臣和六郡的士人都被废黜。李寿在位时又强令迁徙各郡县人丁到成都以发展经济，并在两三年内大兴土木，致使蜀地百姓怨声载道、苦不堪言。汉兴六年（343年）七月，李寿去世，时年44岁，共在位六年。

李寿的去世使得成汉内部统治更加不稳定。342年，李寿长子李势即位，李势贪图享乐、不理政事，为政更加荒淫无道。"《李势载记》说：'势既骄吝，而性爱财色，常杀人而取其妻，荒淫不恤国事。夷僚叛乱，军守离缺，境宇日蹙。加之荒俭，性多忌害，诛残大臣，刑狱滥加，人怀危惧。斥外父祖臣佐，亲任左右小人，群小因行威福。又常居内，少见公卿。'"[1]这样的做法使得成汉国势更加衰败，叛乱时有发生。

成汉政权日益衰败之际，居于江左的东晋迎来了难得的发展时机。东晋时期，虽然晋朝国力无法与西晋时期相比拟，但其当政者总是把中原的胡人和西南的成汉列为两大敌人。庾亮执政时期，就曾发动北伐，先遣偏师伐蜀，俘虏了成汉的荆州刺史李闳、巴郡太守黄植。庾亮死后，他的弟弟庾翼，"欲以灭胡平蜀为己任，言论慷慨，形于辞色"，在大举进攻后赵后又继续讨伐成汉，打败了巴郡的守将。

东晋永和元年（345年），庾翼病逝，桓温执掌政权。桓温（312—373），字元子，谯国龙亢（今安徽怀远）人。东晋政治家、军事家、权臣，谯国桓氏代表人物。桓温出镇荆州后，立即谋划攻打成汉，以建立功勋。永和三年（347年），桓温兵至青衣（今四川名山北）。李势命将领

1　杨伟立著：《成汉史略》，重庆出版社，1983年1月，第70～71页。

李福、昝坚率大军抵御晋军。汉军诸将欲在江南设伏，昝坚却从江北鸳鸯琦渡江，向犍为（今四川彭山东）开进，结果与晋军异道而行。桓温兵至彭模（今四川彭山东南），自己亲率步兵直趋成都，三战三胜，进逼成都城下。桓温趁胜攻入成都，并焚毁小城。成汉皇帝李势乘夜逃走，远遁90里，最终投降。桓温接受投降，将李势送往建康，成汉政权灭亡。

平蜀之战使得桓温声名大振，他在当地举任贤能、援引贤才，将成汉旧臣王誓、王瑜、邓定、常璩等人辟为参军，成功安抚蜀地。永和四年（348年），朝廷封赏平蜀之功，桓温被封为征西大将军、开府仪同三司、临贺郡公，蜀地全境尽归东晋管辖。

第三节 魏晋南北朝时期成都的文化成就

魏晋南北朝时期，虽然处于动荡不安的大环境之下，但成都的社会文化却得到稳定的发展。这一时期佛教在中国得到广泛传播，成都周边修建了许多名寺古刹，传教讲佛之人一时汇聚成都，佛光照耀西蜀。道教作为中国的本土宗教，魏晋时期在成都也得到进一步发展，在张道陵创立天师教后，鹤鸣山、青城山、瓦屋山等名山胜地道观云起，道教一跃成为闻名西南的重要宗教。这一时期，蜀地的史学成就也颇为耀眼，《三国志》《华阳国志》等史书的出现，对传统史学著作体例体裁的创新和研究领域的拓展起到了奠基作用，对于研究古代西南历史有着深远影响。

一、万佛寺佛像与魏晋时期佛教的兴盛

万佛寺遗址位于今成都市一环路北二段与白马寺街交叉路口北侧，相传始建于东汉延熹年间（158—167），是成都著名古刹，从南朝至明代的千余年间香火不断。根据文献和出土造像题记可知，南朝时，此寺名安浦寺，唐代名净众寺，宋代改名净因寺，明代时名净因寺、竹林寺、万佛寺、

万福寺，明末毁于张献忠战火。自清光绪八年（1882年）以来，从该遗址多次出土各类佛教造像共计300余件。

成都万佛寺遗址第一次出土造像是在清光绪八年（1882年）。王懿荣《天壤阁杂记》载："成都西关有万佛寺故址，忽出残石佛像，大者高如屋，小者卷石。皆无首，或有首无身，无一完者……凡百余……乃拣得有字残像三：一元嘉，极大；一开皇；一无纪元。又残碑五七方不成文……须甚记惜，由海船北上未知如何，斤两太重也。"可惜，这次出土的造像大多已流散至国外。

1937年，万佛寺遗址再次出土佛教造像。当地农民种田时，又掘出石造像12尊，头像26个，均与真人大小相类。这批造像大部分被当时的四川大学博物馆收藏，1950年入藏四川博物院。1945—1946年，据传也曾出土很多佛像，但均被砸毁或埋于房基之下，具体情况已无法得知。

◎四川省博物馆中展出的菩萨造像

◎四川省博物馆中展出的释迦背屏式造像

1953 至 1954 年，中铁二局和中铁第二勘察设计院在此地进行基建工程时，又发掘出造像 200 余件。当时的四川省博物馆征集组、四川省文物管理委员会曾派专人将造像从现场清理取回。冯汉骥先生随后撰文介绍了这批造像的基本情况。根据相关档案，本次出土的南朝造像共 21 件（含 1 件北朝造像），其中立佛像 7 件，坐佛像 1 件，佛头像 5 件，菩萨像 2 件，背屏式造像 2 件，造像碑 2 件，造像残座 2 件。[1]

佛教是当今世界三大宗教之一，发源于迦毗罗卫国（今尼泊尔），大约在两汉时期传入中国。据相关文献记载，汉魏时期的佛教重镇主要有北方的洛阳和南方的建业，而巴蜀地区的佛教流行状况因缺乏文献记载而多不可考。成都万佛寺遗址出土了如此多的佛教造像，且这些佛教造像时代较早、形式多样、内容丰富，具有南方地区魏晋时期造像的典型风格，成为魏晋时期南方佛教造像系统的典型代表，对探索这一时期佛教在西蜀的流行大有裨益。

成都的佛教造像十分精美，与北朝的云冈石窟和敦煌莫高窟相比有许多相似之处。成都出土的佛像种类繁多，有释迦佛、无量寿佛、阿育王、观音、天王、力士等，从这些佛像的不同风格还可以看出佛像在成都的演变与发展。比如，成都出土的梁朝以前的佛像大多身材魁梧、肩部宽厚，保留了明显的异域人物特征。而梁朝以后的佛像则明显端庄秀丽，是典型的中原人物特征。齐末梁初，成都地区还出土了中国最早的汉族式佛装，

◎成都博物馆展出的魏晋佛首

---

[1] 董华锋、何先红：《成都万佛寺南朝佛教造像出土及流传状况述论》，《四川文物》，2014 年第 2 期。

即褒衣博带的双领下垂式袈裟，随后，这种袈裟在蜀地大量流行，并迅速风靡全国，成为梁以后中国主要的佛像服饰。[1]

魏晋南北朝时期，南北政权更迭频繁，政治动荡、民生凋敝，佛教死后精神不灭、轮回转世、行善积德等教义正好迎合了大众的精神需要，给广受苦难的民众极大的心理慰藉。于是，佛教在魏晋时期迅速传播开来，并被社会各阶层普遍接受。

东晋初年，北方战乱频仍，大量佛教信徒向南方转移，蜀中因社会相对稳定，吸引了大量佛教徒前来避乱。比如，东晋高僧道安曾率领400余名僧人南行，到达蜀中的僧人不在少数，其中颇具名望的有法和、昙翼、慧持等日后益州著名的高僧。东晋隆安年间，高僧法显从建康起程来到成都，再沿河南道至西域，到达天竺，最终从天竺经过30余国再回到成都，历时15年之久。法显沿途讲经求学、传播佛教，成为向西域求佛的典型，比人们熟知的玄奘西行早了数百年。除了中土高僧向西域求法外，许多外国僧侣也来到成都进行讲经。423年，印度佛教高僧昙摩密多从印度经西域河南道来到成都讲学，并且还带来了自己的佛学译著，他在成都停留了较长时间，为成都佛学研究水平的提高做了铺垫。

南北朝时期，蜀地执政者需要利用佛教来稳定社会秩序，因而大力扶持和推广佛教，成都城内一时高僧云集，慧览、僧隐、道法、昙弘、智猛等都曾在成都居住或停留。《续高僧传》中记载了约40名蜀地高僧，其中既有本土高僧，也有外国高僧。在外国高僧中，最著名的当数北印度犍陀罗沙门阇那崛多，阇那崛多少时就在大林寺出家，27岁随师阇那耶舍等10人出境游方弘法，后应谯王宇文俭之请，入蜀任益州僧主，住龙渊寺，译出《妙法莲华经普门重诵偈》《佛语经》等佛教经典。

其时，成都佛教活动繁盛，佛教各派别之间交往密切，常常三四个法会同时开讲，听者踊跃，规模宏大。高僧释道基曾在福成寺讲经，著《杂心玄章》，成为当时著名的毗昙师；高僧释慧远讲经于招提寺，既是毗昙

---

[1] 何一民、王毅主编：《成都简史》，四川人民出版社，2018年8月，第142页。

师又是成实师；[1] 释智凝将瑜伽学的重要典籍《摄论》传到蜀地。这些都是当时佛教不同派别之间相互交流的例证。

总的来讲，在魏晋南北朝时期，佛教对社会稳定起到了积极的作用，故而统治者对佛教的扶持有增无减，客观上促进了佛教的发展壮大。成都作为南北朝时期佛教传播的一大中心，在这一时期内佛教文化得到迅速发展，人们的精神文化生活也有所提升。

二、鹤鸣山等道教名胜见证下的道教起源

在成都大邑县境内，有一座道教名山——鹤鸣山。鹤鸣山属岷山山脉，海拔1000余米，北依青城山（约30公里），南邻峨眉山（约120公里），西接雾中山（约10公里），足抵川西平原，距成都约70公里。因山形似鹤、山藏石鹤、山栖仙鹤而得名，为古代剑南四大名山之一。据有关史书记载：东汉末年，沛国（今江苏丰县）人张道陵于鹤鸣山倡导"正一盟威之道"（俗称五斗米道，亦称天师道），奉老子李耳为教主，以《道德经》为主要经典，标志着中国土生土长的宗教——道教正式创立。因此，鹤鸣山被公认为是道教的发源地之一，有着"道国仙都""道教祖庭"的美称。

张道陵创立天师道后规定，凡入道者需交五斗米作为依据，故而民间又称其为"五斗米道"。加入天师道的民众可受到组织的保护和照顾，因而天师道迅速吸引了大批苦难民众，一时间竟"弟子户至数

◎道教画像中的张道陵形象

---

1 毗昙师是研习《阿毗昙经》及其思想的佛学派别的学者，成实师是研习《成实论》及其思想的佛学派别的学者。

万"，成为汉魏时期活跃在巴蜀地区最重要的宗教力量。随着信众的越来越多，张道陵积累的财富也更加丰厚，开始在成都周边如鹤鸣山、青城山、瓦屋山等地建造道观，势力不断扩张。

在天师道中，24这个数字有着特殊的含义，用以对应24节气。为了便于控制，天师道在蜀地境内划分了24个管辖区域，称之为"治"，每个"治"的骨干成员称为"祭酒"。随着势力的扩大，天师道之后又增加了4个治，以对应天上28星宿。在这些治中，以彭州阳平山、绵竹鹿堂山、大邑鹤鸣山3治最为重要。治和祭酒的出现标志着天师道的管理体系日趋完备。

张道陵去世后，其后代张衡、张鲁等人相继传承了他的事业。张鲁为道教第三代天师，他不仅宣传宗教，还发动武装斗争，先依附益州刺史刘焉，成为刘焉部下的督义司马，攻占汉中地区。后来，随着自己实力的增强，张鲁不再依附他人，在汉中一带建立了政教合一的政权，成为三国时期的一方诸侯。公元215年，曹操率军西征汉中，张鲁战败，投降曹操，并举家前往魏国邺城，其政教合一的政权瓦解。虽然张鲁的势力被曹魏消灭，但蜀地境内阳平山、鹤鸣山等治并没有瓦解，天师道祭酒仍活跃在巴蜀地区，也有部分信徒离开巴蜀，向中原、长江中下游一带迁移。

如今，成都及其周边著名的道教圣地除了鹤鸣山外，还有都江堰的青城山，成都市区的青羊宫、二仙庵，新津老君山等地。道教的园林建筑、宫观绘画、雕刻艺术资源在成都周边也十分丰富。这些道教风景名胜虽不是全在魏晋南北朝时期产生，但颇能反映出道教在成都的发展流变。

青城山自古以来都为道教名山，唐末高道杜光庭记载青城山的美景曰："山高三千六百丈，周匝一百五十里，蜀山之望也。山有七十二小洞，应七十二候；八大洞，应八节。"[1]作为道教的第五洞天，青城山在道教文献的记载中往往是神仙都会之所，正如《民国灌县志》所言："道教托始老聃，而实起于张道陵。陵生于东汉中叶，幼习经术，晚畅玄风。袭辟

---

[1] 顾祖禹撰：《读史方舆纪要》第三册，中华书局，2005年3月，第3108页。

谷之寓言，采方士之异说，西来蜀郡，止于鹄鸣山中，爰作道书，衍成宗派……自晋以降渐与佛教均衡。唐尊玄元，益崇羽士。宋明诸帝颇有好道者，每假官爵以荣之。清则县设道纪司，统摄黄冠，俾有归宿。邑多道观，名莫著于青城，以其为神仙都会，而在（天）师之鼻祖所在也。"[1]

青城山风景优美，"成都之西，名山水而县者以十数，而灌为胜；灌之山以百数，而青城尤胜……青城之秀，甲于益州，天仓诸峰，左右森罗，削壁嵼岩，望之蔚然，其翠欲滴"[2]。自天师创教西蜀，青城山的道教法脉就未曾断绝，延续近2000年不断，这在国内绝无仅有。张天师家族在蜀中创道，三国时迁至江西龙虎山发展，但其道脉源自成都却是不争的史实。因此，按规定，江西龙虎山历代天师选定之后都要来青城山朝拜祖庭。可见青城山在道教中的地位。青城山不仅供奉有张道陵天师的塑像，也塑有虚静天师之像，说明青城山作为道教发祥地，为历代天师所重视。

随着道教的发展，四川道教宫观兴建非常多，分布也很广泛。清朝嘉庆年间，四川共有宫观300余所，分布于全省110多个州县。道教圣地青城山，历代宫观林立，至今尚存道观38处之多。四川的道教宫观建筑和雕饰在全国都具有代表性。现存的青羊宫宫观建于清代，由宫门、灵祖殿、混元殿、八卦亭、三清殿、玉皇阁（斗姥阁）、降生台、说法台、唐王殿（紫金台）组成，属于标准化园林式宫观建筑的典型代表。三台县安居乡云台山的云台观，从山门至玄天宫绵延两里多，是四川省现存规模最大的道教建筑群。

有学者指出：道教文化不仅是中国传统文化的组成部分，也是一种极富东方人文特色的重要旅游资源。道教文化所蕴含的东方智慧之光，所负载的华夏民情风俗，所表现的特殊宗教程式，足以使海内外游客流连忘返。而且，道教崇尚自然的生活方式，追求天人合一的理想境界以及对生命意义的终极关怀等，都与当今世界回归自然的旅游潮流——生态旅游、绿色

---

1 《民国灌县志》卷十六，民国二十二年铅印本。
2 （天启）《新修成都府志》卷五十五，钞本。

食品保健旅游、森林旅游等旨趣相合。[1] 从这个层面讲，道教作为成都周边土生土长的宗教，在蜀地及全国范围能迅速传播开来，与蜀地民众清静自然、逍遥自在的生活态度密不可分，同时，道教的传播反过来也对巴蜀民众性格的塑造起到了重要作用。

三、《三国志》和《华阳国志》引领的史学繁荣

魏晋南北朝时期，文化的昌盛造就了良好的修史传统，蜀地涌现了一批优秀的史学家和史学著作，其中有两部著作名扬海内，一部是陈寿编撰的《三国志》，另一部是常璩编撰的《华阳国志》。这两部著作开创了历史叙事的新模范，为后世正史编撰、方志书写提供了借鉴，成为这一时期巴蜀史学繁盛的代表。

陈寿与《三国志》

在我国历代最为推崇的二十四史中，"前四史"是学界公认地位最高、影响最大的四部著作，即《史记》《汉书》《后汉书》《三国志》。而"前四史"中，陈寿所作的《三国志》则是保存至今唯一举魏、蜀、吴三国之事，并被官方认定为正史的史书，其在史学上的重要性不言而喻。

《三国志》的作者陈寿，字承祚，巴西郡安汉县人（今四川南充），生于蜀汉后主建兴十一年（233 年），卒于晋惠帝元康七年（297 年），终年 65 岁。《晋书》和《华阳国志》中都有陈寿传记。陈寿少年时就很好学，曾拜同郡史学家谯周为师。在蜀汉朝廷，"聪警敏识，属文富艳"的陈寿很快便受到重用，先后担任东观秘书郎、散骑黄门侍郎等官职。陈寿初入仕途时，蜀汉时值宦官黄皓把持朝政，为人正直、性情刚烈的陈寿不愿意依附迎合，故其宦海生涯颇为不顺，屡遭贬斥。

1　毛丽娅：《论道教文化旅游资源的开发与利用——以四川为例》，《四川师范大学学报》，2002 年第 2 期。

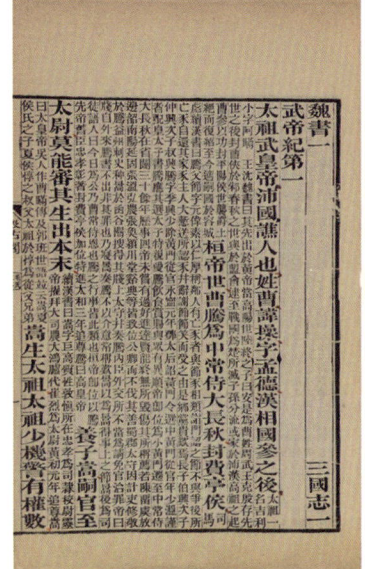
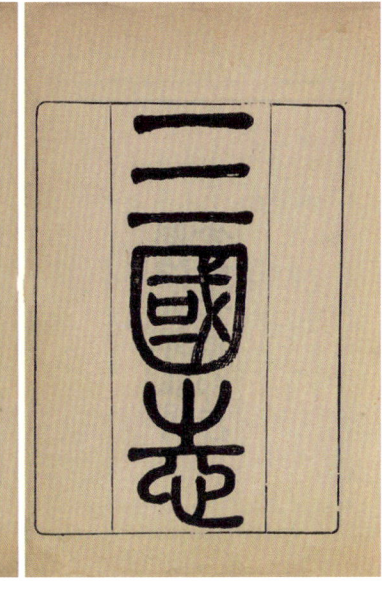

◎同治九年金陵书局印行的《三国志》

263年，蜀汉被曹魏所灭，之后，司马炎夺取曹魏政权，建立了西晋。这时陈寿正值三十余岁的壮年，但他却饱受生活的艰辛和疾病的困扰，生存艰难。西晋司空张华爱惜人才，对陈寿的学识颇为赞赏，于是保荐其为佐著作郎，出补平阳侯相。因曾在蜀汉为官，陈寿在其出任佐著作郎时，受中书监荀勖、中书令和峤的委托，编撰有关蜀汉政权诸葛亮的史籍。陈寿撰成《诸葛亮集》二十四篇，后迁任著作郎。

280年，在任著作郎时，年近五十的陈寿开始着手收集三国史事，写了《魏书》《蜀书》《吴书》共六十五篇，合称为《三国志》。张华看到这部著作后十分欣赏，推荐陈寿为中书郎，但荀勖执意推荐陈寿为长广太守。285年，陈寿母亲病重逝世，他遵从母亲遗言，在洛阳择地安葬，却遭到反对派的非议，认为陈寿不孝，陈寿被贬官。从此，陈寿不问朝政，于297年病逝于洛阳。[1]

有当代学者指出，陈寿撰写《三国志》时面临两大困难：一是三国

---

1 缪钺著：《缪钺全集》第四卷《〈三国志〉与陈寿研究》，河北教育出版社，2004年7月，第3～4页。

鼎立的客观事实当以谁为正统；二是对刘备建立的"汉"政权如何撰写和表述。[1] 因陈寿生活在西晋王朝的统治下，只能维护魏晋正统的合法性，难以客观叙述三足鼎立的政权态势。但陈寿原在蜀汉为官，曾受恩于蜀汉统治者。如何写出既能忠于历史事实，又能得到西晋统治者认可的史书？这令其大为苦恼。好在陈寿拥有过人的才华与卓越的史识，他在撰写《三国志》的过程中成功克服了上述困难。

陈寿撰写三国时期的历史，采用的是司马迁在撰写《史记》时所开创的纪传体。所谓纪传体，就是以人物为中心的史书体裁。具体讲，就是用"本纪"叙述帝王，兼以排比大事情；用"传"记述帝王之外的重要事件人物。在历史书写上，陈寿以曹魏政权为正统，只在《魏书》中编撰了武帝曹操、文帝曹丕、明帝曹叡以及三少帝（曹芳、曹髦、曹奂）四个本纪，而将其他在三国时期称帝的人物如刘备、孙权等列在传当中，这样的编撰体例充分迎合了统治者的需要。但是，在叙述三国历史时，陈寿是将魏、蜀、吴三国分别叙述的，《蜀书》《吴书》中分别有"先主备""后主禅""吴主权"等章节。虽在书写上皆不把蜀、吴君主加上"帝"字，但其纪事手法与曹魏政权皇帝"本纪"相同，这就从实质上维护了蜀、吴两政权的权威，将蜀汉、孙吴放在了等同曹魏的地位上，反映出三国鼎立的客观事实。

在叙事上，《三国志》通体简约爽洁，无冗杂之弊。在陈寿写《三国志》前，已经有王沈的《魏书》、鱼豢的《魏略》等有关三国的史书流传于世，但这些史书行文秽累、文辞艰生，比不上《三国志》简约清晰的行文风格。比如，在描写赤壁之战时，《三国志》对战争场面的渲染并无杀伐之气，而是通过对人物的描写侧面烘托出战争的气氛，从而达到"极有斤两"的品位。陈寿十分重视对人物的褒贬，语句之间蕴含着对读者的劝诫教化之意。比如，评论曹丕的文采时，陈寿有"天资文藻，下笔成章，博闻强识，才艺兼该"的描述，又言曹丕"若加之旷大之度，励以公平之心，迈志存

---

[1] 何俊华：《论陈寿撰写〈三国志〉的匠心》，《文史杂志》，2016年第2期。

道，克广德心"，则可以如古之贤主，其劝诫之意十分明显。

《三国志》与《史记》《汉书》《后汉书》合称"前四史"，为历代史家所倡颂。史载："夏侯湛时著《魏书》，见寿所作，便坏己书而罢。"又北魏时人称："陈寿《三国志》有古良史之风，其所著述，文义典正，皆扬于王廷之言，微而显，婉而成章，班、史以来无及寿者。"足见《三国志》的史学价值及其史学地位。当然，《三国志》成书后也受到一些史家的批评，如有些史学家认为《三国志》无"志""表"；以魏为正统，帝魏不帝蜀；曲笔太多、回护过甚等。这些都是对《三国志》深入的剖析，不过，作为《三国志》在流传了1700余年后仍然被奉为经典，已充分显示出其经久不衰的史学价值和文学魅力。

方志之祖——《华阳国志》

在四川省图书馆，收藏着一部明代嘉靖年间所刻的《华阳国志》。《华阳国志》流传下来的版本虽多，但四川省图书馆所藏是目前所能找到的年代最早的版本，全国仅存两部，另一部在国家图书馆。《华阳国志》共有十二卷，四川省图书馆收藏的虽然缺第十一卷，但从品相和完整程度上来说却十分优良。

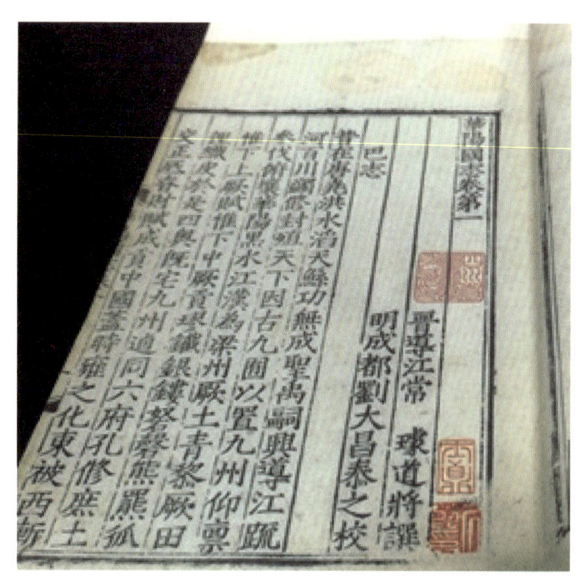

◎四川省图书馆藏明嘉靖刻本《华阳国志》

《华阳国志》的作者是蜀地另一位史学大家常璩。常璩,字道将,蜀郡江原(今四川成都崇州)人。江原常氏为蜀中大族,族人大多研究学问、擅文辞、喜爱撰写文章。在家族学风的熏陶下,常璩在少时便喜爱诗书,常常与族人研习文章。西晋永宁元年(301年),李特在蜀地率流民起义。当地士族纷纷举家迁往他乡。常氏以常宽为首,跟随杜弢等人迁徙到荆湘一带。常璩当时年幼,家境贫困,没能迁徙,改为依附青城人范长生。范长生因支持李氏而得到重用,青年常璩遂得以在蜀地得到较为安稳的学习环境。

常璩成年以后,被举荐到成汉政权担任史官。他勤勉学习,常向他人请教,又向流民询问他乡的地理状况与所经历的事。常璩曾根据遗留下来的资料撰写了《梁益宁三州地志》《蜀汉书》等书,在成汉政权中颇负盛名。东晋永和三年(347年),桓温伐蜀,军至成都,常璩与中书监王嘏等人劝成汉皇帝李势投降。成汉灭亡后,桓温在蜀地举贤任能,器重常璩以及尚书仆射王誓、中书监王瑜、镇东将军邓定等人,授以参军之职,以安抚民心。此后,常璩又前往东晋都城建康。

晚年居于建康的常璩看到东晋士族重用中原故族,轻视蜀人,心中常有愤怒之情,无奈年事已高,便不在仕途中追求进取,一心专注于史学。他多方搜寻旧人的著作,整理自己担任史官时书写的作品,改写成为《华阳国志》一书。《华阳国志》赞扬巴蜀文化的悠久历史,记载其中的人物、故事,以此表达自己心中对东晋朝廷贬低蜀人的不满。该书资料可靠,叙述有条理,文辞典雅、庄严,符合古代士大夫的爱好,因此得以流传,并成为千百年来地方志著作的取作准则,成为一部影响深远的史学巨著。

我国修地方志是有悠久历史传统的。两汉以前,文化事业集中于中央政府,史官掌握历史书写的决定性权力,故史书典籍必出于国都,所记载的事情多为王侯将相之事。大约到了公元3世纪,史家关注的重点开始从宫廷政治逐渐向地方故事转变,一时间,兼备各类、贯通古今的志书大量出现,常璩的《华阳国志》正是在这一大背景下出现的。

"华阳"一词最早出自《尚书·禹贡》"华阳黑水惟梁州"一句,"华"

指的是华山,"华阳"则指的是华山南部的大片区域,包括陕西、四川、云南等地。《华阳国志》共有《巴志》《汉中志》《蜀志》《南中志》《公孙述刘二牧志》《刘先主志》《刘后主志》等十二卷,按其内容大概可分为三个部分:第一至四卷为第一部分,描述了巴蜀大地的地理与古史;第五至九卷为第二部分,描述了三国至成汉时期蜀地政权的更迭;第十卷以后为第三部分,第十、十一卷标榜蜀中人物,第十二卷为全书的序。从体例上看,常璩首次较为全面地将西南地区的历史地理状况、政区沿革、人物风俗等多方面内容融合到史书编写中,将地理志、编年史、人物传的优点融为一体,成为方志编撰史上的一大独创,直接而深刻地影响了后世方志编撰的体例,如此宏大的叙事与编排,使得《华阳国志》成为魏晋时期蜀地史学又一巨作。

《华阳国志》之所以在史学上占有重要的地位,在于其独特的史料价值。《华阳国志》成书时间略晚于陈寿的《三国志》,同样面临着编撰时史料不足、文献稀少的困难。为此,除了广泛收集前人著述外,常璩还在巴蜀地区进行了大量的采访,考订史籍记载中与现实有出入的地方,从而使得《华阳国志》不仅具备大量政治、经济方面的史料,还具备自然地理、宗教信仰、地方文化等其他方面的史料。而这些史料正是研究巴蜀地区古史传说、探索巴蜀与中原关系、考量秦汉时巴蜀地区历史文化的重要参考。此外,由于巴蜀自古以来就是多民族汇聚的地区,《华阳国志》用了大量篇幅介绍巴、蜀、羌、濮、夜郎等民族的历史传说和风俗文化,这些史料在同时代的史籍中是难以寻见的,是研究西南少数民族历史地理不可或缺的重要史料。

总的来讲,《三国志》与《华阳国志》作为魏晋时期蜀地史学成就的两大代表,对中国史学发展起到了极为重要的作用。陈寿的《三国志》以魏晋为纲,其秉笔风格既适应了时代的需要,又坚守了史家的风度,成为历代史家修史的典范;常璩的《华阳国志》则开辟了地方志编撰的先河,将巴蜀地区的历史拾遗补阙,在中国史学发展史上有着"方志之祖"的美誉。

第五章

隋唐五代十国时期

（581—960 年）

SUITANG WUDAI SHIGUO SHIQI

"九天开出一成都,万户千门入画图",这是唐代大诗人李白《上皇西巡南京歌》中的名句,诗句大气磅礴地描绘了成都平原独具特色的自然地理环境。隋唐以降,成都及其周边地区因社会秩序稳定,经济文化得到良好发展,被认为是"人富粟多""土富人繁"之地,得到历代史家的称赞。比如,北宋司马光《资治通鉴》中便记载了成都地区"蜀土丰稔,甲兵全盛""府库充实,与京师无异"的情况。大约到了中唐时期,成都经济社会得到进一步发展,可与江南城市扬州齐名,故有"扬一益二"的美称。唐末五代时期,原本富庶的都城长安、商业名城扬州等大城市先后受到安史之乱、唐末农民起义等战乱的影响,经济社会发展日益衰落。成都虽然也曾出现过几次战乱,但相比之下时间较短、规模较小,因而在隋唐五代近400年间,一直保持着较为持续稳定的发展,成了当时中国最繁华的商业大都会之一,有着"天下名都"的美誉。

第一节 隋唐时期成都的手工业与文学艺术

在隋唐五代这一时期里,成都地区商业繁盛、社会稳定,其生产的蜀锦、蜀绣、蜀纸、蜀笺等手工业制品远销全国。由于成都地势的相对闭塞,外界的战火很少波及蜀中。相对稳定的环境使得成都汇聚了一大批文人墨客,他们客居成都,留下了丰富的文学成果。这一时期,宗教在成都得到了极大的发展,不仅佛教在蜀中广泛传播,道教的影响也十分明显。在本节中,我们选取了颇具代表性的历史文物或考古遗存,从文物本身出发,对隋唐时期成都先进的手工业与多彩的文学艺术进行回顾。

一、隋唐时期成都高度发达的手工业

"团窠对兽纹夹联珠对鸟纹半臂"与蜀中纺织业

在今天的成都市博物馆中，收藏了一件名叫"团窠对兽纹夹联珠对鸟纹半臂"的唐代纺织品。这件半臂由两部分组成，色彩较为黯淡的一半为典型的陵阳公样织锦，色彩较明亮的一半是来自西域的粟特锦（即波斯锦）。

陵阳公样是中国传统装饰纹样之一，即图案样式以对称的形式出现，是唐代蜀中织锦经常采用并颇具特色的图案形式。唐太宗时期，益州大行台检校修造窦师纶组织设计了许多锦、绫的新花样，如著名的对雉、斗羊、翔凤、游麟等，这些炫彩奇丽的纹样不但在国内流行，也很受外国人欢迎。因为窦师伦被封为"陵阳公"，故这些纹样被称为"陵阳公样"。[1]

◎团窠对兽纹夹联珠对鸟纹半臂

这件"团窠对兽纹夹联珠对鸟纹半臂"可以说是中西合璧。粟特锦的特点是将丝线进行染色，颜色光鲜艳丽，色彩不易褪，这种富有视觉冲击力的图案深受唐代西域少数民族以及达官贵人的喜欢。这件织物的制作风格也能充分反映出有唐一代中西经济文化的交流沟通：两种不同风格的织物被巧妙地用在了一件服饰上，不仅精妙绝伦，而且需要制造者极高的技艺。

成都市博物馆收藏的这件半臂，虽然不是在成都范围内发掘出土，但以其为代表的蜀锦制造技艺，却能很好印证唐代成都及其周边地区纺织业的繁盛。

---

1 《蜀锦史记》编写组：《蜀锦史话》，1979年8月，四川人民出版社，第20页。

蜀锦专指蜀地（尤其是四川成都地区）生产的丝织提花织锦，有着2000多年的悠久历史。蜀锦多用染色的熟丝线为织造材料，用经线起花，用彩条起彩或添花，用几何图案和纹饰相结合而织成，色调鲜艳，对比性强。蜀锦是我国的传统工艺品，在国内外都享有盛名，是我们祖国文化宝库的一个组成部分，在全国工艺美术史上占有相当重要的地位。[1]

四川的蜀锦与南京的云锦、苏州的宋锦、广西的壮锦，并称中国的四大名锦。四川地区的养蚕历史十分悠久，无论是甲骨文"蜀"字的写法，抑或是历代史家对蜀国的解释，都能够看出古蜀先民以蚕桑立国的活动剪影。到了春秋战国时期，蜀地已和中原地区有了密切的贸易往来。大约公元前4世纪时，蜀人常将用麻制成的布和用蚕丝织成的帛运到秦国进行交易，受到了当地民众的喜爱。

秦并巴蜀以后，实施了修建都江堰、移民万家等统治措施，使得中原地区的先进技术传到了蜀地，蜀地纺织技术得到了巨大的发展，建立起了"锦官城"这样的专门负责管理纺织的机构，蜀锦、蜀布生产的效率和质量不断提高。西汉时，蜀锦品种、花色甚多，用途很广，行销全国。三国时，蜀汉丞相诸葛亮把蚕桑生产放在重要位置，蜀锦在当时不仅是对外贸易的商品，而且也是军费开支的重要来源。

唐朝前期，蜀锦的生产技术在原有的基础上有了更大发展。据相关史籍记载，蜀地除了成都府可以生产专供皇室使用的织锦外，蜀州的唐安郡（今崇州）、绵州的巴西郡（今绵阳）等，均是皇室御用织锦的生产地。生产地的扩大，说明蜀锦的生产规模较前代已有巨大的提升。此外，蜀锦在织造水平上也达到了新的高度，出现了许多创新的种类，以花鸟写实为主的风格得到广泛应用。花鸟图案的创新使蜀锦的色彩更加艳丽，逐渐形成了唐代蜀锦重色彩、好生动的典型风格。比如，唐中宗安乐公主出嫁时，四川赠与的"单丝碧罗笼裙"就是用细如发丝的金线织成了花鸟图案，精妙绝伦。

到了唐朝中期，安史之乱使得唐王朝政治、经济的状况发生了极大变化，客观上推动了蜀地纺织业的发展。具体而言，唐代前期，因为实行严

---

1 《蜀锦史记》编写组：《蜀锦史话》，1979年8月，四川人民出版社，第1页。

格的章服等级制度，只有皇族以及高官才能够使用丝、锦等高端纺织品。而安史之乱过后，皇帝的权威受到挑战，许多原本不具备穿着高级丝织品的武将拥兵自重，朝廷对其无法进行有效的管理，以致奢侈之风盛行，各种高级丝织品的需求急剧增加，从而对剑南东、西两川织造业的发展起到了有力的推动作用。这一时期，蜀地专门从事织造的手工业者迅速增加；机织技术不断改进，结构简单、操作方便、生产效率高的新式织机逐渐盛行起来。[1]

"薛涛笺"与唐代蜀中造纸技术

在成都市九眼桥锦江南岸一片茂林修竹之中，有一座美丽的望江楼公园，公园中有一处"薛涛井"，是后人专门纪念女诗人薛涛的主要遗迹，也是望江楼公园最古老的遗迹之一。在井后牌坊上写有苍劲有力的"薛涛井"三个字，是清康熙三年（1664年）成都知府冀应熊的手书，此后，该井被正式称为"薛涛井"，成为后人凭吊女诗人的地方。那么，这位被后世景仰的女诗人与成都的历史有着什么样的联系呢？

◎望江楼公园里的薛涛井

薛涛（约768—832），字洪度，唐代著名的女诗人。薛涛在少年时，

---

1 李敬洵著：《四川通史》（第三册），四川大学出版社，1993年10月，第225页。

因其父薛郧仕宦入蜀，举家居住成都。不料，她的父亲早丧，薛涛只好与母亲相依为命，生活一度极其窘困。薛涛天性敏慧、姿容美艳，并且还通晓音律，声名倾动一时。当时韦皋任剑南西川节度使，召令薛涛赋诗侑酒，遂入乐籍。后袁滋等十人相继镇蜀，薛涛都以歌伎而兼清客的身份出入幕府。韦皋曾拟奏请朝廷授薛涛以"秘书省校书郎"的官衔，虽未能实现，但从此以后，人们常以"女校书"称呼薛涛。

到了晚年，薛涛摆脱乐籍，定居在浣花溪旁，并修建吟诗楼于碧鸡坊，整日好作女道士装束，和当时著名诗人元稹、白居易、张籍、王建、刘禹锡、杜牧、张祜等人都有唱酬往来。诗人王建在《寄蜀中薛涛校书》诗中称道："万里桥边女校书，枇杷花里闭门居。扫眉才子知多少，管领春风总不如。"著名诗人元稹有《寄赠薛涛》诗，首联便写："锦江滑腻峨眉秀，幻出文君与薛涛。"充分肯定了薛涛在唐代文学史上的地位。[1]

除了诗词文学方面的重要影响力，薛涛最为后世所称赞的要数"薛涛笺"。自古以来，因适宜的气候条件，蜀中造纸原料丰富，所产纸张质量甚佳，有唐一代，蜀中制笺技术更是颇具盛名。薛涛平日爱写绝句，律诗也常常只写篇幅较短的，所用纸张篇幅较小。而薛涛居住的浣花溪畔是当时四川造纸业的中心之一，所生产的纸尺寸较大。于是，薛涛创新了蜀地造纸的染色技法，发明了能染出深红、粉红、明黄等颜色的颜料。她还亲自指点工匠采溪水，制成了一种精美小巧的诗笺。这种诗笺不仅色彩鲜艳，而且携带方便，配上文人墨客清雅脱俗的诗句以及俊逸隽永的书法，一时广为风行，成了文人雅士收藏的珍品。

薛涛笺的出现从某种意义上并不能只归功于薛涛一人，实际上是有唐一代蜀地造纸工艺高度发达的体现。隋唐时期，成都的造纸工匠们创造出许多品质优良的蜀纸，其造纸技术高度发达，成为全国的造纸中心。成都是唐代政府机关用纸的主要供给地，对于各种纸的用途，唐政府有着严格的规定："凡赦书、德音、立后、建储、大诛讨、免三公、宰相、命将、

---

1 李绍先、李殿元著：《古代巴蜀妇女的文学生活》，巴蜀书社，2009年3月，第59页。

日制并用白麻纸……凡慰军旅用黄麻纸。"同时又规定，政府机关公文用纸一律用蜀麻纸。官家喜欢用蜀纸，民间也以用蜀纸为荣。成都的造纸工人加班加点，熟能生巧，巧能生精，促进了成都的造纸技术进一步发展，工艺水平得到进一步提高。[1]薛涛发明的这种"短

◎现代生产的十色薛涛笺

而狭，才容八行"且颜色艳丽的小笺深受当时文人墨客的喜爱，此后，四川多种彩笺也仿照薛涛笺的样式设计，这一类的蜀笺被统称为"薛涛笺"。

薛涛的诗文与影响，在明代学者杨升庵看来，足以"使李白见之，亦当叩首。元白流纷纷停笔"[2]，其发明的薛涛笺不仅对蜀地造纸业的发展产生了积极的作用，从客观上来讲，也推动了诗歌的发展与传播，对蜀地的经济、文化等均能起到良好的作用。因此，后人对这位名重一时的"万里桥边女校书"评价甚高。

一醒惊天下：唐代邛窑的繁盛及其反映的社会生活

2018年5月18日，适逢国际博物馆日，位于邛崃南河之滨的邛窑遗址公园正式开园，再次吸引了人们对这个西南地区最古老、最具影响力的民间瓷窑的关注。邛窑是对四川邛崃窑的简称，也是对分布在四川成都邛崃境内一系列民间瓷窑的统称。邛窑大约创烧于魏晋南北朝时期，兴盛于隋唐五代，衰落于南宋中晚期，其烧制历史长达800余年，是四川地区古瓷窑遗址中面积最大、烧造时间最长、品种最多、影响最大的民间窑。

---

1 李敬洵著：《唐代四川经济》，四川省社会科学院出版社，1988年5月，第200页。
2 （明）杨慎撰：《升庵诗话新笺证》，中华书局，2008年12月，第670页。

实际上，在很长一段时间内，生活在今遗址公园附近的民众都还不知道邛窑的存在，这是因为在南宋末年以后，邛窑停止了大规模的生产，仅出产一些制作粗糙的日常生活用具。进入民国后，当地农民不时在自己居住的附近挖出精美文物，引起了一些文物贩子的注意，这时人们才逐渐意识到自己生活的这片土地可能有着令人震惊的历史。

民国时期华西协合大学博物馆馆长、美国人葛维汉是较早注意到邛窑的专业学者，他在其著述中曾记载道："即使最珍贵的陶器，也被收集在篮子里，称斤论两地出售。"[1] 的确，因古邛窑遗址埋藏很浅，人们一锄头下去就可能挖到古瓷，加之当时的民众缺乏文物保护意识，常用挖到的瓷器碎片筑墙，以及修建牛槽、猪圈、厕所等，邛窑文物虽经常被挖掘出来，但并没有得到很好的保护。特别是在 1936 年初夏，四川军阀唐式遵驻扎邛崃，动用军队大肆盗掘贩运，致使邛窑精品器物流散于国内外。在那时候，文物的流散已经引起考古界的高度关注，先后有美国葛维汉、英国贝得福、加拿大杨枝高及华西协合大学博物馆郑德坤、黄希成教授及傅振伦先生来邛窑调查，他们在各大学报刊上发文章论述邛窑和邛陶。

◎ 成都博物馆馆藏黄绿釉高足瓷炉

真正意义上对邛窑进行大规模考古发掘是在 20 世纪 80 年代，中科院院士朱清时以"沉睡上千年，一醒惊天下"高度评价了邛窑的价值。1984 年，考古人员对邛窑十方堂遗址进行发掘，发现了五个不同年代的堆积层。十方堂遗址位于临邛镇西南三公里的十方堂村，东西长 530 米，南北宽 210 米，有大大小小的窑址十余个。通过此次发掘，考古人员发现离地表最近的一层是宋末元初的碎窑具和碎瓷片，第二层开始有碗、壶、罐等器物出现，

---

1 四川博物院编：《四川地方窑研究论文选》，巴蜀书社，2015 年 10 月，第 84 页。

并发现了有明确纪年的几件北宋器物。在第四层,考古人员发现了大量碗、杯、玩具等生活用品,具有典型的盛唐风格。再往下,还发现了唐代以前的规整台基。由此,考古人员推断,邛窑至少在魏晋南北朝时期就开始烧造,在宋末元初时衰落。

邛窑的分布非常广,不仅有作为邛窑代表的邛崃十方堂、尖子山窑,另外如成都市区的青羊宫窑、琉璃厂窑和都江堰的玉堂窑、彭州市的瓷峰窑、郫都区的大坟包窑等,也可通称为邛窑。[1] 邛窑作为成都周边地区最著名的民窑之一,其制作工艺在隋唐时期得到长足发展。相较于越窑青瓷、邢窑白瓷等著名瓷器,位于成都邛崃的邛窑瓷器无论是设计风格还是使用范围,都明显带有浓烈的民间色彩和地方色彩,因而能较好反映出这一时期蜀地的社会生活。

邛窑中最著名的种类要数"邛三彩"。在今天的成都博物馆内,就收藏了大量邛窑的三彩文物。邛三彩主要以黄色为基色,再以褐彩和绿彩为点缀,釉色丰富,造型别致,有典型的时代风格和浓郁的地域文化特色。其装饰技法主要有釉下彩绘、印花、刻划花等。邛三彩色彩浓艳,由黄、绿、褐等多色组成,虽然胎体褐红,但白色衬底使得邛三彩色彩格外鲜艳,给人以流光溢彩之感。从釉色和各种器型看,邛三彩的烧造工艺已具有了相当高的水平,凸显了地方民窑的工艺特点,展现了唐代成都周边高超的手工业水平。

◎邛窑三彩省油灯

◎邛窑三彩执壶与水注

---

1 干曦礼:《浅谈邛窑的三个特点》,《文史杂志》,2018年第1期。

从邛窑瓷器的功能来看,其多为满足普通百姓衣、食、住、用、玩、赏等多方面的生活需求而烧制。"安史之乱"以后,大批民众涌入蜀地,色彩艳丽的邛窑瓷器很快受到文人墨客的青睐。现今出土的邛窑瓷器有碗、盘、灯盏等常见的生活用品,也有佛像、动物瓷塑等瓷器,甚至还有文人墨客喜爱的"省油灯"之类的文房用品,种类繁多、令人称奇。邛窑的历史悠久,始烧于东晋时期,在唐代特别兴盛,到南宋时开始衰落。邛窑是四川古陶瓷窑址中烧造时间最长、产品最丰富、造型纹饰最美的名窑。

二、杜甫草堂与客居蜀中的著名诗人

杜甫草堂与杜甫

当代著名的文学家冯至曾言:"人们提到杜甫的时候,可以忽略了杜甫的生地和死地,却忘不了成都的草堂。"在成都市区的浣花溪畔,坐落着为纪念大诗人杜甫而修建的杜甫草堂。杜甫入蜀期间,曾在成都浣花溪畔生活多年。唐末诗人韦庄寻得杜甫旧居遗址,在其基础上重新修建后,被历代保存、扩建,如今的杜甫草堂占地300余亩,保存着典型的明清建筑风格。

◎杜甫草堂大门

杜甫，字子美，自号"少陵野老"，唐玄宗先天元年（712年）生于河南巩县（今巩义市）。杜甫生活的时间正值唐王朝由盛转衰的时期，少年的杜甫曾漫游江浙一带，领略了祖国壮美的河山。到了天宝五载（746年），杜甫赴京考试，后旅居长安十年。天宝十四载（755年），"安史之乱"爆发，杜甫被迫逃离长安，投奔逃往凤翔的太子李亨，被赐官左拾遗，故后世常谓杜甫为"杜拾遗"。唐肃宗乾元二年（759年），杜甫弃官西行，携家由陇右入蜀，靠友人严武（时任成都府尹兼御史大夫）的帮助，在成都西郊浣花溪畔修建茅屋居住。在此期间，他生活比较安定，诗歌创作甚为丰富。杜甫流传至今的诗歌1400余首，包含了他在成都草堂的四年中创作的诗歌近250首，其中便有《茅屋为秋风所破歌》等名篇。

杜甫离开成都后，其居住的草堂便毁坏了。诗人韦庄寻得草堂旧址，仿照当时的建筑风格，重新修建了杜甫草堂，以此纪念杜甫在文学上的巨大成就。韦庄的努力使得杜甫草堂的基本格局得以保存下来。到了宋代，官方将唐末五代韦庄修建的草堂重新修缮，并绘杜甫画像于屋内，成为纪念杜甫的祠堂。此后，杜甫草堂屡遭兴废，明弘治十三年（1500年）和清嘉庆十六年（1811年）的两次修缮规模最大，基本上奠定了今日草堂的规模和布局。

辛亥鼎革后，四川军阀混战，杜甫草堂因占地面积宽而成为难得的庇护所。由于缺乏必要的维护，这一时期杜甫草堂遭到了较大的破坏。门窗屋檐、亭台楼阁很多都被拆卸，门联壁画甚至被拿来当柴烧。中华人民共和国成立后，政府对这些建筑进行了专门的保护，于1955年成立了"杜甫纪念馆"，对杜甫草堂的建筑进行修缮和保护。改革开放后，"杜甫纪念馆"更名为"成都杜甫草堂博物馆"，其名称一直沿用至今，成为成都民众休闲娱乐、观景游览的胜地。

杜甫在蜀地总共停留了五年，在草堂就住了三年，杜甫离开后，他居住的草堂这一片区域成了中国文学史上的圣地。草堂有正门、南门、北门三个入口，草堂的大门正对着浣花溪，大门匾额"草堂"二字系清代康熙十七子、雍正皇帝的弟弟果亲王允礼所题。照壁、正门、大廨、诗史堂、

柴门、工部祠等建筑排列在一条中轴线上，两旁配以对称的回廊与其他附属建筑，其间有流水萦回，小桥勾连，竹树掩映，显得既庄严肃穆、古朴典雅而又幽深静谧、秀丽清朗。大廨是杜甫草堂中轴线上的第二重建筑，乃一座敞厅式建筑。"廨"是官署的意思。杜甫一生仕途坎坷，终身未得重用。清嘉庆十六年（1811年）重修草堂时，考虑到杜甫曾经做官，应该有办公的场所，大廨便由此产生。柴门是中轴线上的第四重建筑，也是最小、最简朴的建筑。它原本是杜甫营建草堂时所造的院门。因为低矮简陋，"柴门不正逐江开"，诗人便作了如此命名。此外，如同称其居处为"草堂"一样，"柴门"还有表明其布衣幽栖生活的意味。门上匾额"柴门"二字是著名画家潘天寿所书。

应该说，成都杜甫草堂的意义不仅仅局限于纪念伟大的诗人杜甫，而在于从此以后，一大批文人墨客先后入蜀，他们的汇聚为蜀地文脉的延续和发展注入了强大动力。

文脉昌盛："自古诗人例到蜀"

清代蜀中大文学家李调元有诗云："猿啼万树褒斜月，马踏千峰剑阁霜。自古诗人例到蜀，好将新句贮行囊。"李调元的诗句或有夸张的成分，但若认真考察，从有唐一代起，因各种各样的原因，文人大批进入蜀地，并且前后相续，未曾衰歇。这种大规模的文人入蜀行为，深刻地影响了巴蜀地区的文化格局。

唐末五代的巴蜀，政区沿革大致如下：唐太宗贞观元年（627年），全国因山河形便分为十道，巴蜀地区主要分属山南道和剑南道，其治所分别在今天的陕西汉中和四川成都。后山南道分为东西二道，剑南道分为剑南东川和剑南西川二道。东西两川分治梓州（今四川省三台县）和成都。五代时期，王建和孟知祥相继控制巴蜀，割据称雄，历史上分别称作前蜀、后蜀。在整个有唐一代，巴蜀地区无论在自然资源上还是战略位置上均有

举足轻重的地位。巴蜀地区经济发达、物资充足,是当时财税和粮食的重要来源,巴蜀地区的安危往往关系着唐帝国的安危。有唐一代,文人入蜀的原因大致可分为避乱、入幕、流贬、出镇等几类。

在唐代初年,入蜀的文人以奉使和仕宦较为普遍。文学史上的初唐四杰卢照邻、骆宾王、王勃、杨炯,都有过入蜀的经历。他们来到蜀地后,行踪遍及广元、绵阳、德阳、成都等地。他们吟诗唱和、广交士人的文化活动,为经历了南北朝战乱而萧条数百年的巴蜀文坛注入了新的活力。

天宝十四载(755年)安史之乱爆发后,唐玄宗避难入蜀。在以皇帝为首的移民浪潮下,长安城的王公贵族纷纷入蜀,位高权重的世家大族一时汇聚蜀中。玄宗返回长安后,改蜀郡为南京,升为成都府,从官方层面提升了成都的政治地位。这一时期最令人称道的就是杜甫的入蜀经历。杜甫因战乱入蜀,留下了许多千古名篇,《蜀相》《春夜喜雨》《茅屋为秋风所破歌》《闻官军收河南河北》等都是其客居蜀中时的佳作。与杜甫一样,在安史之乱的时代背景下,大批文人越蜀道、过剑门,络绎不绝地奔赴蜀中。

有学者指出:"文人们更大一部分是因宦游而入蜀。在传统社会里,文人和官员的身份往往是合一的。这就决定了绝大多数文人跨区域的流动往往是以宦游的方式进行的。尤其是唐宋两代,因中央统治或主动或被迫加强对巴蜀地区的控制时,宦游入蜀的文人就格外众多。"[1]的确如此,在安史之乱后,政府为加强对边疆的统治,添置了许多节度使,其管辖的地区称为藩镇。蜀中当时大部分属于剑南西川节度使的管辖范围。蜀中自然地理条件优越、农业经济发展稳定,所以剑南西川幕府在中晚唐长达一百余年的时间里,吸引了大批士人前来拜谒。岑参、李商隐、韦庄等中晚唐重要的诗人均有蜀中入幕的经历。这些外地文人跋山涉水进入蜀中,极大地提升了巴蜀地区的文化品位。值得注意的是,许多入幕文人并不追求建功立业,而是将自己的抱负注于笔端。凭借着相对宽松的文化氛围和较为

---

[1] 伍联群:《试论历史上的文人入蜀现象》,《青海社会科学》,2009年第2期。

稳定的社会环境，这些文人创作出了文学史上一篇篇的佳作。

此外，镇守蜀中藩镇的官员对蜀地文化发展的影响最为直接。高适晚年任彭州刺史和蜀州刺史，虽然他在四川留下的诗歌不多，但却实实在在地帮助了杜甫。这些镇守蜀地的文人引领着四川文学的风气，也使蜀地拥有了浓厚的文化氛围，形成了"好文"的传统，也使蜀中士子们自觉选择了"以文章功业闻于天下"的人生目标。

历史上诸多诗人的入蜀，不仅可以显示出巴蜀文化的独特魅力，也体现了文化交流所产生的巨大影响，更是蜀地自古以来文脉昌盛的见证。诗人的入蜀现象也表明，要想在文化上取得长远的发展，需要不断融合各方的特色，不断吸收外来的优秀成果，突破自身相对单一的文化构成。只有如此，文化的新路径才能得到开辟，新的灵感、新的创造才会在交流融合中得到更好地发展，从而带来文化的创新。

三、隋唐五代时期蜀中的绘画艺术

黄荃与西蜀画派

北京故宫博物院收藏有一幅名叫《写生珍禽图》的画卷，描绘了龟、蝉、麻雀、鸠等20多种动物。该画是唐末蜀地画家黄荃给儿子做范本的画稿，虽然只是为了日常绘画练习之需，信手而画，大小间杂，但作为一件独立的创作作品来看，此画在中国绘画史上地位甚高，因为该画是唐末五代西蜀画派的代表人物黄荃现存的唯一真迹。

黄荃（约903—965），字要叔，成都人，唐末五代著名画家。主要创作活动在后蜀时期。擅画花、竹、翎毛、人物和山水，是一位技艺全面的画家，以画品"富贵"著称于世。以黄荃为代表的西蜀画派，虽然书画界有部分学者并不认可其为独立的绘画派别，但确实可以代表唐末五代一种花鸟工笔绘画风格。

少年时，黄筌曾随唐末入蜀的著名画家刁光胤学画，又吸取山水画家李升、人物山水画家孙位的绘画风格，但他的绘画作品"全该六法，远过三师"，17岁时即因善画为前蜀后主王衍赏识。王衍在历史上虽然荒淫，但对书画艺术却极为喜爱，时常召见黄筌探讨丹青。同光三年（925年），王氏的前蜀政权被孟氏后蜀所取代，黄筌便供职于后蜀的"翰林图画院"。后蜀先主孟知祥即位后，授他为翰林待诏，司翰林图画院事。黄筌供职画院先后达40年之久，地位显赫，颇能代表当时宫廷画师的水平。

黄筌在绘画史上最大的贡献在于他开创了一种绘画流派，即"黄筌画派"，又称"黄

◎黄筌《写生珍禽图》局部

派""西蜀画派"等，是唐末五代时期花鸟画两大流派之一。黄筌绘画善于取融前人轻勾浓色的技法，是深得统治阶层喜爱的御用画家。黄筌的五个儿子也都是画家，都继承了黄筌的画风。黄筌父子的画被称为"宋代院体画"，这种风格被称为"院体"。绘画史上的没骨画法、明代的写意花鸟画，都师承了院体的绘画风格，甚至清末的任颐、近代的张大千等人都学习过院体。黄筌为宫廷画家，多画宫苑中的奇花怪石、珍禽瑞鸟，作品勾勒精细，设色浓丽，不露墨痕，所谓"诸黄画花，妙在赋色"，画成，逼肖其生，故有"黄家富贵"之称。

黄筌的成功与他所处的时代、所居住的地理环境密不可分。五代十国时期，四川因处西南，山川险阻，相较于传统中原地区少有战祸，生产力未受破坏，且物产富庶。商业经济的发达为艺术的发展提供了生存空间，西部文化中心也逐渐形成。在吴道子数次入蜀的影响下，唐代中后期就不

断有画家自中原入蜀,其中最有名的有赵公祐、范琼、陈皓、彭坚等,这对于西蜀画坛的繁荣起到了一定的作用。唐末入蜀避难的画家较此前更多,他们在更深更广的层面上带来了中原文化,其创作活动亦推进了西蜀绘画的发展。[1]

大慈寺壁画

在今天成都市中心城区,有一片名叫"太古里"的繁华商业区,商业区中,坐落着一坐巍严的寺庙——大慈寺。大慈寺是成都著名的古寺,是一座历史悠久、规模宏大、文化积淀深厚的中国名刹,世传为"震旦第一丛林",其中保存的壁画更是隋唐时期壁画艺术的经典。

相传,唐玄宗因"安史之乱"逃到成都后,见大慈寺沙门英干施粥救贫、为国祈福,祈求国运再清、复克疆土,惊魂未定的唐玄宗大为感动,于是亲笔写下"大圣慈寺"匾额,并赐田千亩兴建寺院。次年,来自新罗的无相禅师受命重建大慈寺,经过苦心经营,大慈寺规模不断扩大,雄视天下其他寺庙。[2] 唐德宗时期,剑南西川节度使韦皋镇蜀,重修大慈寺的亭台楼阁,使得其环境更加优美。此后的历史中,大慈寺经历战火,几经兴废,现在的建筑为清代重修而成,其中,进门时看到的"古大圣慈寺"石匾历史悠久,刻于光绪六年,为大慈寺一宝。此外,大慈寺殿堂内的壁画与佛像是名副其实的艺术珍宝。

唐玄宗、唐僖宗先后因战乱入蜀,带来许多宫廷画师,这些知名画师大多在成都大慈寺、圣寿寺、净众寺、昭觉寺等寺院留下丹青。仅大慈寺就聚集了当时全国知名画师六七十人,如吴道子、孙位、张南本、李升、卢伽楞、赵公祐、常重胤、李洪度、左全、范琼等,绘壁画一千余堵,"皆

---

[1] 丁建顺著:《中华人文艺术史·古代卷》,上海人民出版社,2014年8月,第316页。
[2] 成都市地方志编纂委员会办公室编:《成都精览》(上),电子科技大学出版社,2014年3月,第60页。

一时绝艺，格入神妙"。这种盛况一直保持至宋代。故宋李之纯《大圣慈寺画记》载："举天下之言唐画者，莫如成都之多；就成都较之，莫若大慈寺之盛。"[1]

◎修复后的大慈寺《龙天护法壁画》

大慈寺壁画的珍贵主要表现在以下几个方面：第一是数量多。大慈寺曾拥有雕塑佛像千余尊、壁画15500余壁。其中神佛画像及经变等一万四千壁，山水、花鸟、龙虎、台阁等1500壁，总计约31000平方米。数量之多、面积之大，几与敦煌莫高窟拥有的唐宋壁画相当。第二是具有权威性。由于当时对佛教画像管理极为严格，必须有经典做根据，并要有代代师承的传本作模本，因而大慈寺的这一大批名家之作，便成了蜀中各地画、塑、刻工加以描摹的对象。自大慈寺建立以后，唐、五代及两宋时期巴蜀各地陆续营造了许多石刻群雕，最著名的如大足石刻、三台石刻、乐山夹江石刻，以及峨眉名山的庄严宝刹的建筑布局与铜铁铸像、石雕彩塑等，大体上都以大慈寺为蓝本。从这些流传至今的石刻、铸像与建筑群中，不难捕捉到它们在结构造型、构图布局等风格上与成都大慈寺相似的特征。第三是艺术精美。大慈寺的壁画多出自名家之手，所有画像"皆一时绝艺"，范成大《成都古寺名笔记》称："成都画多名笔，散在诸寺观，

---

[1] 成都市地方志编纂委员会办公室编：《成都精览》（上），电子科技大学出版社，2014年3月，第61页。

而见于大圣慈寺者为多。"苏轼在游览大慈寺时也发出"精妙冠世"的感慨。由此可见,大慈寺的壁画艺术的确曾得到时人的认可。[1]

实际上,除了壁画具有极强的艺术性外,大慈寺附近还是当时成都重要的商业区。宏大的建筑、精美的壁画、丰富的宝藏吸引着成千上万的市民前来游玩。洪迈在《夷坚志·丙志》中说:"(大慈)寺据一府要会,每岁春时,游人无虚日。"成都一般民众尤其喜爱到大慈寺周边游乐,他们的活动包括听经礼佛、游寺观画、买物看戏、聚餐饮酒、品茶闲话、观灯赏月、登楼高望、纳凉避暑等。大慈寺附近除形成固定的市场外,在不同的季节还有不同的临时性场市,如灯会、庙会、蚕市、药市等,这些都是当时成都商业繁荣的具体表现。

第二节 成都的城市街区遗址与"扬一益二"

一、唐宋街坊遗址与唐代成都的繁盛

20世纪末,成都和其他省会城市一样,迎来了新一轮城市建设的开端,成都的城市考古也因此而成果不断。自1990年以来,考古学家们在同仁路、人民南路、王家坝街、西马道街等地多次发掘了成都的城墙、房屋遗址,这些考古发现对我们认识成都的城市发展有着重要意义。

最新的考古研究表明,成都地区有城墙的时代在距今4500年左右的宝墩文化时期,发展到三星堆文化时期,城墙的规模逐渐扩大。但因为年代久远,加之缺乏进一步的考古发现,成都的建城历史有明确记载要到战国时期。成都城墙最初的格局,相传是战国时期张仪依据龟行足迹而建成的。随后历代统治者对成都的城墙均有修缮,但具体数据不甚准确。到了唐朝末年,担任西川节度使的高骈,为了强化成都城市的防御能力,扩筑城墙并修建罗城。此事作为唐末重要的军事活动,在史料中多有提及。但

---

[1] 粟品孝等著:《成都通史·五代(前后蜀)两宋时期》,四川人民出版社,2011年11月,第454～455页。

唐朝成都的版图究竟如何，迄今为止学界尚有分歧。近年来的考古发现为探索成都城墙遗址与中晚唐成都的城市版图提供了实物参考。

◎成都2018年发现的唐代城墙遗址

2019年5月20日，成都文物考古研究院对外发布考古发掘新成果，在现今成都市区通锦桥路一带，唐代名将高骈所筑罗城城墙一隅因考古发掘重见天日。此后一段时间内，考古学家时常会发现成都城墙的断壁残垣。

据史料记载，唐乾符三年（876年），南诏大举入侵剑南西川，兵临成都城下，朝廷任命高骈为节度使赴蜀平乱。为加强军事防御，高骈上书皇帝，扩建罗城。他仅仅用了三个月时间，夯筑泥土、包砌砖石，修建起长达25里（唐制）的城墙。实际上，修筑城墙仅仅是高骈修建罗城工程中的一个环节，除此之外，城墙上的防御工事、城墙周边的各类防御建筑，这些都是修筑罗城的"配套"工程。由此看来，历史典籍上记载的仅用三个月便修建完毕或有夸张。

高骈修筑的新城为何被称为罗城呢？"罗"字有包含、包括的意思，"罗城"就是把过去的旧城包罗进去，实际上就是在旧城的周围修建新城墙，从而加强城市的防御能力。高骈修筑罗城的同时，引水进入府河，与南河相连，把流经城市的河流改变河道，使这些河流绕城而行，

不但使得成都周围都有河流护城，而且方便了民众的生产生活，使整个城市面貌充满活力，为成都奠定了"二江抱城"的城市格局。

除了发现城墙遗址外，成都市区内还多次发现有唐宋时期的街坊遗址。2018年，在锦江区春熙路旁的城守东大街，考古人员在此处发现了唐宋时期的街道遗址，街道纵横交错，还有先进的排水系统。考古学家推测，发现的街坊遗址可能是古代富春坊一带的商业中心。城守东大街遗址与科甲巷古遗址、江南馆街唐宋街坊遗址相邻，且两个地点发现的部分遗迹单位之间也存在一定的联系，这已是在春熙路片区第四次发现唐宋坊市遗址。

目前的考古发现表明，该遗址最早的堆积形成于唐代末年，出土的文物多为商业性质的物品。文献典籍中记载，唐末剑南西川节度使高骈曾在成都市内修建罗城，从而形成了城市东面崭新的活动区域，而这个活动区域也成为当时饮食娱乐的重要商业街区。考古人员据此推断，文献记载中的商业中心富春坊大致位于罗城的东南部，位置大概南至今光大巷一带，北以今科甲巷为界，东至今三圣街和耿家巷，西临暑袜街和青石桥这片地区。实际上，早在2007年，考古学家就在春熙路附近发现了江南馆街唐宋街坊遗址，该遗址还被评为"2008年中国考古十大新发现"之一。"江南馆唐宋街坊遗址"发掘面积近5000平方米，发掘出唐宋时期房址22座、铺砖路4条、泥土支路4条、大小排水渠16条，出土了数以千计的瓷器、陶器、骨器、石雕、钱币等文物，是当时四川唐宋时期文化遗存中遗迹最丰富且出土文物最多、最典型、最具代表性的遗存。

这些遗址的发掘能够反映当时的社会状况，为成都城市的布局提供了更多的资料，同时，对于复原古代成都城市面貌、了解它的建筑方式、分析城市功能分区都有重要的意义。

二、成都文物与"扬一益二"之称

"扬一益二"是唐代人们对扬州、成都两个经济大都会评价的一句俗语,宋人洪迈在《容斋随笔》中记载:"唐世盐铁转运使在扬州,尽干利权,判官多至数十人,商贾如织,故谚称扬一益二。"[1]唐代经济发达、商业繁盛,许多繁荣的经济城市得到迅猛发展,成都无疑成为有着重要经济影响力的城市。

唐代的成都,作为州、府的治所,管辖着成都、新都、温江、双流、广都、犀浦等十县。以其为首府的剑南道,所辖地区更广,达三十三州。分为西川节度以后,仍然领有一府二十五州之地,不仅包括现在的川西、川南一带,而且远达云南的一些地区。当时,成都的发达除了体现在有稳定的农业生产外,还体现在手工业经济方面。除了传统且最著名的织锦、烧瓷、造纸之外,成都还有如金银器物制造业、印刷业、漆器制造业、制茶业、造船业等很有代表性的产业。

纺织业是当时成都最具代表性的经济产业。成都的蜀锦、蜀布以色彩艳丽、做工细致而闻名海内。成都出产的锦罗绸缎等各类纺织品,在有唐一代长期被列为贡品。安史之乱爆发后,玄宗逃亡到了成都,收到了当地贡奉的春采十万余匹,可见其纺织品的产量之高。成都的织锦技术在国内也是遥遥领先的,丝织品的花色品种非常新颖,讲究对称均齐。又如新样锦,其图案内容主要有彩蝶、雁、莺、凤、花草葵等,表现形式以生动的折枝、缠枝花鸟式为主。此时的成都丝织品种类繁多,尤其特色丝织品工艺精绝,蜀锦更是受到民众的喜爱。宋人称赞唐代蜀地纺织业时说:"蜀土富饶,丝帛所产,民织作冰纨绮绣等物,号为冠天下。"[2]

陶瓷制造业也是当时成都闻名全国的产业。唐代成都陶瓷生产地,包括了成都及成都周边地区的郊县,形成了如邛崃境内的邛窑、成都的青羊

---

[1] (宋)洪迈撰:《容斋随笔》卷九,清修明崇祯马元调刻本。
[2] (宋)杨仲良撰:《宋通鉴长编纪事本末》卷十三《太宗皇帝》,清嘉庆宛委别藏本。

窑和琉璃窑、郫县的横山子窑、金堂的金锁桥窑、双流的牧马山窑、新津的白云寺窑等不同种类。其生产范围几乎涵盖了成都现在的所有区县以及周边地区。唐代陶瓷呈现"南青北白"的生产特点，成都的陶瓷产品也以青瓷为主。成都这样大规模的陶瓷生产，是为了满足当时的市场需求。成都繁荣的贸易经济和发达便捷的水上交通，将陶瓷产品通过南河与府河等水系引入长江，远销全国。成都发达的陶瓷制造业对陶瓷经济圈的形成和成都经济的繁荣起到了重要作用。

◎青羊窑多足瓷砚

造纸业是唐代成都发展迅速的手工业。自古以来，成都地区的造纸业在全国占有重要的地位。唐代中后期，成都生产纸张种类更加繁多，著名的益州麻纸不仅原料随处可见，而且产量大，成为官方用纸。唐代蜀中的笺纸深受文人雅士的喜爱，这种工艺高超、色彩艳丽的小型纸张，可以满足文人即兴作诗的需要，薛涛笺、谢公笺等已经成为享誉全国的书写用笺。此外，成都地区还生产一种用于雕版印刷的楮纸，这种纸质地光滑、坚韧耐磨，是雕版印刷的不二之选，"凡蜀中经史子集，皆以此纸传印"[1]。由于造纸业的发达，成都也就顺理成章地成为中国雕版印刷术的发源地之一，唐代后期，全国大部分印刷品出自成都。

---

1 张学君：《唐宋时期巴蜀造纸业的兴盛》，《巴蜀史志》，2013年第1期。

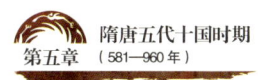

商业分区的增加与交通的发达也是成都经济地位的体现。唐代以前，成都的商业主要集中在城西的少城一带，商业活动受到很大限制。唐代以后，除了传统的集市外，成都还有了东市、南市、北市等新产生的集市。此外，成都的城市功能分区也已很完善，一百二十坊分布在城区的各个区域，如薛涛曾居住过的碧鸡坊、以卖酒闻名的富春坊、城南的文翁坊等，这种不同功能的商业分区，是成都商业繁盛的直接表现。当时成都的主要交通运输方式之一即为船运，杜甫的诗中就有"南市津头有船卖""门泊东吴万里船"等记载。

总的来说，有唐一代，成都经济社会发展是十分迅速的，在许多文学家眼中，就连关中地区也不及成都繁盛。有唐一代，曾出现过四次天子避乱出奔。其中，玄宗和僖宗即逃到成都。从某种程度上讲，这也反映了成都地区安全稳定的社会环境。

三、"陀罗尼经幢"与成都的民间信仰

1956年，工人在成都百花潭锦江河道内淘沙时发现了一批佛教器物，其中有几件小型"陀罗尼经幢"。这些经幢由砂质岩石制造，幢身为黑色，高度多在45厘米以内，幢身多有题字，题字首段为佛经篇目，中间部分为佛经中的咒语和内容，最后一段为造幢题记。类似的经幢在四川省博物院、成都博物馆多有收藏，其形制、质地均大同小异。

在中国历史上，经幢大约在唐朝开始流行，一般为八面石柱，在石柱四周刻有佛经，其内容多为《佛顶尊胜陀罗尼经》。不仅在四川流行，在山西、河南、河北、北京、山东等地均多有发现。现存最高的佛顶尊胜陀罗尼经幢是在河北赵县发现的，高达18米，其他地区发现的也多在1.5～5米。与中原地区的经幢不同，四川发现的均为小型经幢，其制造年代多为唐末五代时期。为何四川地区发现的经幢与中原地区会有如此大的差异呢？这实际上反映了当时川渝地区独特的民间信仰。

《佛顶尊胜陀罗尼经》中对陀罗尼经幢的安放做了明确提示："佛

告天帝：若人能书写此《陀罗尼》，安高幢上，或安高山，或安楼上，乃至安置窣堵波中。"但是，四川发现的经幢却是在锦江河道内，这种经幢的使用方式十分少见。从文献记载来看，成都地区曾流行过这种做法，据道教书籍《云笈七签》载："所受之地当洄水之穴，新有漩注，基址不立，虽运石以塞之，负土以实之，一夕之后，已复深矣。"[1] 于是"求陀罗尼幢三四尺，投于其中"，使之能镇水神。这说明，当时四川地区小型经幢的用途主要是镇水，大多是为"河伯水官""水族之类"及"溺死者"施造的。

◎佛顶尊胜陀罗尼经幢

值得注意的是，在唐代民间，地狱信仰十分流行。《佛顶尊胜陀罗尼经》最突出的功能就是破除地狱之灾，因而这些小型经幢的造幢记中才反复出现"往生净土""往生西方"的愿辞。四川地区发现的这批陀罗尼经幢特别强调"河伯水官""水族之类"及"溺死者"能往生净土，这实际上与当时四川地区的社会生活关系十分密切。

据相关文献记载，唐末五代的成都士人十分流行游浣花溪，"龙舟彩舫，十里绵亘；自百花潭至万里桥，游人士女，珠翠夹岸"，"蜀中百姓富庶，夹江皆创亭榭游赏之处。都人士女，倾城游玩"[2]。而当时成都水

---

[1] 张君房撰：《云笈七签》，《四部丛刊》影明正统道藏本。
[2] 张唐英撰：《蜀梼杌》卷下，清钞本。

患也不时出现,"夏,暴雨,城中渠湮,无所钟泄,城外堤防亦久废,江水夜泛西门,由铁窗入,与城中雨水合,汹涌成涛濑,居人欢趋高阜地"[1]。正是日益流行的游江活动以及不时的洪涝灾害,蜀地溺水的事故也就时有发生。面对水患,民间常通过佛教的施舍,将功德"回施水族一切驮龙鱼鳌等",以达到济拔三界六道一切众生的目的。并且,这类充满密教色彩的经幢被"安于江中"应是通过特定的仪式完成的,这种仪式可能与当时流行的水陆法会有关。

水陆法会,又称为"水陆道场""悲济会"等,是汉传佛教的一种修持法,也是汉传佛教中最盛大且隆重的法会。唐末五代时期,水陆法会发生了较大的变革,其中很重要的一点就是密教被纳入仪轨程序,使水陆法会的内容由单纯的显宗变为显密兼融。宋代时水陆法会在四川尤其流行,成为一种规模宏大的超度仪式。如宋元祐八年(1093年)苏轼为亡妻王氏设立水陆道场,并撰写《水陆法像赞》十六篇。这些例子都说明,川渝地区的小型陀罗尼经幢颇能反映出成都地区的水患问题,并且与当时流行的水陆法会关系密切。

第三节 永陵与前蜀政权

在我国悠久的历史长河中,不仅有汉、唐、宋、明等大一统的中原王朝,也有在战乱年代涌现出的许多小的地方王朝。五代十国时期,天下大乱,大大小小的地方政权层出不穷,政权更迭更是此起彼伏,河南人王建建立在成都的前蜀政权就是这样一个地方性诸侯国。王建建立前蜀后,勤政爱民、休养生息,在其统治下,成都一度成为繁华的都会。成都市内现存的永陵以及其中发掘出土的文物,对我们了解这个地方政权有着重要的参考价值。

---

[1] (宋)袁说友等编,赵晓兰整理,《成都文类》,中华书局,2011年12月,第512页。

一、"永陵"与前蜀政权的兴衰

成都市内的永陵博物馆是五代十国时期前蜀开国皇帝王建的陵墓,距今已有1000多年的历史。永陵博物馆占地面积约5.4万平方米,由皇陵地宫、历史博物馆、园林区三部分组成。永陵墓冢保存完整,封土为半球形,地宫内是墓葬区,墓葬区分为前室、正殿、后室三个部分。在接近墓道口的位置有四尊殿前武士雕像,守护着墓道出口。从墓道口进去就是甬道,穿过甬道就到达存放棺木的正殿。在棺木外有刻"二十四伎乐"的精美石刻雕像,此雕像是永陵博物馆中最珍贵的文物。在后室有一尊王建石刻雕像,其神态栩栩如生,与史书所记载的王建形象吻合,是目前我国历代陵墓中仅见的帝王石像。

◎永陵博物馆中的墓室示意图

◎王建谥宝

永陵是在20世纪40年代被发现的。当时正值抗战军兴,为躲避日军飞机的轰炸,天成铁路局组织民工在成都西郊五里铺的抚琴台挖掘防空洞,不料意外发现了砖墙。当时施工的工人并不知道这是皇帝的陵墓,还认为是司马相如抚琴的旧址。经著名考古学家、四川大学教授冯汉骥先生考察,在墓内发现了有王建年号、永陵等字样的谥宝、玉册,最终确定这个墓穴并不是司马相如的抚琴台,而是前蜀开国皇帝王建的"永陵"。

王建(847—918),字光图,河南舞阳人。唐宣宗大中元年(847年),王建出生于河南舞阳县王城岗一饼师家庭。因双亲早丧,他青年时曾贩过私盐。唐僖宗乾符元年(874年),黄巢农民军起事,27岁的王建投入许州唐忠武军。王建勇武有谋,赤胆忠心,在忠武军中立下赫赫战功,无论是迎接唐僖宗返回长安，还是掩护唐僖宗出逃，王建均表现勇猛。于是，唐僖宗以王建遥领壁州刺史，开古代军将领遥领地方州县行政长官之先河。

唐僖宗光启三年（887年），王建在朝廷受到排挤，出任利州（今四川广元市）防御使。在任期间，他采纳谋士周庠的建议，夺取阆州和利州作为发展立足之地。次年，因剑南西川节度使陈敬瑄谋叛，王建受封为永平军节度使兼讨逆大军都指挥使，奉召伐逆。唐昭宗大顺二年（891年），王建借机夺取成都，受封为剑南西川节度使兼成都府尹。之后，他将目光投向东川，攻占兴元、泽州、兴州，占领了今四川、陕南的大部分地区，威震四方。

唐昭宗天复三年（903年），王建被封为蜀王，平定夔、忠（今重庆忠县）、万（今重庆万州区）、施（今湖北恩施）四州之地，进一步扩大了自己的势力范围。天祐元年（904年），唐昭宗为朱温所弑，王建号召天下兴复唐室，但无人响应。随后，王建即帝位，定都成都，国号大蜀。前蜀武成元年（908年），王建下《大赦诏》，广求贤才、整肃吏治。前蜀武成三年（910年），王建下《劝农桑诏》，鼓励生产。王建在任期间礼贤纳士，唐朝大批旧臣、名臣世族后裔入蜀投奔。经数年发展，蜀国境安民富、兵足粮广，呈现出文化鼎盛、国力强盛的繁华景象，成都也以繁盛甲冠天下。

王建为人"谦恭俭素"，他"虽目不知书"，却"好与书生谈论，粗晓其理"，"用人各尽其才"，士人大都愿意投靠他。对唐室旧臣，凡来蜀投靠他的，也都封给大小不同官职。如对王进等三十余人、宋玭等一百余人，王建都加以任用，使他们各安其位。因而后人评价说前蜀建国的"典章文物有唐之遗风"。[1]

大梁皇帝朱温遣使与蜀国修好，致书尊王建为"皇帝八兄"、蜀国为兄长之国。前蜀成为历史上唯一被中原政权承认对等并奉为尊长的南方国

---

[1] 钟大全著：《王建与王建墓》，文物出版社，1993年8月，第6～7页。

家。前蜀武成二年（909年），王建与太子共同讲武成都北郊星宿山、检阅部队，为平定中原做准备。他连续六次大举北伐，先后攻占岐王秦陇之地，兵围岐都凤翔府，降"无敌王"刘知俊等百员战将。又东败荆南高氏政权向三峡的进攻，南面大破进犯的南诏大军，斩杀勾结南诏的"三王蛮"蛮王及反叛边将，解除了自唐朝以来长期未能解决的边患问题。

前蜀光天元年（918年），王建因积劳成疾病逝，享年72岁，谥号高祖神武圣文孝德明惠皇帝，葬永陵。其子王衍（901—926）即位。王衍即位后，沉溺酒色、不理朝政。后唐出其不备，进攻前蜀，蜀军"土崩瓦解"。王衍只好命李昊草写降表、降书，于前蜀咸康元年（925年），亲率百官仪卫，出降于升迁桥（今成都驷马桥）。后唐自出兵至灭蜀，前后仅70日。自王建于公元907年称帝，建立前蜀国，至其子王衍嗣位，公元925年亡国，父子两代共统治了19年。[1]

二、王建石像：迄今为止中国帝陵出土的唯一的皇帝雕像

1942年，永陵中发现的前蜀开国皇帝王建石像，被考古学家认定为中国帝陵出土的唯一的皇帝雕像，同时也是中国雕刻史上最早出现的一尊帝王写真雕像。因出土王建石像时，正值抗战军兴，成都频繁遭遇日军飞机轰炸。为保证在永陵出土的王建石像等一大批珍贵文物的安全，有人建议把王建石像秘密保护在犀浦镇的一个隐蔽之处，直到20世纪50年代，王建石像才重新回到永陵的墓室内。

与出土前保持一致，人们将王建像置于永陵后室石床中后部。此雕像为圆雕坐像，坐北朝南，面向地宫口，坐于几上，全高86厘米，其面部造像浓眉深目、薄唇大耳、高额方颐，远远望去仪表堂堂、气宇非凡，与史书记载王建"隆眉广颡，状貌伟然"的相貌颇为一致。王建造像头戴折上巾，亦即幞头，身着圆领衮袍，腰束玉带，足蹬乌皮靴，这样的穿着是唐代帝王的常服。据《旧唐书·舆服制》记载：唐太宗制定的帝王服饰中，

1　钟大全著：《王建与王建墓》，文物出版社，1993年8月，第9页。

其常服为"赤黄袍衫,折上头巾,九环带,六合靴,皆起自魏周,便于戎事"。王建造像所戴的幞头,即为唐代皇室所戴的折上头巾,符合唐代的礼制。王建造像身着的长袍为赤色,只不过出土以后大部分颜色均已脱落。[1]

据史籍记载,王建父子生前、死后都有不少塑像、铸像和画像,注重自己的写真像似乎是王建父子的一大爱好,因此,这座王建石雕像写实风格的来源也就不难解释了。文献记载和考古发现表明,我国南方地区唐五代及宋墓中放置墓主雕像是当时的一种丧葬习俗。那么,王建的真容石像究竟有什么特别之处呢?笔者认为,可以从以下三个方面思考:

◎王建石像

第一,王建石像是研究前蜀政权的一手资料。王建、王衍的前蜀政权总共统治成都约20年,这在中国历代王朝中算是时间比较短的了,因此史书典籍中对前蜀政权的记载较为稀少。这一点在文化艺术方面的记载中表现得尤为突出,历代史书中几乎没有对前蜀的文化艺术进行过多记载,这就使得学界在很长的时间里对这一领域的关注甚少。但是,随着王建石像的发现,这尊代表了五代时期顶级雕刻技术的石像就真实而立体地摆在了专家们的面前,对学界研究五代十国时期的服饰装束、礼乐制度、雕刻艺术等意义重大。

第二,王建石像的雕刻技艺代表当时的顶尖水平。王建石像立于墓室的后室内,整个石像体态威严,给人一种气宇轩昂的感觉。石像由一整块石头雕刻而成,面部雕刻细致,眼睛炯炯有神、阔唇大耳、面带笑意。石像的整体线条简洁明了,毫不拖沓,对细节的把控近乎完美,无论是身上

---

1 冯汉骥著:《前蜀王建墓发掘报告》,文物出版社,1964年6月,第67～70页。

穿的锦袍，还是腰间佩戴的玉带，甚至是头巾、皮靴等，都经过了精心的雕琢。王建石像与传统石像千篇一律的造型大不相同，其既有威严之气，又有亲切之感，其雕刻技法娴熟，颇能代表当时雕刻技艺的顶尖水准。

第三，王建石像是迄今为止中国帝陵出土的唯一的皇帝雕像。在中国历史上，共有皇帝四百余位，但留下自己帝王雕像的皇帝却寥寥无几。与许多欧洲国家不同，中国的祖先崇拜没有具体化的偶像，因而大多数皇帝并没有为自己塑造雕像。王建永陵出土的石像是目前发现唯一的从帝陵中出土的皇帝雕像，具有独一无二的特性。当然，正因为类似的帝王石像在之前的考古发掘中未曾发现，一些专家对石像是否真是王建的真容像提出了质疑。[1]但不可否认的是，作为迄今为止出土的唯一的帝王雕像，王建石像在考古学界的地位不容置疑。

三、"二十四伎乐"与唐末五代的音乐

在王建棺床的正面和左右两侧，有一支雕刻精美的由二十四人组成的宫廷乐队，考古学家称其为"二十四伎乐"。二十四伎乐石雕是目前发现的唯一能完整反映唐末五代宫廷乐队的雕刻，也是研究这一历史时期音乐舞蹈史不可或缺的重要资料。

"锦城丝管日纷纷，半入江风半入云。此曲只应天上有，人间能得几回闻。"这是唐代大诗人杜甫对唐代成都音乐繁盛的高度赞美。前后蜀时期的成都，其社会经济得到进一步发展，成了全国闻名的商业都会。这一时期的成都音乐繁盛，绚丽多彩的音乐文化成了人们社会生活中不可或缺的部分，而成都音乐的繁盛与当时统治者的热爱和兴趣更是有着直接的关系。前蜀皇帝王建、王衍对音乐都十分喜爱，后主王衍更是精通音律，曾作《月华如水》《甘州》《醉妆词》等歌曲。王衍为其父修建的永陵棺床上的"二十四伎乐"雕刻，就是对王建生前宫廷歌舞场景的重现。

唐末五代的音乐流派可分为雅乐、清乐、燕乐、宗教音乐、俗乐五个体系。

1　比如学者秦方瑜在其《王建墓之谜》一书中就认为王建石像或为王建之子王衍的石像。

雅乐是国家重大场合时演奏的音乐,庄严肃穆,是一种颇具政治色彩的音乐形式,清乐与之类似。由于雅乐、清乐在日常活动中应用较少,逐渐被淘汰。而以燕乐为主的宫廷音乐和以民间传唱为主的俗乐则广

◎永陵"二十四伎乐"局部

为流传。沐此风气,富庶繁盛的成都自然也成为当时著名的"音乐名都会"。[1]

王建地宫石棺基座上的宫廷乐舞表演者共二十四人,其中舞伎两人,表演器乐的乐伎二十二人,演奏的乐器有二十种共二十三件,在我国同类文物中,是乐舞场面最大、乐器种类最多、气势最为恢宏的。由于种种原因,迄今为止,研究唐末五代音乐舞蹈的文物或图像并不多见,因此王建墓的伎乐浮雕有着重要的参考意义。

唐代乐队在演奏时,通常配合舞蹈者的表演,一般分为立部伎和坐部伎。立部伎在室外表演,表演人数约数十人。坐部伎在室内表演,舞蹈人数从三人至十二人不等。王建棺床上的"二十四伎乐"是一支坐部伎在表演。南侧当头上是两名舞伎和一左一右两位乐伎。舞伎一人微抬左脚,一人略举右腿,广袖飘飘,华袂飞扬,相对而舞。两名乐伎左边的持拍板,右边的持琵琶。这四位皆披云肩,服饰华美,她们的地位要明显高于乐队的其他人,这两位乐伎可能还担任着乐队的领乐之职。

东西两侧的乐伎使用的乐器多达二十种二十三件,以龟兹乐(西域民族音乐)为主,清商乐(汉族大曲)为辅,又吸纳天竺(印度)、扶南(柬埔寨)、高丽(朝鲜)等外国音乐元素,非常明显地体现出雅乐向燕乐转变时期的特点。这二十种乐器可分为三大类:第一类为弦乐,共三种,有

---

[1] 邱志诚:《天下所无蜀中有——唐、五代成都的音乐与戏剧》,《宜宾学院学报》,2011年第1期。

琵琶、竖箜篌和筝；第二类为管乐，共六种，有筚篥、笛、簏、笙、箫、贝；第三类为打击乐，共十种，有拍板、正鼓、和鼓、齐鼓、毛员鼓、答腊鼓、羯鼓、靴牢、鸡娄鼓、铜钹；另有吹叶一种，属中国古代八音之外的乐器。王建墓内出现龟兹乐并不是偶然。龟兹乐旋律轻快、节奏清晰，表演时载歌载舞，在隋唐五代时期深受大众的喜爱，成为当时最为流行的音乐。陈寅恪先生就指出："隋代上自宫廷、下至民众，实际上最流行之音乐，即此龟兹乐是也。"

有学者在论及唐代龟兹乐时说：古代亚洲乐器的系统有伊斯兰、印度、中国三种。竖箜篌、琵琶、五弦、觱篥无疑是伊斯兰系；横笛、都昙鼓、毛员鼓、腰鼓、羯鼓等是印度系；笙属于中国系，但西域亦有箫。此外铜钹、琵琶、五弦、细腰鼓这些应该都是外来的。[1] 据此，我们不难认识到，作为隋唐五代最为流行的龟兹乐，来源于三个不同的音乐系统，唐末五代的宫廷乐舞正是龟兹乐流传内地后与中原音乐相互交融的结果。

"二十四伎乐"形象地再现了唐五代音乐舞蹈的生动场面，是迄今为止唯一完整保存下来的唐五代时期的石刻宫廷乐队，其表演场面盛大、乐器种类众多、演奏深入传神，是一件反映了唐末五代音乐盛况的艺术珍品。

第四节　"芙蓉城"与后蜀政权

"芙蓉城"是成都的别称，该名称的使用是从五代后蜀时期开始的。后唐长兴四年（933年），唐明宗授孟知祥为剑南东西川节度使、成都尹，封蜀王。次年，唐明宗病死，孟知祥遂在成都称帝，国号仍为蜀，史称"后蜀"。孟知祥称帝后仅114天就病死了，其子孟昶继位。在孟昶在位的三十余年里，后蜀政权的政治、经济、文化得到稳步发展，成都也得以在战乱年代保持相对的稳定。

1　郑学檬，冷敏述主编：《唐文化研究论文集》，上海人民出版社，1994年11月，第359页。

一、花蕊夫人与"芙蓉城"

唐朝是中国诗歌最鼎盛的时代,唐诗题材多样、风格多变、流派众多,乃中国文学史上一大亮点,"宫怨诗"为唐时描写宫廷生活一类诗词的统称。"宫怨诗"以李白为前导,以王建为宗祖,发展到了五代十国时期,在花蕊夫人的笔下登向了顶峰,后来的论者一致认为花蕊夫人所著的《宫词》为"宫怨诗"的千古绝唱。但值得注意的是,在五代十国时期,被称为花蕊夫人的人不止一位,有关她们的事迹多散见于五代至两宋的各种史籍之中。因其所处时代相同,且又均被称为"花蕊夫人",以致她们的身份、事迹至今仍有许多混淆之处。

据统计,五代十国时期,被称为花蕊夫人者,一共有三人:其一为前蜀王建的淑妃徐氏,宫中号为"花蕊夫人",因其姐也为王建妃,故亦称"小徐妃";其二为后蜀孟昶的妃子费氏(一说姓徐),封为慧妃,青城(今四川都江堰)人,貌美如花蕊故称"花蕊夫人";其三是清代学者赵翼在《陔余丛考》中提到的,说这位花蕊夫人是南唐后主李煜的宫人,闽人之女,雅好赋诗,人称"小花蕊"。

关于《宫词》,大多数人认为是后蜀孟昶的妃子花蕊夫人所作。明人毛晋曾考证,认为花蕊夫人是后蜀孟昶妃费氏,今所流传的《宫词》是宋人发现的手写本,经王安石、王珪、冯京等人的传抄,流传下来。另一种说法则认为《宫词》的作者是前蜀王建之"小徐妃"。这种观点多是根据《宫词》的内容而推断的,比如《宫词》中有"法云寺里中元节,又是官家降诞时"一句,如果《宫词》作者为孟昶之花蕊夫人,则诗句中的官家非孟昶莫属,但是孟昶的生日在十一月,只有前蜀王衍的生日在七月十五中元之时。由此,一部分人推断此花蕊夫人不可能是后蜀的花蕊夫人。

但笔者认为,这些词很有可能不是出自一人之手,前蜀花蕊夫人"小徐妃"、前蜀皇帝王衍、后蜀孟昶的花蕊夫人以及当时著名的文人墨客都可能是其中某一首诗的作者,只是因为年代久远,后人暂统归"花蕊夫人"

名下而已。

成都"芙蓉城"称号的来历与其不断扩大的城市范围有着密切的关系。唐朝前期，成都经济得到迅速发展，虽有"扬一益二"之称，但城市规模并未扩大。到僖宗乾符三年（876年）高骈担任西川节度使时，为了防止南诏的进攻，在原本的城墙外用砖修筑起长二十五里的"罗城"，意为"围成一圈的城"。到了前蜀时期，王建将部分罗城进行改造，将其作为自己的宫城。

前蜀灭亡后，西川节度副使孟知祥占据成都，"发民丁12万修成都城"，进一步扩大了成都的城市范围。此时的成都城墙，周长约四十里，高一丈七尺，共有九道城门，已经成为重要的军事设施。但是，战争需要大量的粮草储备，于是后蜀时期又修建了一座羊马城，用来饲养牛羊马匹。至此，成都形成府城、罗城、羊马城三城并立相连的格局，成都城外围城墙总周长超过六十里。

公元934年，孟昶继位后，任用贤人，在后蜀推行了一系列促进生产、休养生息的政策，后蜀的经济得到稳步发展。相传，由于其妃子花蕊夫人最爱芙蓉花，孟昶立即发动民间广泛种植。此后，每当芙蓉盛开的季节，成都沿城几十里的范围都如铺上了一层灿烂锦绣，十分美丽壮观，"芙蓉城"因此而得名。准确地说，孟昶种植的这种芙蓉花是木芙蓉。木芙蓉花会因光照强度不同引起花瓣内花青素浓度的变化，从而形成花色一日数变的景象。早晨，木芙蓉开放时为白色或浅红色，到了中午或下午时，往往变为深红色，傍晚时又变为紫红色，文人墨客将这种景象称为"芙蓉三醉"。

应该说，成都因孟昶种植芙蓉花而得名"芙蓉城"，仅仅是民间的一种传说，史书典籍中并无类似记载，但从中却能够反映出成都在后蜀时期社会经济的稳定。正是由于有了相对稳定的社会环境，后蜀时期成都的社会文化才会得到良好发展，地方教育事业才会产生新的成就，人们因此也就将"芙蓉城"的浪漫景象比附在花蕊夫人与孟昶的身上。

二、后蜀石经:"中国古代最强教材"

在今天的四川博物院,收藏有六块"后蜀石经"的残片,每块几十厘米大小,是在抗战期间发现的。当时,成都市政府为躲避日机轰炸、疏散民众,将老南门城墙处拓宽。在拆毁南城墙时,无意中发现了数十块石碑残片。经考古学家和历史学家辨认,确定为后蜀石经残片。今四川博物院馆藏的后蜀石经,就来自此次施工。这些石经历经战火的磨难,所剩下的内容虽不完整,但却成为四川博物院的镇馆之宝。

在中国古代很长的时间里,儒家学说成为统治者推崇的主流思想,为了维护儒学的权威,避免民间传抄错误,古代皇帝常下令在石碑上刊刻官方认定的儒家经书,这种经书被称为"石经"。在我国有历史记载以来,官方总共刊刻了七部儒家石经,分别是熹平石经、正始石经、开成石经、后蜀石经、嘉祐石经、御书石经、乾隆石经。后蜀石经是这些石经中字数最多、刊时最长、规模最大的一种,被学者誉为"冠天下而垂无穷"。

◎后蜀石经

后蜀石经又被称作"孟蜀石经""广政石经"等,是后蜀皇帝孟昶在广政初年授意其宰相毋昭裔等人刊刻的。一般来说,石经的刊刻要在政治环境相对稳定的情况下才有可能完成,而五代十国时期是战火动荡的乱世,规模宏大的石经何以在后蜀时期刊刻呢?这还得归功于四川盆地易守难攻的地理位置以及孟昶统治时期一系列休养生息的政策。四川盆地水土丰饶,为发展生产和耕作提供了很好的自然条件,此外,后蜀在孟昶统治的三十余年间很少经历战争,也没有大的动荡。所以,后蜀的经济较为发达。

广政七年(944年),《孝经》《论语》《尔雅》率先刻成,广政十三年(950年)又刻成《毛诗》《礼记》和《仪礼》,《周易》《周礼》《尚书》也完成于广政年间。但因为后蜀政权的灭亡,直到北宋宣和五年(1123年),成都知府以"伪蜀时刻'六经'于石,而独无《孟子》经,未为备"

为由，增刻《孟子》。至此，有上千块石碑的后蜀十三经全部完成，刊刻时间近两百年。[1] 后蜀石经刻成后，立于当时蜀郡最高学府文翁石室，作为供士子学习和校写经书的标准。它以开成石经为蓝本，采用初唐书法大家欧阳询和虞世南的书法体，并增刻了注文，成为古代版的教科书。

除了刊刻内容多、时间长外，后蜀石经最重要的价值还在于它奠定了后世儒家经典的基本格局。"五经"的称呼始于汉武帝，汉朝儒经《白虎通义·五经》记载道："以为孔子居周之末世，王道陵迟，礼乐废坏……自卫反鲁，自知不用，故追定五经以行其道。"此后，儒家经典在东汉时发展成了"七经"，唐朝开成石经演变为"十二经"，最终，后蜀孟昶时期变为了"十三经"。从此之后，"十三经"便取代"五经""七经""十二经"，成为儒家经典的基本范式，"十三经"之名也一跃成为儒家经典文献的总称和通名，《周易》《尚书》《诗经》《周礼》《仪礼》《礼记》《春秋左传》《春秋公羊传》《春秋榖梁传》《论语》《孝经》《尔雅》《孟子》等十三本儒家经典也成为此后历代儒学教育的核心内容。因此，将孟昶下令刊刻的后蜀石经称为"中国古代最强教材"一点也不为过。

三、赵廷隐墓与唐末五代的丧葬习俗

在成都市博物馆中，收藏着一件精美的五代时期的陶制庭院，该陶庭院长1.2米、宽1米、高0.3米，有院门、天井、厢房、马圈、主厅等建筑。在主厅的中部，还放置着高约10厘米的墓主人坐像。主厅周围及院门内侧放置着近10件高约12厘米的男女侍俑。整个陶庭院制作精美，颇能反映出墓主人生前生活的场景。

这座陶庭院是在2010年11月发现的。当时，成都市文物考古工作队在龙泉驿区十陵镇青龙村文物勘探过程中发现一座大型砖室墓。发掘结束后，据墓志铭的信息，专家认定墓主人为后蜀宋王赵廷隐。赵廷隐初为后梁裨将，在一次战争中，赵廷隐被后唐庄宗李存勖所擒，随后随孟知祥入

---

[1] 杨伟立著：《前蜀后蜀史》，四川省社会科学院出版社，1986年10月，第231页。

西川。赵廷隐有勇有谋,孟知祥麾下无人能及,其辅佐孟知祥东征西战,收获累累军功。孟知祥去世后,赵廷隐与赵季良等人辅佐后主孟昶,位高权重,官至太师、中书令,封宋王。广政十一年(948年)赵廷隐去世,谥号"忠武"。

◎双人首蛇身俑

四川地区发现的五代十国时期的墓葬数量十分稀少,总数不足十座。赵廷隐的墓葬是继王建墓、孟昶墓之后,成都地区发现的最具代表性的五代墓葬,因而是研究五代时期该区域丧葬习俗的重要材料。从赵廷隐墓出土的文物中,有以下三部分对我们了解这一时期的习俗意义重大。

首先是出土了大量的彩色陶俑。从种类上看,这些陶俑包括文官俑、武士俑、伎乐俑、神怪俑等,其高度在 0.5～1.4 米,陶俑表面均有鲜明的颜色,部分还进行了鎏金处理。比如,在赵廷隐墓中出土了一件双人首蛇身俑,这类神怪俑在唐末五代时期开始出现在墓葬中,后在南方宋代墓葬中大量出现。有专家推测这类俑是《山海经》中提到的山神,也有人认为这就是道教中的雷神。将其放在墓中随葬的目的,大概是为了保护墓主人在地府的平安,使其免受其他妖魔鬼怪的骚扰,因此,这类神怪俑为镇墓兽的可能性更大。

其次是出土了墓志铭及买地券。赵廷隐的墓志铭保存基本完整,上面有近三千字,记述了赵廷隐的家世生平、主要经历、子嗣情况、战争贡献等信息,可补史书记载的不足。而买地券详细记载了墓主人入葬时间、地点,且其上文字所述具有浓厚的道教色彩。实际上,这类道教石刻在五代十国以及宋代的墓葬中常有发现,其种类包括"敕告文""买地券""华盖宫文""镇墓真文"等,是当时道教在四川地区流行的表现,与张道陵所创的南方正一教关系密切。[1]

最后是出土了陶质庭院。在中国古代，人们讲究事死如事生，陶庭院就很好地反映了墓主人生前的生活场景。该庭院东南西北面均有房屋，其中北面的房屋最高，为两层楼房，应是主厅，东西两侧

◎赵廷隐墓陶庭院

的房屋呈对称样式，是较小的厢房，主厅与厢房被带有屋檐的围墙连在一起，整个房屋结构精美、气势恢宏，是研究五代房屋结构的重要资料，为研究五代成都庭院的布局提供了实物参考。

除出土的文物外，赵廷隐墓本身就是研究五代丧葬习俗的原始材料。赵廷隐墓墓室长15米，宽18米，总面积约270平方米，属于王侯一级的大墓。墓门、墓壁及墓顶皆施厚约1厘米的黄褐色黏土层，其上施厚1～3厘米的石灰层，用黑、红、绿等色在其上绘制壁画。墓门部分可辨题材有花草纹、建筑构件、童子、回纹等；墓壁上可辨题材为人物、花草、凤鸟、水禽等；墓顶可辨题材较少，多为花草、建筑构件，部分线条上做描金处理。[2] 在目前发现的五代墓葬中，仅有孟知祥墓顶与该墓类似，为穹窿顶，其余皆为券顶，这说明该墓主人地位非同一般，这也使得考古学家曾一度认为此墓是王建之子王衍的墓。

---

1 霍巍：《谈四川宋墓中的几种道教刻石》，《四川文物》，1988年第3期。
2 王毅、谢涛、龚扬民：《四川后蜀宋王赵廷隐墓发掘记》，《中国社会科学报》，2011年5月26日。

第六章

宋元时期
(960—1368 年)

SONGYUAN SHIQI

经过唐末五代的积累,成都在宋代再次迎来了经济和文化上的显著发展。五代时期,成都作为前后蜀的都城,不仅城市规模得以扩大,而且出现了各种繁荣的商业市场。这一现象在两宋时期表现得愈加突出,成都成为全国重要的商业中心,有着"西南大都会"的美誉。宋末元初,蒙古军队向西南进攻,在四川遭遇到空前的抵抗,面对蒙古铁骑强大的攻势,四川的宋军依靠地势,建立起多个军事堡垒,奋力抵抗。元代在四川统治稳固后,采取了建立行省制度、移民入川、发展经济等一系列措施,使得四川的经济得到恢复和发展。

第一节 宋代成都的街坊与商业

一、江南馆街街坊遗址与宋代成都的市井

近年来,考古学家多次在成都的市中心地段发现两宋时期的城市遗址,其中,原江南馆街的宋代街坊遗址尤其值得人们的重视。"江南"在清代指的是江苏、江西、安徽等原属于两江总督管辖的省份,在"湖广填四川"的移民浪潮下,这些地方的移民来到成都后,建立起了自己的会馆,其中有规模较大的为"江南会馆","江南馆街"由此得名。江南馆街大致位于大慈寺路以南、东锦江街以北、纱帽街以西、红星路以东这片区域。[1]2007年,为配合成都的市政建设,江南馆街被逐步拆除,在施工的过程中,唐宋街坊的遗址得以重见天日。

在这次考古工作中,考古人员发现了近5000平方米的唐宋文化遗址,其中有砖铺道路4条,泥土小路4条,房屋遗址22处,水井3口,排水设施16条,此外还有大量的瓷器和佛像。这些遗址规划科学、布局合理,充分反映了唐宋时期成都已具有很高的城市规划和建设管理水平。相关研究表明,此次发现的唐宋时期街坊遗址共经历了3个修筑阶段:第一阶段

---

1 袁庭栋著:《成都街巷志》(下卷),四川教育出版社,2010年4月,第672页。

为黏土构筑，土质非常紧密坚硬，可能经过夯打，从出土的瓷片来看应该在唐代末期；第二阶段的路用碎瓦渣、瓷片和黏土夯筑，出土的瓷片烧制年代为北宋到南宋初；第三阶段的路面用小砖铺砌，砖有可能是为修路

◎江南馆街街坊遗址

专门烧制的，与同时期其他建筑或墓葬出土砖的尺寸均不相同，从出土的遗物来看，其年代为南宋早中期。[1]

　　与街道房屋相配套的还有先进的排水系统。这些排水系统中，排水道共有16条，其中4条为地下排水道，其余为房屋周边或与天井连接的水道。这些水道在整个街坊遗址中呈网状分部，纵横交错，反映出古人先进的城市建设规划。房屋建筑方面，这些房屋多为沿街的单间或套间，面向街道开门，没有院落的发现。由此可知，这些房屋多为商业用房，居住的特征尚不明显。江南馆街街坊遗址中还发现了大量瓷器，这些瓷器以成都本地产的邛窑、青羊宫窑为主，主要是盘、碗、灯盏等生活用品，一定程度上表明了这一地段在千年以前就是商贾云集的繁华地带。

　　宋代以前，几乎每个城市都实行坊市分开的管理制度，即用于商品交易的"市"和居民居住的"坊"并不在一个区域内，市场有较为固定的开放时间，每个城市市场的数量也比较有限，一般的城市只能有一个市场。设立这种制度的初衷是为了便于对居民的控制以及对城市的管理。这种情况在唐末五代时期发生了改变。唐末五代时成都的城市经济十分发达，除了原有的四个市场外，开始出现部分临时性的市场，如蚕市、药市、米市等，夜市和早市也开始出现。"锦江夜市连三鼓，石室书斋彻五更"就是

---

[1] 张弘著：《巴蜀古建筑》，电子科技大学出版社，2014年4月，第60页。

对这种现象生动的描写。宋代成都依旧延续了唐末五代棋盘式的城市布局，各种街坊得以保存。如苏轼诗词中"似知金马客，时梦碧鸡坊"的碧鸡坊，《岁华纪丽谱》"遂引帝至成都，市酒于富春坊"中提到的富春坊，这些都是自李唐以来即十分有名的街坊。

此外，考古人员在江南馆街街坊遗址发现了纵横交错长达数十余米的铺砖街道，这在中国城市考古史上十分少见。由于成都夏秋季节多雨水，泥土的路面很容易变得泥泞不堪，行人行走十分不便。绍兴十三年（1143年），成都知府张焘开始用砖铺设路面，长度为两千余丈。淳熙四年（1177年），范成大任四川制置使期间，大规模地为城市主要街道铺设砖砌路面，"以丈计者三千三百有六十，用甓一百余万，为钱二千万赢……凡十有四街"。极大地方便了人们的出行。范成大对自己的政绩也颇为自豪。后来还有人专门写了《砌街记》记载范成大为成都市内的14条街道铺设砖路的政绩。[1]

唐宋以来，成都以商业繁盛而闻名于市，规模宏大的街道纵横交错，商业买卖的人们络绎不绝，坊市合一的城市极大便利了人们的生产生活，各种各样的商品罗列于市，小商小贩沿街叫卖……这些原来只有在宋人画卷中才能看到的景象，随着江南馆街街坊遗址的发现得以重现。江南馆街街坊遗址是成都先进城市建设和规划的重要例证，也是彼时成都完善城市生活系统的直接体现。正因为这些独特的意义，再现唐宋时期成都繁华的江南馆街街坊遗址入选2008年全国十大考古发现。

二、宋代成都高度发达的商品经济

宋代四川经济高度繁荣，除人口增长、农业发达外，还表现在纺织业、茶业、井盐业以及酿酒、制糖、造纸、陶瓷、造船等行业的发展上。宋代的四川，无论布匹、丝绸和蜀锦的生产都超过了前代的水平，是全国纺织中心之一。宋代四川的茶叶产量超过了东南地区茶产量的总和，是全国主

---

[1] 何一民、王毅主编：《成都简史》，四川人民出版社，2018年8月，第225页。

要的产茶区。这些进步使得商品流通速度明显加快,于是世界上最早的纸币"交子"得以在益州产生。

世界上最早的纸币

交子是世界上最早使用的纸币,最早出现于四川地区,发行于北宋前期的成都。最初的交子实际上是一种存款凭证。北宋初年,四川成都出现了为不便携带巨款的商人提供现金保管业务的"交子铺户"。存款人把现金交付给铺户,铺户把存款数额填写在用楮纸制作的纸卷上,再交还存款人,并收取一定保管费,这种临时填写存款金额的楮纸券就是所谓的"交子"。

随着商业经济的发展,交子的使用也越来越广泛,许多商人联合成立专营发行和兑换交子的交子铺,并在各地设分铺。由于铺户恪守信用,随到随取,交子逐渐赢得了很高的信誉。为了避免铸币搬运的麻烦,商人之间的大额交易也越来越多的直接用交子来支付货款。后来交子铺户在经营中发现,只动用部分存款并不会危及交子信誉,于是他们便开始印刷有统一面额和格式的交子,作为一种新的流通凭证向市场发行。正是这一步步的发展,使得交子逐渐具备了信用货币的特性,成了真正的纸币。

那么,交子何以在四川产生并大规模发行呢?笔者认为,可以从以下几个方面进行思考:首先,宋代的四川社会稳定、商业发达,商品经济的发展需要更加便捷的货币。宋代中央政府最初禁止蜀地流通铜钱,取而代之的是较为笨重的铁钱,这种铁钱不仅价值比铜钱低廉很多,而且重量更重,买一匹布就需要大约130斤铁钱。这对于蜀地繁荣的商品交易无疑起到了制约作用。其次,蜀地发达的造纸业和印刷业为交子的产生提供了技术支持。唐宋以来,成都一直是国家重要的造纸中心和印刷中心,蜀地生产的许多纸张直接成为宫廷御用的产品。交子作为一种在市场上流通的纸币,必定要使用结实耐磨的纸张作为原材料,蜀地盛产的楮纸便是一种结实的纸张，是印刷交子的绝佳材料。此外，蜀地商品经济发展速度快，有着使用货币凭证的历史。蜀地的商人早在唐代就已经使用"便换"一类的货币凭证，蜀商在外地贩卖茶叶、蜀锦等商品之后，由于不便携带大量钱币，常常会使用这种"便换"，等回到成都后再将"便换"兑换为钱币，这种使用票据的经验成为推动交子产生的重要因素。

交子的出现极大地方便了商人的商品交易，适应了蜀地商品经济发展的需要，它的出现反过来也推动了成都地区经济文化的发展，是成都商品经济繁荣的具体表现。北宋年间，政府在益州成立了"交子务"，以管理交子的流通发行。交子逐渐成为官方认可的货币，比欧洲斯德哥尔摩银行于1661年发行的纸币还早了五百多年。

国内收藏的迄今发现的最早的一块交子印版的拓片图（现藏于辽宁省博物馆），版材为铜质，版面为竖长形，长16厘米，宽9.1厘米。上半部刻着"除四川外许于诸路州县公私从便主管并同见钱七百七十陌流转行使"二十九个字，下半部刻有房屋、人物和成袋的包装物，为3个人正在房屋外面空地上背运货物的场景。北宋交子的出现极大地推动了商品经济的发展，也为纸币的发展提供了重要的借鉴作用。

◎北宋交子印版拓片图

卓筒井

井盐业是两宋时期四川迅速发展的另一个商业部门。在原有大井增多、产量空前提高的基础上，北宋庆历（1041—1048）、皇祐（1049—1054）年间，四川劳动人民又创造了开凿卓筒小井的新工艺。新型卓筒井

用"圆刃"冲击顿挫代替锸锹开凿盐井，以竹筒代替木石井壁，以装有牛皮活塞的竹筒汲卤器代替牛皮囊。

◎遂宁大英复原的卓筒井

宋代初年，井盐的生产与唐末五代无异，既有官方大规模的开采，亦有商人、乡绅私人开采，呈现出多元化的特点。卓筒井即是民间俗称的"私井"，由此可见，私人开采井盐促进了宋代盐业的发展。卓筒井的出现大大提高了盐业开采的效率，节省了大量劳动力，私人大多一月半月便能开挖一口井，故这种凿井方式在民间流传极广，虽单口井产量不如官方的大井，但数量上明显占据优势。

卓筒井特殊的生产方式还带来了劳动关系的深刻变化。由于卓筒井在开采生产时需要少量劳动力，于是生产经营者常雇佣各种具备专业技能的劳动者前来生产，"每家须设工匠四五十人至三二十人者"。一些规模较大、拥有井数较多的商人甚至雇佣了上百人进行生产。由于采用了上述领先全国的生产方式，卓筒井提取盐的数量和质量都有明显上升，所生产的盐色白味正，成本大大低于官方开采的官盐，因而在市场上竞争力较强。这种灵活简便的生产方式在蜀地大量普及，使得蜀盐的规模进一步提升，官盐一度受到了不小的冲击。

卓筒井的兴创和推广，对四川井盐业的发展起了重要作用，在钻井史上具有划时代的作用。四川盐井的数量和盐的产量持续增长，盐井从北宋初期的 600 余井，发展至南宋初期的 4900 余井。井盐的产量，北宋初期为 1600 余万斤，南宋初期增加到 6400 余万斤，从而一改过去"蜀麻吴盐自古通"的局面，开始由依赖外地食盐，逐步做到自给有余。[1]

金银器制造

1993 年 11 月，四川彭州市区西大街在进行基建工程施工时，在离地面两米多深的地方发现了一个宋代窖藏，窖底、窖壁都用青砖砌成，上部用 3 块长条形石板覆盖。砖窖长 1.2 米，宽 1 米，深 0.9 米，窖内装满了按照大小叠放在一起的金银器。同类器物大多相对集中放置一处，如杯、盘等较多的器物成摞叠放，器表还有明显用麻纱布包裹过的痕迹。通过清理，共出土文物 351 件，可以辨认器形的有 343 件，其中金器 27 件、银器 316 件。这些器物种类丰富，造型独特，纹饰细腻，制作精美，一经发现即震惊了国内考古界和文物收藏界。

金质器物有容器和首饰，容器有碗、杯等 7 件，首饰有钗和簪 20 件。银器种类较多，多为容器，有瓶、壶、碗、钵、杯、盆、盘、熏炉、唾盂等 16 种器形，样式多为宋代流行的多曲形、多瓣形、多角形的碗、盘、杯等，如菊花碗、六曲葵瓣形盘、十曲圆弧盘、绶带纹八角形杯等。

大部分的金银器物上有

◎成都博物馆藏镂空金香囊

---

1 刘春源等：《我国宋代井盐钻凿工艺的重要革新——四川卓筒井》，《文物》，1977 年第 12 期。

较为生动的装饰纹样，包括莲纹、团花纹、忍冬纹、绶带纹、如意云纹、缠枝纹、牡丹纹、葵花纹、桃花纹等植物纹，龙纹、鸟纹、蝉纹等动物纹以及云雷纹、绳索纹等几何纹，写实风格较为浓厚。

在这批出土的金银器中，有铭文记载的多达250件，在现今发掘的宋代金银窖藏中极为罕见。金银器上的铭文多为錾刻，也有压印、浅刻或墨书，多位于器物的外底、口部或足部。铭文的内容可以分为三大类：第一类主要记载生产金银器的人物、工匠和地点，比如"张家""汪家造""罗祖一郎"等，而且这些款识较少出现在重复的器型上，表明当时生产金银器的分工十分明确，一个作坊往往只生产少数几种自身拿手的特有器物；第二类标明了金银器物的重量和纯度，如"注子一付重叁拾壹两""袁家十分"等；第三类则标明了制造器物的准确时间，如在一件菊花形金碗上，錾刻有"绍熙"年款。根据铭文判断，彭州宋代窖藏中金银器的器物年代其上限应该不会早于"绍熙"年间。从器形、纹饰和铭文的风格特征来看，具有明显的南宋特色，其下限应不会晚于南宋末年。

◎彭州宋代金银窖藏中发现的
南宋"绍熙"铭菊花金碗

◎彭州宋代金银窖藏中发现的
莲花碗

随着城市的兴盛与市场经济的发展，宋代金银器日益商品化，它们已不再是王公贵族独享的奢侈品，开始逐渐进入酒楼妓馆以及殷实百姓的家中。时代风气的变化对金银器的制作产生了深远影响。宋代金银器的造型极富变化，盏、杯、碟、盘、瓶、盒等常用器物都各有不同的样式，不少器物直接模仿自然界中花果草木的形态，清新素雅、匠心独运。在制作工艺上，宋代金银器制造的各种技术在彭州宋代窖藏金银器中几乎都有体现。彭州宋代窖藏金银器中杯、碗、盏、盘等较简单的器物多直接锤揲加工成形，而形制较复杂的器物如壶、瓶、熏炉、温碗等多分别锤揲各个部分，然后经过焊接或铆接的方法将颈、足等与器身连成一体。另外还采用了抛光、切削、鎏金、镂空、錾刻等多种工艺，做工精细。

宋代金银器的装饰多为花鸟，偏爱象征美好寓意的图案。宋代金银器的制造工艺继承了唐代的传统并加以改进，比如锤揲技法获得了更为巧妙的利用，出现了一批浮雕样式的器物。此外，夹层工艺在金银器制造中也广为应用，这使得宋代金银器整体呈现出厚重大器、图案详细的特点。宋代金银器中并非没有繁复华丽的器物，总体呈现出简约平易的特征，许多器物素面无纹，金银成色也略逊一筹。唐代雍容华贵的艺术风格逐渐演化为宋代世俗化的面貌，外来文明的特征渐趋淡化，中国传统文化的韵味愈益浓厚。

三、其他经济领域的繁盛

制瓷业

在两宋时期，制瓷业大放异彩。这一阶段，成都及其周边的窑址星罗棋布，陶瓷制作的工艺明显提高，生产陶瓷的数量显著增多，在四川制瓷业的发展史上影响巨大。考古发掘资料表明，宋代陶瓷生产分布于全川，而以成都地区为最多。既有较大的手工作坊，又有独家经营的家庭小窑。其布局集中于经济和交通发达的地区，使附近的城市和集镇既是陶瓷制品的产地，又是陶瓷制品的市场。

宋代成都陶瓷业在历史渊源和某些工艺特征上是对唐代的继承和发展，又有所创新。它的产品有白瓷、青瓷和黑瓷三大系。彭县、大邑、灌县是白瓷的主要产地；广元、重庆是黑瓷的主要产地；邛崃、灌县、成都是青瓷的主要产地。不同产地生产出的陶瓷品各有特色，种类丰富而质量优异，为商业经济的发展提供了重要商品。成都及其周边生产的陶瓷还通过长江航线远销中原，甚至通过海运到达海外。

在整个社会大背景下，宋代成都经济繁荣，工匠地位的提高又使得烧制瓷器的匠人开始主动要求创新、改革造瓷技术。两宋时期的陶瓷产品适应了社会生活的变化，既烧制粗瓷制品以满足广大劳动人民的生活需要，又烧制精瓷制品以满足贵族、官僚、富商大贾装饰居室和观赏陈设的需要。不同人群使用不同风格的陶瓷品，从客观上促进了陶瓷制造技术的更新和陶瓷种类的丰富。相较于宋代之前，宋代的瓷器在产量、制作技术以及流通范围等方面，都取得了极大的进步。

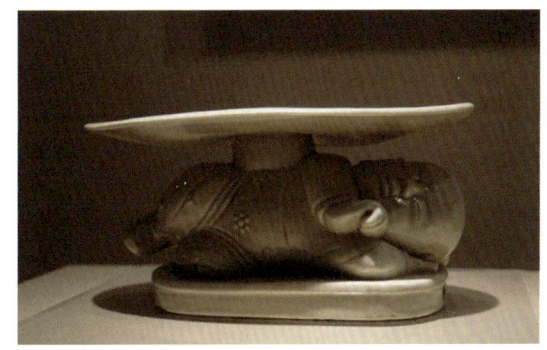
◎宋代定窑白瓷孩儿枕

造纸业

宋代成都造纸业在唐代的基础上得到进一步发展，并成为全国重要的造纸基地。当时仅成都一地从事造纸的作坊就达数百家之多。麻纸、楮纸和各种加工纸有了长足的进步。除继续生产唐代名噪一时的薛涛笺外，还出现了与薛涛笺齐名的谢公笺。谢公笺是谢景初（1019—1081）在成都浣花溪制造的十色书画笺，有深红、粉红、杏红、明黄、深青、浅青、深绿、浅绿、铜绿、浅云十种颜色，显得更加绚丽多姿，光彩相宜。在加工纸中，宋代成都水纹纸的图案纹理比唐代多。此外，麻纸、楮纸厚重、坚韧洁白，耐折叠、不易磨损，所以宋代印刷纸币一般都专用蜀纸。成都造纸业的发达，进一步推动了宋代成都科学文化事业的发展。

成都地区的造纸业主要集中在成都西南郊的浣花溪一带和成都平原西

南部的眉山境内。浣花溪一带有上百家专以造纸为生的"槽户"。他们以麻为原料,掺入了布头之类的纤维,使纸的光洁度和抗拉力大为增强。这种纸叫"布头笺",苏轼说"此纸冠天下"。眉山则以生产印制交子的楮纸著称。楮纸以楮皮为原料,经过沤制发酵、碱液蒸煮、舂捣为泥、漂洗成浆等几道工序,方能得到合格纸浆。

蜀纸具有厚重、坚韧、洁白、耐折叠、不易磨损等优点,"凡公私簿书、契券、图籍、文牒,皆取给于是"。其中纸币用纸,几乎为蜀纸所独占。世界上最早的纸币交子就是用蜀纸印制的,以后全国各地的钱引、会子等纸币,亦大多用蜀纸印制。

商业市场

随着农业和手工业生产的发展,宋代四川商业日趋繁荣。农村场镇集市的普遍兴起和商品交换的发展,是当时四川商业繁荣的重要标志之一。当时四川绝大部分县的农村都有几个甚至几十个场镇集市。南宋时期,乡村场镇集市蓬勃发展。据《江阳谱》统计,当时经济落后的泸州有乡村草市镇67个。这些集市多是为适应乡村商品生产和商品交换的发展而兴起的。

成都府及其周边是农村商品交换最发达的地区,在成都治下有各大商业场镇58个,占四川商业场镇总数的40%。此外,在一些交通要道也常出现商业场镇的聚集,如蜀州青城县的味江镇,彭州的导

◎成都华阳出土的宋代青铜象棋

江镇、蒲村镇,雅州的卢山场、百丈场,是盛产茶叶的地区;彭州的西津、南津,雅州的平羌津,泸州的绵水场,剑州的剑门关,则是水陆交通、货物集散之地。此外,在四川有些地方,如怀安军、嘉州,都出现了一些区域内的商品交换中心,它们已逐渐取代区域政治中心城市的经济地位。

与此同时,一大批政治中心城市的工商业更加繁荣,经济影响力进一步加强。宋代成都的商业十分繁荣,既是西南的大都会,又是西南地区粮食、茶叶、纺织品、纸张、书籍、药材等产品的集散中心。与唐代土特产品和手工艺品市场的交换规模、内容和时间相比,宋代成都市场又有了新的发展,并形成了按月令季节进行专门物资交易的市场:正月的灯市,二月的花市,三月的蚕市,四月的锦市,五月的扇市,六月的香市,七月的七宝市,八月的桂市,九月的药市,十月的酒市,十一月的梅市,十二月的桃符市等。由于商业发达,成都十分繁华。

宋代四川经济的繁荣和发达,为宋朝提供了巨大的经济支持。南宋初期,川陕战场的全部军费都由四川筹备。1137年由四川提供的军费达3000万贯,1138年又增至4000万贯。1148年四川积钱达5000万贯,1168年前线积粮达8000万石。南宋后期,四川负担的军费每年更高达5000万贯以上。南宋王朝在仅存半壁河山的条件下,尚能支撑残局,并进行长达40多年的抗蒙战争,是与四川地区这种巨大的经济支持分不开的。

其他经济领域

成都府路是全国出产麻布最多的地区。据《宋会要》统计,宋朝每年赋税收入官布"岁总收之数"共3192765匹,成都府路为554739匹,占宋朝征收官布总数的17%,居于诸路之首。宋朝每年在成都府路征收和购买的麻布即达120余万匹,这些麻布成了河东、陕西、京师等地军需布帛的主要来源。宋朝每年由水路漕运至荆南转输京师的布帛即达百万匹。至真宗"咸平中，定岁运六十六万匹，分为十纲"。仁宗天圣五年（1027年）还专门在"沙岸堤内起盖布库"，待"益州布纲到岸，只就江岸点检，对交上京省员"，以减轻荆南路搬运益州布帛的繁重任务。

宋代四川的制糖业更是居于全国之冠。遂宁是糖霜（冰糖）生产的发源地，历史悠久，技术先进，规模大，产量多，质量好。宋代出产糖霜之地有福广（今福州）、四明（今宁波）、番禺（今广州）、广汉、遂宁五郡，四川居其二，且"独遂宁为冠"，其余"四郡所产甚微，色浅味薄，才比遂宁之最下者"。北宋宣和末年，宰相王黼创应奉司，遂宁除常贡外，增加岁进糖霜数千斤。到南宋时期，遂宁仍是全国重要的糖霜生产基地之一。

宋代四川酿酒业的发展同样居于全国前列。酒的品种多，产量多，酒税收入也多。《文献通考》记载，熙宁十年前，据各地酒务数统计，四川有酒务367个，约占全国酒务总数1839个的20%；四川的酒课收入为208万贯，约占全国酒课收入1506万贯的14%。南宋绍兴末年，"东南及四川酒课一千四百余万缗"，而四川酒课在建炎四年就已几乎占全国酒课收入的一半。当时川陕战场军费开支的五分之一都来自这笔巨大的酒课。

宋代四川的药材生产在全国也占有重要地位。据《政和本草》记载，蜀中的各种中药材有180余种，其中绘制成图的中药材达70种之多，当归、黄芪、大黄、贝母、枸杞、黄连、麝香、天麻、首乌、附子等名贵中药材产量极多。绵州彰明县是种植附子的基地，每年产附子16万斤以上，各地药商纷纷前来采购。"陕辅之贾才市其下者，闽浙之贾才市其中者，其上品皆士大夫求之，盖贵人金多喜奇，故非得大者不厌。"[1] 当时四川的药市十分繁荣，成都每年要举行三次药市，以重阳节玉局观药市最盛。"设肆以货百药，犀麝之类皆堆积。"[2] "芎与大芥如积，香溢于座"，全国药商云集，四川药材行销全国。

1　《同治彰明县志》卷五十七，同治十三年刻本。
2　《民国华阳县志》卷二十八，民国二十三年刻本。

第二节 宋代成都的文化成就

"蜀多文士""蜀人多能文",这些是宋代民众对蜀中人文昌盛的高度概括。宋代的成都及其周边地区涌现出一大批成就卓越的文史大家,"华阳范氏""眉州三苏"、魏了翁、陆游、田况等众多文人在成都留下了千古美文,极大地推动了蜀地学术风气的发展。据统计,两宋时期,四川科举及第人数达3900余人,可谓人才辈出,蜀地史学更是昌盛,有"唐后史学莫隆于蜀"一说。

一、两宋名士

两宋时期,蜀中多名士,不仅与蜀地社会稳定、经济发展有密切关系,而且还应得益于蜀地教育事业的进步。宋代四川教育得到了明显发展,不仅官方兴办的官学较为完善,在民间也广泛地创办了书院,造就了一大批蜀学人才。比如,虞刚简创办了沧江书院,魏了翁创办了鹤山书院,这些都是当时享誉全国的著名书院。而政府创办的官学更是繁盛不绝,秉持了文翁开办石室的精神。官方在成都大力提倡经学,使得大批文人墨客前来蜀地游学。官学与私学并举,蜀地文化呈现出空前的繁荣。

宋代成都及其周边学术人才辈出,学术世家层出不穷,其中华阳范氏家族颇为世人瞩目。华阳范氏家族,在宋代先后产生了27名进士,范镇、范祖禹、范冲三人更是以修史闻名,号称"三范修史"。范镇(1007—1088),字景仁,北宋文学家,翰林学士。范镇一生著述颇丰,参与修编了《新唐书》。好友苏轼在《范景仁墓志铭》中评价范镇的文章说:"其文清丽简远,学者以为师法。"可见,范镇文章在北宋文坛影响很深远。范镇平日与司马光交情颇深,司马光为范镇作传,司马光死后,范镇为司马光作墓志铭,表现出文人相惜的高远意趣。史书记载范镇清白坦荡,待人以诚,恭俭慎默,从不褒贬评论他人;遇到重大问题时镇静从容,态度柔和而语气庄严,即使在皇帝面前也能坚持己见。范镇的文史成就为蜀学地位的提高起到了推动作用。

范祖禹（1041—1098），字淳甫，一字梦得，是范镇的侄孙，在仁宗嘉祐年间中进士甲科，北宋年间著名的史学家。范祖禹一生勤于著述，曾从司马光编写《资治通鉴》，主要负责撰写唐代部分。《资治通鉴》编写完成后，司马光很欣赏范祖禹的才能，遂推荐其任秘书省正字，负责起草公文。当时正值王安石执掌朝政，他非常看重范祖禹的魄力，常令其弟王安国与范祖禹接触。但范祖禹不为权势所动，整日潜心著述，从不攀附权贵。范祖禹编写的《唐鉴》十二卷，善于按照宋代儒学的理念评判唐代的政治，极富政治参考价值，因而其被后世史家称为"唐鉴公"。后人张端义称："读《资治通鉴》，知司马光有宰相度量；读《唐鉴》，知范祖禹有台谏手段。"

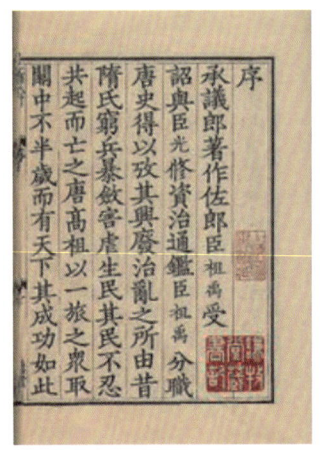
◎范祖禹《唐鉴》书影

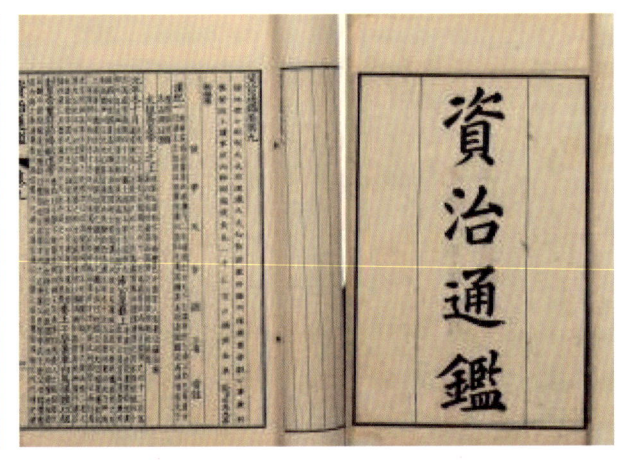
◎司马光《资治通鉴》书影

范冲（1067—1141），字元长，是范祖禹的长子，也是华阳范氏家族中著名的史学家。范冲主要的成就是编撰了《神宗实录》和《哲宗实录》，这两部帝王的实录以详细严谨著称，是后世研究宋代历史必不可少的材料。在修《神宗实录》时，范冲另外写了《考异》一书，为了表明对史书资料的取舍，将原有保留的用黑墨写，新修的用红色，删除的用黄色，被世人称为"朱墨史"。华阳范氏家族巨大的学术成就,以"三范修史"的学术贡献为核心,构成了宋代范氏之学的基本框架,也是蜀学重要的组成部分,为宋代成都地区的文化繁荣注入了强大动力。

两宋时期,四川广为世人熟知的另一个学术世家当数"眉山苏氏"。眉山的苏氏一族,产生了苏洵、苏轼、苏辙三位大文豪,被世人称为"三苏"。苏洵(1009—1066),字明允,自号老泉,北宋文学家。苏洵擅长散文,尤其擅长政治批判性的文章,著有《嘉祐集》二十卷及《谥法》三卷。同被后人称为"唐宋八大家"之一的曾巩评价苏洵的文章:"其文言当世之要,颇喜言兵。""烦能不乱,肆能不流。"苏辙(1039—1112),字子由,一字同叔,号颍滨遗老。苏辙一生仕途坎坷,嘉祐二年(1057年)初登进士,授试秘书省校书郎、商州军事推官。宋神宗时,因反对王安石变法被贬河南。宋哲宗即位后入朝,历官右司谏、御史中丞、尚书右丞、门下侍郎等职,因上书谏事而被落职知汝州,此后连贬数处。苏辙擅长政论和史论,其代表作有《新论》三篇,纵谈天下大事,论断相当确切,其《三国论》《六国论》《上曾参政书》《答黄庭坚书》等文,十分具有思辨性。

"三苏"中最具盛名的当数苏轼(1037—1101)。苏轼,字子瞻、和仲,号东坡居士,北宋著名文学家、书法家、画家。苏轼生性放达,为人率真,深得道家风范。他好交友,好美食,创造出许多饮食精品。在北宋中期的文坛,苏轼是当之无愧的一位领袖,在诗、词、散文、书、画等方面都取得了很高成就。诗词上,苏轼与辛弃疾并称"苏辛";书法上,苏轼与黄庭坚、米芾、蔡襄并称"宋四家";文学领域,苏轼与韩愈、柳宗元等人并称"唐宋八大家"。此外,苏轼还有众多的弟子,黄庭坚、秦观、张耒、晁补之

◎ 苏轼画像

被称为"苏门四学士",再加上陈师道和李廌,又合称"苏门六君子"。《宋元学案》中还列举了王巩、李之仪、李格非等人,均受到苏轼的巨大影响。其在北宋文坛地位之高、影响之大,令世人惊叹。国学大师钱穆曾言:"苏东坡诗之伟大,因他一辈子没有在政治上得意过。他一生奔走潦倒,波澜曲折都在诗里见。"[1]此评价高度概括了苏轼辉煌而又曲折的一生。

魏了翁(1178—1237),字华父,号鹤山,邛州蒲江县人,是两宋时期又一名蜀学大家,其代表作有《鹤山集》《九经要义》《周易集义》《易举隅》《周礼井田图说》《古今考》《经史杂抄》《师友雅言》等。魏了翁生活在程朱理学繁盛之时,然而其学术思想并不限于理学。魏了翁认为:"心者,人之太极,而人心又为天地之太极,以主两仪,以命万物,不越诸此。"他的学术虽受到朱熹的影响,但却明显带有陆王心学的痕迹。此外,魏了翁主张体用一致,他曾对好友李心传说:"《六经》《语》《孟》发多少义理,不曾有体用二字,逮后世方有此字。先儒不以人废言,取之以明理,而二百年来才说性理,便欠此二字不得,亦要别寻一字换。"表明其思想中明显的经世思想。[2]晚年,魏了翁在家乡蒲江创办了鹤山书院,潜心讲学,并逐渐形成了以旁搜诸家、广取博收、钻研儒家经典为主的"鹤山学派"。魏了翁作为鹤山学派的代表,集宋代蜀学之大成。他在宋代蜀学乃至整个宋明理学史上的地位,不可低估。

两宋时期,蜀地山河秀美,文学艺术灿烂辉煌,发达的商品经济和稳定的社会秩序吸引了一大批文人前来游历,黄庭坚、陆游、范成大等入蜀文人也极大丰富了蜀学的内涵。陆游(1125—1210)在其中年时期进入蜀地,乾道五年(1169年)十二月,朝廷征召已赋闲四年的陆游任夔州通判,主管学事兼管农事,陆游携家眷由山阴逆流而上,采撷沿路风土民情,作《入蜀记》。此后长年在蜀地做官,曾多年生活在成都。在陆游笔下,成都的美景美不胜收,"青羊宫里春来早,初见梅花第一枝""一放吾目登高城,城中繁雄十万户"等景象颇具魅力。与陆游同时代入蜀的著名文人还有范

---

[1] 侯敏主编:《现代新儒家文论点评》,暨南大学出版社,2016年9月,第245页。
[2] 谢桃坊:《论魏了翁的学术思想》,《西华大学学报》,2019年第1期。

成大（1126—1193）。范成大是一位富有爱国热情的政治家、诗人，淳熙二年（1175年）受任敷文阁待制、四川制置使。后世有"范成大帅蜀，游为参议官，以文字交，不拘礼法"之语，记载了陆游和范成大在成都的交游。淳熙四年（1177年），范成大离任蜀地，他将自己的游记二卷命名为《吴船录》，取杜甫"门泊东吴万里船"的典故，将自己在蜀中的见闻收录于是书。

蜀地自汉代文翁兴学，到司马相如、扬雄等人，不断有文史大家涌现，文脉昌盛，从未间断。蜀学也在各家各派的交流碰撞中得以不断发展，内涵更加丰富。上述列举的宋代蜀学名士，仅仅是透视蜀地文脉昌盛的一个窗口，要想了解蜀学的博大精深，还需要在更为具体的文学、史学、哲学、医学等领域进行分析。

二、蜀学名著

蜀学有广义狭义之分，此处探讨的为广义的蜀学，即两宋时期四川地区融合蜀洛、贯通三教而以儒学为主的学术。[1]两宋时期，蜀地文化学术得到了空前发展，是蜀学发展史的一座高峰。这一时期，成都作为全国重要的文化中心，史学、文学、方志学、哲学、医学等领域涌现出大批名家名作，在历史长河中蔚为大观。

近代著名史学家、双流人刘咸炘在评价四川史学发展时认为："唐后史学莫隆于蜀。"的确，两宋时期蜀地的史学发展独树一帜，无论是在名家的数量上还是在作品的质量上，较前代都有巨大提升。

苏辙的《古史》是北宋义理之学兴起时期的一部重要史学著作。北宋中期，义理之学成了学界推崇的治学取向，以"求道""明道"为主要宗旨的史学研究占据了当时的主流。苏辙认为，司马迁的《史记》"浅近而不学，疏略而轻信"，对古史三皇五帝时代的许多事情记载失实。于是，他依据《诗经》《尚书》《春秋》等典籍，仿照《史记》体例，编写出由

---

[1] 蔡方鹿：《宋代蜀学与宋代理学——地域文化与时代思潮的互动及其意义》，《社会科学研究》，2007年第5期。

◎ 苏辙画像

七本纪、十六世家、三十七列传组成的《古史》一书。苏辙《古史》不仅对《史记》三皇五帝时代的记载做了全面的考订，丰富了上古史的内容，纠正了《史记》的许多讹误之处，而且体现出宋儒好议论和疑古的治史倾向，从侧面反映出了义理之学兴起后宋儒史学研究的演变趋势。[1]

宋代成都的史家还十分重视前代历史的垂范作用，其中以华阳范祖禹的《唐鉴》影响最大。《唐鉴》是一部编年体的断代史，始于高祖李渊起兵，终于朱温篡唐，讲了有唐一代近300年的历史。全书偏重政治史方面，多写唐代皇帝及其相关的政治、军事活动，共十万余字，是一部选材考究、语言精练的唐史著作，可以使读者对唐代的治乱兴替有一个大略而明晰的了解。范祖禹的《唐鉴》看似评论唐代的政治得失，实则为当朝统治者提供借鉴。元祐年间，理学大家程颐评论说《唐鉴》是"自三代以后，无此议论"。可见，《唐鉴》一书在当时有较大影响，为许多人推重，范祖禹也因此名著于世。[2]

四川新津人张唐英所撰的《蜀梼杌》也是两宋时期四川著名的史学著作。张唐英是宋徽宗时期宰相张商英的兄长，因去世时仅43岁，故其在政治上并无太多建树。但张唐英目光如炬，他向神宗力推王安石时说：江宁知府王安石，经述道德方面的修养很高，宜在陛下左右做事。第二年，王安石便调入京师，开始着手推行变法。张唐英短短一生留下了大量著述：《蜀梼杌》（三卷）、《九国志补》二卷、《嘉祐名臣传》五卷、《仁宗君臣政要》四十卷、《唐史诛奸发潜论》（五卷）、《总要监今论》五卷、《黄松子》十卷，这些著作大多未能流传至今，但可散见于后人的记载中。张唐英的代表作《蜀梼杌》又叫《外史梼杌》《蜀春秋》，记载的内容为前、

1　张伟：《苏辙与〈古史〉》，《史学史研究》，2003年第3期。
2　晨舟：《范祖禹与〈唐鉴〉》，《史学史研究》，1982年第2期。

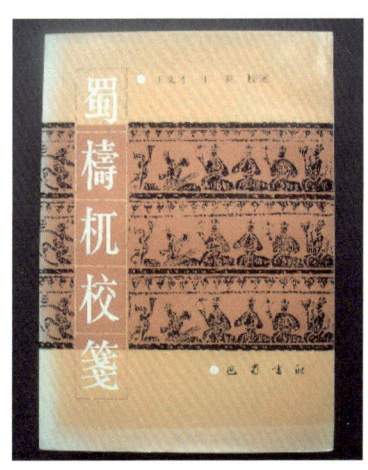

◎ 1999年巴蜀书社出版的《蜀梼杌校笺》

后蜀两朝 80 余年之史实,是两蜀现存之唯一专史。"梼杌"本是上古神话中的一种猛兽,先秦时期的史籍中有《楚梼杌》流传,张唐英将自己的著作取名为《蜀梼杌》,就是想对前后蜀的历史进行评判,从而使后人引以为鉴。[1]

正如王国维所说:"考据之学,亦至宋而大盛。"吴缜的《新唐书纠谬》一书就是北宋中期重视史事考辨的重要著作。吴缜在《宋史》中并无传记,其生平事迹不可考证,但从其所撰文章中可知:吴缜,字廷珍,四川成都人,官至左朝议大夫,曾长期在四川、陕西等地任职,《新唐书纠谬》是其在蜀中为官时所作。吴缜在《自序》中讲道:"缜以愚昧,从公之隙,窃尝寻阅新书,间有未通,则必反覆参究,或舛驳脱谬,则笔而记之。岁时稍久,事目益众,深怪此书抵牾穿穴,亦已太甚,揆之前史,皆未有如是者。"于是,吴缜将《新唐书》中的讹误之处分门别类列举出来,计四百余条,指出了《新唐书》义例不明、文字乖谬、剪材不当、抵牾错漏等不足之处。吴缜《新唐书纠谬》不仅涉及文字、史实订正,还涉及编纂体例、材料取舍等,其风格独异,近乎史评。尤其《新唐书纠谬》的稽弹对象是当代名家欧、宋之作,虽书一刊布,攻驳诘难者踵至,但终究开稽评当代人著作之先河。[2] 因而说吴缜的《新唐书纠谬》一书是两宋时期考证史学的一颗明珠应不为过。

上述写到的史学专著仅仅是两宋蜀地史学繁盛的一些具体表现,笔者在列举过程中难免挂一漏万。除此之外,蜀地史家对当朝史、地方史、批评史等也十分重视,张逵《平蜀录》《蜀寇乱小录》,范镇《本朝蒙求》《国朝事始》,张商英《神宗政典》,魏了翁《国朝通典》等都是这一时期的

---

[1] 樊一、方法林:《张唐英与〈蜀梼杌〉》,《成都大学学报》,1992年第1期。
[2] 蔡崇榜:《吴缜与〈新唐书纠谬〉》,《史学史研究》,1984年第4期。

重要作品。两宋时期,蜀地相对稳定的社会环境使得四川的史学得到前所未有的发展,在中国史学发展史上留下了浓厚的一笔。

除了史学外,宋代四川的周易之学也发展到了一个高峰,著名理学家程颐以"易学在蜀"高度概括两宋时期蜀地的易学成就。实际上,蜀地易学的发展源远流长,治易学的学者更是自古有名。西汉时期,蜀郡成都人严君平专精《大易》,长于老庄之学,相传其在成都市井中以占卜为业。年老之后,严君平勤于著述,著有《老子注》《老子指归》《易经骨髓》等书。严君平的弟子扬雄,除了以作赋闻名于世外,还作了一部《太玄经》,使道家的学说更加系统化、条理化,对魏晋时期王充、张衡等人的玄学产生了很大的影响。

到了两宋时期,巴蜀易学进入一个新的发展阶段。以传世著作为例,有宋一代可以找出有易学著作传世的四川人共有杨绘、张行成、李焘、李心传等69位学者,其中北宋33人,南宋36人。这些学者共有易学著作92部(今存16部),成就蔚为大观。从地域分布来看,两宋时期的易学家多集中在成都、眉山及其周边区域。成都地区包括成都、邛崃、蒲江、崇州、简阳、都江堰等地,共有29人,约占上述列举学者的42%。眉山地区包括眉山、青神、井研、夹江、仁寿等地,有18人,约占26%。[1]从学者这些统计数据不难看出,两宋时期成都及其周边的易学成就是尤为明显的。

成都的易学不仅成果丰硕,而且具有独特的研究路数,象数学派就是其中的代表。易学中的象数学派是由宋初陈抟开创的,被"北宋五子"中的邵雍发扬光大,而四川人张行成深得象数学的精髓。张行成,字文饶,学者称为观物先生,南宋临邛(今四川邛崃)人。其学以邵雍之说为归宿,祖于象数二图,代表作有《述衍》十八卷、《翼玄》十二卷、《元包数义》三卷,《潜虚衍义》十六卷等。张行成将邵雍的象数学说深入阐发,用先天图推衍《周易》中的变化,提出了奇偶为易学之本的观点,在周易学的

---

1 胡昭曦著:《宋代蜀学论集》,四川人民出版社,2004年6月,第10页。

发展演变中意义重大。

宋代成都易学研究的另一个重要取向是形成了以研究扬雄《太玄经》为中心的"太玄学"。《太玄经》是西汉扬雄的一部哲学著作,其内容涉及道家思想、宇宙运行变化规律、辩证法思想等多个方面,十分深邃。但扬雄《太玄经》内容庞杂、文字艰深,一般人很难读懂。于是,在宋人重视义理的学术研究风气下,蜀地的学者将对《太玄经》的阐释作为了易学研究的重点,扬雄的学术影响力在两宋时期迅猛上升。

总体而言,两宋时期的蜀学处于承前启后的重要发展时期。成都相对稳定的社会环境使得蜀地的学术得到迅速发展,以成都为中心的蜀地人才辈出,包含文学、史学、哲学且独具地方特色的蜀学为两宋文化史添上了浓墨重彩的一笔。蜀地的学术既吸收了前代优秀的文化成果,又能推陈出新,紧跟时代的潮流,对明清时期的文化亦产生了重要影响,从这个层面看,两宋的蜀学在地方学说发展史上有着不可撼动的地位。

三、蜀刻雕版印刷的中心

1944 年,考古学家在四川大学校园内发现了 4 座古墓,其中 1 座为唐墓,3 座为宋墓。在唐墓中,考古学家在墓主人的银手镯中发现印本《陀罗尼经咒》,长 31 厘米,宽 34 厘米。这件唐代雕版印刷的《陀罗尼经咒》中央为一小方栏,栏中刻有一六臂菩萨,端坐于莲花座上,手中各执法器。栏外围绕着刻有许多梵文咒语。梵文咒语外又是双栏,四角各有一菩萨像。该经咒首行还刻有"成都府成都县□龙池坊□□□近下□□印卖咒本□□□"等字样。[1] 考古学家推断,该经咒印成的时间大约是在公元 800 年。此种类似的经咒在新中国成立后的考古发掘中陆续有新的发现,西安发现唐代《陀罗尼经咒》共 6 件,洛阳发现唐末五代时期经咒 1 件。这些保存较好的纸质经咒,多是在出土的墓主人随身器物中发现的。

---

[1] 霍巍:《唐宋墓葬出土陀罗尼经咒及其民间信仰》,《考古》,2011 年第 5 期。

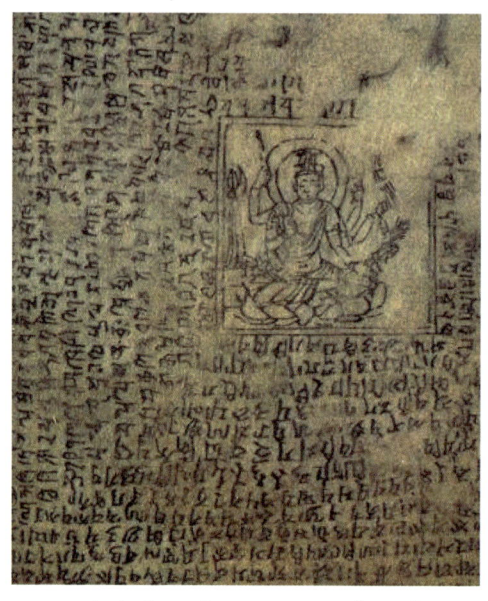

◎唐代雕版《陀罗尼经咒》局部

目前中国境内发现最早的印刷品是新疆吐鲁番发现的《妙法莲华经》残卷,其年代大约是武则天执政时期(约690年)。1966年韩国庆州佛国寺舍利塔中,考古学家也发现了唐武则天时期的《无垢净光大陀罗尼经》,但这两件印刷品的确切印刷时间无从知晓,只是考古学家的主观推测。因此,1944年成都发现的经咒是目前中国发现的最早的雕版印刷品之一。此外,在目前发现的唐代印刷品中,大多都没有记载印刷的地点,可以确定地点的只有两件,一件即为成都的《陀罗尼经咒》,另一件是发现于敦煌同样出自四川的《剑南西川成都府樊赏家历》。实际上,在唐宋时期,成都的"龙池坊卞家""西川过家""成都府樊家"都是名噪一时的雕版印刷商,由此可见,唐宋时期,成都确为中国的印刷中心。

四川地区雕刻印刷书籍的历史大约起于唐代中期。当时,市民阶层将日历、韵书等日常生活需要的文本雕版刊刻印刷,便于大规模流通。如前文提到的《剑南西川成都府樊赏家历》,虽是晚唐时期的历书,但却是蜀刻发展很好的例证。唐末五代时期,蜀地的雕刻印刷事业又有了更大的进

第六章 宋元时期（960—1368年）

步。如前蜀武成二年（909年），任知玄自筹资金，雕刻了杜光庭的《道德经广圣义》五十卷；乾德五年（923年），昙域和尚集资刊印了贯休的《禅月集》一部；后蜀宰相毋昭裔更是大规模致力于儒家经典的刻印。这些刊印既有私人行为，又有官方行为，反映出唐末五代蜀地刻石印书的风气十分兴盛。

成都雕版印刷的繁盛与自身经济社会的发展密切相关。唐宋时期，成都农业经济稳步发展，手工业、商业在农业的支撑下得到了前所未有的发展。成都一跃成为全国最为重要的商业城市之一，有着"喧然名都会"的美称。这一时期，对印刷业促进最大的当数成都先进的造纸技术。唐代的益州造纸业十分发达，在成都浣花溪畔，人们利用随处可得的树皮、麻布等原料，造出了物美价廉的益州麻纸，极大地提高了纸的产量和质量，从而使普通百姓也能用上价廉物美的纸张。自此以后，日常的公文起草、普通百姓的读书写作、历书家谱的大规模印刷都成为可能。巨大的社会需求使得成都的工匠们需要不断改进传统的印刷技术，成都也成为许多著名雕刻匠人汇聚的都会。

到了宋代，科举考试的昌盛更使得成都成为全国雕刻的重镇。当时，除成都外，扬州、开封等地都是重要的雕刻印刷中心。后来，扬州因战乱频仍，其印刷中心的地位逐渐被杭州所取代。成都则因远离战火，印刷技术得以不断发展，很快成了最重要的印刻中心，此时的成都还形成了官刻、私刻等不同刻印系统。有宋一代，四川的雕刻印刷技术在全中国占有重要地位，有着"蜀刻甲天下""蜀本宋最称善"的美誉。

官刻，顾名思义，即为政府组织的官方刻印。有宋一代，成都最为瞩目的官刻是北宋开宝四年（971年）《大藏经》的刻印。宋太祖赵匡胤命朝臣张从信前往成都，组织雕刻技艺高超的蜀地匠人雕造佛经全藏，其印刻从开宝四年（971年）起，至太宗太平兴国八年（983年）止，历时13年。这部《大藏经》因始刻于开宝时，后世遂称《开宝藏》，又因在四川成都刊刻完毕，故全称为《宋开宝刊蜀本大藏经》，简称《蜀藏》。刊刻完成后的《开宝藏》共雕版13万块、480帙、5000余卷，是官方刊刻佛教全藏之始，该大藏经仅在宋元时期就被翻印了二十余次，此后还在日本、高丽等地广泛流传，对中外文化交流产生了很大影响。

除了《大藏经》外，两宋蜀本《册府元龟》《太平御览记》《春秋经传集解》《眉山七史》等，也颇能代表成都及其周边印刷技术的辉煌成就。《册府元龟》是景德二年（1005年）宋真宗赵恒命王钦若、杨亿、孙奭等人编修的一部类书，共1000卷，是宋代史学类书中篇幅最大的，亦是蜀刻的经典之作。《眉山七史》是南宋时期蜀地刊刻印刷的《宋书》《魏书》《梁书》《南齐书》等七部史书的合称，由四川转运使井度下令刊印，曾巩、王安国等人校订。此书在两宋之际的战乱中大多亡佚，但在版本目录学界仍有很大意义。南宋史学家李焘之子李垕根据北宋成都知府吕大防刻印的《华阳国志》再次校订刻印了《华阳国志》（即李垕刻本《华阳国志》），成为明清时期刊印《华阳国志》的一个重要底本。此外，南宋宁宗时期，吴猎主持刊印的成都府学本《周濂溪文集》《二程文集》《鹤山先生大全集》，以及夔府官本《白虎通论》《风俗通义》，

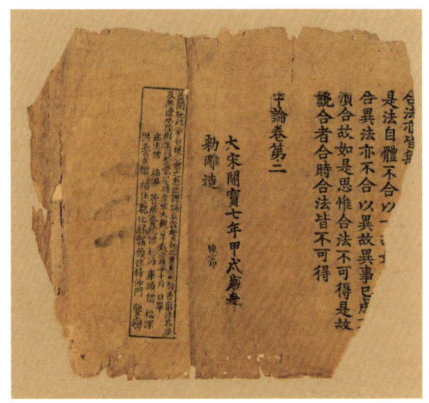

◎蜀版《大藏经》残片

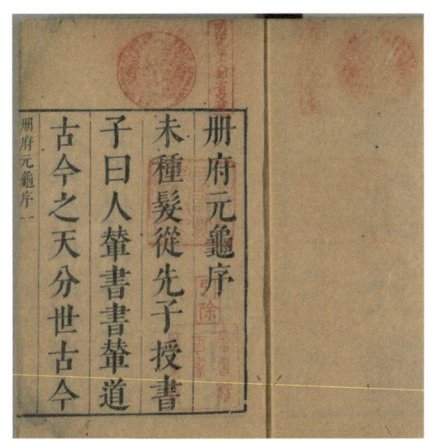

◎明崇祯年间刊本《册府元龟》

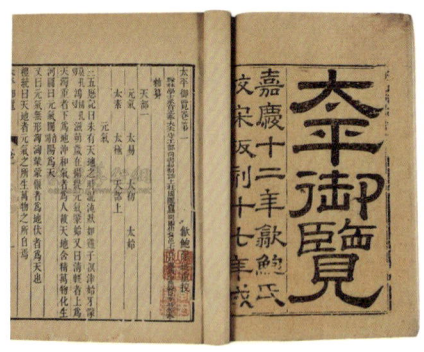

◎清嘉庆年间刊本《太平御览》

潼川府本（即三台本）《经史证类备急本草》等，也是蜀地官方印刷品的代表。[1]

私刻是相对于官方刊刻而言的，既包含了一些豪门大族自行请人刻石印书的"家刻"，也有民间作坊刊刻印刷的历书、经咒等杂书。两宋时期，成都毋昭裔和辛氏家族、蒲江魏了翁家族、临邛韩醇家族等均为名噪一时的藏书世家，这些人收藏和刊刻的书籍质量高、保存好，对后世书籍版本影响颇大。比如成都辛氏所刻印的《建炎以来朝野杂记》共40卷，被冠以"国史本"的称号，可见其刊刻印刷的精细。比起世家大族刻印书籍的精美，民间的印刷则主要以实用为主。宋代四川刻石印书的坊市林立，比较著名的有西蜀崔氏书肆、眉山万卷堂、眉山书隐宅等书肆。这些书肆集印刷、销售为一体，主要生产民间需要的文化书籍。崔氏以刻印《南华真经注》著称，叶氏主要刻印《班左诲蒙》，眉山书隐斋刻印的《新刊国朝二百家名贤文粹》300卷本更是被世人赞许。[2] 此外，两宋时期的成都民众十分信仰佛教，随着印刷技术的进步，民众对阴阳杂记、谶纬之学、历书、经书、驱邪经咒等杂书的需求激增，于是产生了许多印刷此类杂书的作坊，一时间字书、小学、历书等书籍在民间得到广泛流行。[3]

无论是官刻还是私刻，宋代四川所印刻的各种书籍无疑都有着各自不同的风格，总体而言，这些书籍具有以下几个特点：首先是涉及范围广泛，包括经、史、子、集等各个种类，因而时人称赞蜀地印刻的书籍"巨细毕备"、种类繁多。其次是校勘精细，选择的底本上佳。作为刻印的书籍，底本的选择无疑直接影响着印本的质量。宋代四川刻印的许多儒家经典，多以官方认可的监本为底本，经过反复校勘，方才刻印。宋本蜀地刊刻的书籍以每页10行以内的大字本和11行到12行的中字本为主，字体精良、页面宏朗，深受世人喜爱，并为历代藏书家所认可。

---

1 刘少泉：《唐宋蜀刻版本述略》，《四川大学学报》，1989年第4期。
2 刘少泉：《唐宋蜀刻版本述略》，《四川大学学报》，1989年第4期。
3 谢元鲁：《宋代四川造纸印刷技术的发展与交子的产生》，《中国钱币》，1996年第3期。

第三节 壮丽大城的历史兴衰

13世纪,蒙古族崛起,成吉思汗统一蒙古各部,建立了蒙古帝国。到了忽必烈时期,辽、宋、夏、金的分裂格局被重新统一,一个新的大一统国家元帝国建立起来。元朝自1271年建立,到1368年灭亡,共统治中国98年,其创建的行省制度更是对中国后世地方行政体系产生了巨大影响。宋末元初时期,因战争的影响,成都遭受了巨大的破坏,宋、元两军在四川长期对峙,建造了大量军事古堡,这些古堡遗址在近年陆续被发现,为人们了解这段历史提供了帮助。元代,四川与周边的少数民族地区维持着大规模的茶马贸易,茶马司的设置、茶马古道的开辟为政府对边疆的控制提供了支持。

一、宋蒙战争的乱世硝烟

公元1235年,宋蒙战争打响,蒙古铁骑所到之处,摧枯拉朽,令无数军队闻风丧胆。但当蒙古铁骑打到巴蜀时,战马的战争效率开始下降,原因是南宋军民依山而建的山城防御体系成了蒙古骑兵的巨大障碍。在长达半个世纪的宋蒙战争中,蒙古大汗蒙哥饮恨钓鱼城,钓鱼城之战成了军事史上的一个经典。在四川境内,类似合川钓鱼城的军事要塞星罗棋布。从2013年起,四川省古城堡文化研究中心就开始调查研究巴蜀范围内的宋蒙山城,在5年之内,共调查39处宋军山城,同时还发现了多处克制宋军山城的由蒙古军队筑造的山城。这些宋蒙古城堡的发现,深化了历史学界对四川古城堡遗址历史文化内涵及其利用前景的研究,一定程度上唤起了人们对古城堡遗址的重视。

余玠治蜀与"川中八柱"

随着蒙古军队的不断袭扰,四川境内军民的心态发生了变化,"保蜀""救蜀"的心态占据主流,四川民众认识到了抵抗蒙古的迫切性。从1241年11月窝阔台卒,到1251年6月蒙哥汗立,蒙古内部数次易主,纷争不断,这就使得南宋王朝有了修整时间,可以及时调整对蒙古军队的布防。正是在这种情况下,宋理宗将余玠派到四川主持防务。

余玠(1199—1253),字义夫,号樵隐,金水芳山(今属浙江省开化县)人,南宋著名抗蒙将领。淳祐元年(1241年),余玠任四川安抚制置使、四川总领兼夔州路转运使。在余玠的领导下,四川民众与蒙军展开了长达十余年的抗争。宋蒙战争有荆襄、江淮和四川三大战区,其中四川战区开辟时间最早,结束时间最晚,在三大战区中战绩最为卓著,阻挡蒙古骑兵的,并不只是一座钓鱼城,宋军创造性地构筑起了拥有数十座山城的防御体系,让蒙古骑兵不能像在平原般自由驰骋。

根据文献资料记载,余玠建立山城防御体系之初,已有剑阁苦竹寨、苍溪大获城、合川钓鱼城、重庆城、合江安乐山城、梁平赤牛城、奉节白帝城等重要山城,但数量偏少,相距较远,不能形成有效的防御体系。余玠入川后,采纳"守川必守蜀口"的建议,重筑了钓鱼城、大获城,新筑了神臂城、大良城、瞿塘城,此后又筑小宁城、平梁城和得汉城,形成了山城防御体系。

在治蜀的十余年间,余玠共建立或加固了山城防御共八十余处,其中最为著名的是被人称为"川中八柱"的防御体系,即剑阁苦竹寨、苍溪大获城、万州天生城、南充青居城、合川钓鱼城、金堂云顶山城、通江得汉城、奉节白帝城。

因为这些山城久攻不下,蒙军也开始修筑工事以为对抗。在调查过程中,考古人员发现了蒙军山城5处,有虎啸城、东安城、章广寨、武胜堡、毋章德城等。这些山城距离宋军山城不到10公里，且都由降将和本地工匠来完成。蒙古军队对有一技之长的人一般不杀，当时一些宋军害怕蒙古军队屠城，就采取了投降政策，这就让蒙古军队修筑工事获得了技术支持。蒙军山城

◎重庆合川钓鱼城

设施比较简单，不像宋军那样，需要安置很多人口，做好长期坚守的准备。为了实现"以城制城"之战略目的，蒙军在渠江流域建立很多据点，撕裂宋军山城防御体系。蒙哥攻打钓鱼城时，就曾分兵进攻合州旧城和渠江流域的礼仪城、平梁城，断绝了它们与钓鱼城的联系。

云顶山抗蒙与蒙哥亲征

云顶山城位于成都金堂县淮口镇辖区内，地处龙泉山脉中段，距离成都48公里。云顶山城是南宋名将余玠于公元1243年为抵抗蒙军而建的防御城堡，山城雄踞云顶山顶，南北长2300米，东西宽2100米，

◎成都金堂云顶山城

周长约7200米，总面积约1.5平方公里。山城绝大部分依山势峭壁为城墙，城墙上设有城垛和炮台，城内开凿若干水井和水池，易守难攻。

余玠到了四川后，听取蜀地谋士的建议，在四川领导军民修建各种防御工事。据元代姚燧《中书左丞李忠宣公行状》记载："宋臣余玠议弃平土，即云顶、运山、大获、得汉、白帝、钓鱼、青居、苦竹筑垒，移成都、蓬、阆、洋、夔、合、顺庆、隆庆八府州治其上，号为八柱，不战而自守矣。蹙蜀之本，实张于斯。"[1] 云顶山城驻宋军七八千人，是四川各地军事要塞中兵力最为雄厚之处，也是宋军山城防御体系的重要组成部分，与四川其余几十处山城互为犄角之势，抵抗住了蒙军强大的进攻。

◎元宪宗孛儿只斤·蒙哥画像

1251年，蒙哥汗即帝位，积极准备灭宋战争。蒙哥汗制定了先取巴蜀，顺流图取江南的战略计划。他派遣汪世显之子汪德臣率秦、巩军队，于1253年夺取了沔州和利州，控制了四川的咽喉要道。派遣其弟忽必烈率军穿过蜀境，远征大理，对四川形成夹击的态势。淳祐十二年（1252年），蒙军汪德臣等部进军嘉定，余玠利用嘉定附近山城组织抵抗，击退蒙军。汪部途经云顶山时，驻山城宋军乘夜袭营，成功保卫了山城。宝祐二年（1254年），蒙军缺粮，汪德臣率部四处抢粮，云顶山城统制吕达领兵五千迎敌，英勇为国捐躯，还得到朝廷褒奖。宝祐三年（1255年），蒙军南北夹击四川，帖哥火鲁赤部从利州沿嘉陵江进军阆州（今阆中），宋制置使派张祥迎敌，并令云顶山城姚世安部出兵牵制，蒙军虽南北会师，却未能攻破山城防御体系，最后各自退兵。这些都是云顶山城作为抗元堡垒发挥的重要作用。

1　转引自潘玉光编：《巴蜀砥柱：余玠》，商务印书馆，2016年11月，第198页。

1257年，蒙哥派大将纽璘占领成都，并于次年大败南宋四川制置使蒲择之的军队，乘势攻取了成都附近的彭州、汉州、怀安军、绵州等城市，为蒙哥汗"御驾征蜀"做好了准备。1258年秋，蒙哥汗亲率七万蒙军主力，自大散关进入汉中，分兵三道入蜀。九月，蒙哥军至利州，十月攻苦竹寨（今剑阁县西北），遭到宋军的强力抵抗。由于裨将赵仲武叛变，苦竹寨破陷，守将杨立牺牲，都统张实被俘遇害。接着，蒙军拔长宁山城（今剑阁县东南），破嘉陵江、渠江沿线四座坚城，于是年冬到达合川。蒙哥遣使招降，为守将王坚所拒绝。王坚在城内演武场处死蒙使，明确表示抵抗到底的决心。王坚领导合川军民凭险拒守，多次击败蒙军。1259年初，蒙军向钓鱼城发动总攻，又遭失败。

六月，蒙军先锋汪德臣在攻城时被炮石击伤致死。七月上旬，蒙哥汗病逝（一说在激战中负伤而亡）。蒙古军被迫从四川撤退。进军至鄂州（今湖北武汉市）的忽必烈，也为争夺帝位而急忙班师。各路蒙军向北撤退，暂时解除了南宋长江中上游的军事危机，使南宋王朝得以维系。

二、行省制的设立与经济文化的恢复

四川行省的设置

1259年，蒙古第四任大汗蒙哥亲率大军出兵伐蜀，在四川境内与宋军鏖战，死于合川钓鱼城。1260年，新即汗位的忽必烈下令成立十路宣抚司，派遣宣抚使到各地担任临时的军政长官。忽必烈把自己的亲信廉希宪、商挺等人派往陕西、四川一带，担任正、副宣抚使。中统三年（1262年），陕西四川等路宣抚司更名为陕西四川行中书省，但此时的行省尚属于临时处理军政事务的机构。

元世祖至元元年至至元二十三年（1264—1286）期间，陕西四川行省的建制常处于半固定状态，比如至元八年（1271年），在四川陕西境内

设立四川尚书省,但仍将四川、陕西合并治理,治所设在兴元(今汉中);同年又将四川行省和陕西行省分开,四川行省的治所设在成都,陕西行省治所不变,这是中国历史上四川独立作为行省的开端。然而,这次行省的分治仅仅维持了四个月,忽必烈便将自己的儿子忙哥剌封为安西王,管辖陇、蜀、羌等西部地区,安西王相府遂取代了陕西、四川行省。1279年,元朝和南宋的战争结束后,政府将四川重新分为四道,即以成都为中心的四川西道、以广元为中心的四川北道、以重庆为中心的四川南道和以顺庆为中心的四川东道。直到1286年。经过多年的分散、合并后,四川行省最终正式确立。为使各行省之间相互牵制、相互支援,元朝将行省的分界设计成犬牙形的交错状态,因此原本长时间属于蜀地的汉中被划给陕西行省。[1]

与其他行省比较,元代的四川行省具有以下三个方面的特点:第一个特点是四川行省与陕西行省关系密切,分离合并变化频繁。如前所述,因元代对南宋进攻的策略是以陕西为基点,不断向四川进攻,而四川是抵抗蒙古进攻持续时间最强、遭到破坏最严重的地区,于是陕西和四川在军事上的联系十分紧密。在元朝对南宋用兵结束之前,元朝政府对四川的控制十分有限,在这种状况下,四川行省常依附于陕西行省,伴随着元代对四川军事力量的更迭变化而变化。直到宋元战争结束后,随着屯田耕作在四川的稳定,四川行省才逐渐摆脱陕西行省,成为稳定且有独立建制的省一级行政单位。

第二个特点是因受到战争严重破坏,四川行省的军事色彩浓厚、财赋税收较低。据史书记载,元代在四川境内驻兵的军队种类繁多,有蒙古军、汉军及许多各色各样的地方武装,而有万户以上军屯的地方就有保宁、叙州、重庆、成都、广安、嘉定等15个。以保守的每个万户有军人4000名左右计算,四川境内的蒙古驻军就达6万以上,这还不包括许多未能进入

---

[1] 李治安:《元代四川行省沿革与特征》,《历史教学》,2010年第2期。

屯田序列的非政府武装。正是因为战争的破坏，与其他行省相比，四川行省的财政发展、赋税收入难以维持在较高的水平。相关资料表明，元时四川的户数仅12万，与南宋时期川峡四路近260万户的规模相去甚远。

最后一个特点是四川行省常处于军事强权的把持中。元朝政府规定，路、府、州、县的各级行政长官一律实行流官制，即定期迁转岗位，但千户、万户等军事职务却可以世代相袭，这些重要的军事官职常掌握在少数军事贵族的手中。比如其中著名的巩昌汪氏家族、纽璘家族、按竺尔家族等，均为名噪一时的门阀世族，其族中后人均在四川担任重要军事将领。这些世家大族在蜀地的活动，使得"蜀世将""世镇其土""进长蜀省"等措辞常在史书典籍中出现。

四川行省设立以后，成都的省会地位也几经变化，但得天独厚的自然地理条件使得成都有着极强的自我修复能力。一方面，土地平旷、水网密布的成都平原在经过一段时间的休养生息后，农业生产可以迅速得到恢复发展，勤劳的四川人民在自己的土地上重新建设家园、恢复生产，使得成都平原再次富庶起来。另一方面，成都作为历史上西南地区重要的战略基地，其地位是不可动摇的，当战争结束后，成都很快又被中央政府重视起来，四川行省的省会又迁回成都，这正是成都具有强大生命活力的表现。

元代统治中国共98年，与汉、唐、明、清等大一统国家相比并不算长，但其创建的行省制却对此后的地方行政体系影响甚大，成都作为四川省的省会、西南地区核心城市的地位也在有元一代得到巩固和发展。

马可·波罗《东方见闻录》中的成都记载

元朝中期,成都的经济得到恢复和发展,农业、手工业、商业等具体领域有了技术上的进步,城市中心的房屋、街道等设施也有了明显改善。这一时期,著名旅行家马可·波罗来到了中国,在其游记中对成都的风物进行了生动描写。

马可·波罗(Marco Polo,1254—1324),出生于克罗地亚考尔楚拉岛,意大利著名旅行家、商人,著有《东方见闻录》。《东方见闻录》又名《马可·波罗游记》《马可·波罗行纪》等,记述了马可·波罗在中国的所见所闻,后来在欧洲广为流传,激起了欧洲人对东方的向往,对以后新航路的开辟产生了巨大的影响。

1271年,17岁的马可·波罗跟随父亲和叔父,带着罗马教皇给蒙古

◎马可·波罗画像

大汗的信件和礼品,从意大利威尼斯出发前来东方,途经中东,历时四年多,于1275年夏天到达元帝国,见到了元世祖忽必烈。聪慧而善辞令的马可·波罗很快得到忽必烈的赏识,大约在1276年到1278年间的某个时候,他从大都(今北京)前往西南,骑行山中二十多天后,到达成都平原。

在《东方见闻录》第113章《成都府》中,马可·波罗记录了他对成都的印象。在来成都之前,马可·波罗显然已听说了一些成都的历史,他写道:"(成都)昔是强大都市,历载富强……垂二千年矣。""此州昔有一王,死时遗三子,命在城中分地而治,各有一城。然三城皆在都会大

城之内。"[1] 在描写成都的河道时马可·波罗写道：有许多大川深河发源于远处的高山上，河流从不同的方向围绕并穿过这座城市，供给该城所需用水。这些河流有些宽达半英里，有些宽两百步，而且都很深。城内有一座大桥横跨其中的一条大河，从桥的一端到另一端，两边各有一排大理石桥柱，支撑着桥顶，桥顶是木质的，装饰着红色的图案，上面还铺着瓦片。[2]

成都府是元朝辽阔版图之上少有的"都会大城"，其经济在元代仍然保持着唐宋以来的繁华水平，锦江两岸的繁荣，"世界上之人无有能想象其盛者"，让马可·波罗惊叹不已的还有成都社会生产的恢复。在他的记载中，成都"河中船舶舟楫如蚁，运载着大宗的商品，来往于这个城市。这个省的居民信仰佛教。离开这里以后，一半沿着平原，一半穿越山谷，骑行五天就可以看到许多相当大的住宅，城堡和小城镇。居民以务农为生。城市中有许多制造业，尤其能纺制精美漂亮的布匹，绉纱或绫绸"[3]。

宋末元初的蜀地，不仅是南宋与蒙古争夺的战略要地，还是元朝统一全国的重要跳板，更是元世祖忽必烈推行"汉法"的实验地。马可·波罗的游记对蜀道的记载虽然简略，但他的游记第一次比较全面地向西方人展示了迷人的蜀道画卷，"壮丽大城"的称呼也客观地反映了蜀道沿线社会经济恢复发展的勃勃景象。

元代蜀中名士

长期的战乱使得元朝初年成都的文化发展遭到极大地破坏。到了较为稳定的元代后期，统治者重视教育，兴建了一批学校、书院，使成都涌现出一批博学之士，其文化事业得到了一定程度的发展。客观而言，有元一代的文化发展水平不及唐宋时期繁盛。就成都而言，无论是名士的数量还

---

1 梁中效：《马可·波罗的蜀道之旅述论》，《成都大学学报》，2014年第5期。
2 何一民、王毅主编：《成都简史》，四川人民出版社，2018年8月，第263～264页。
3 （意）马可·波罗口述：《马可·波罗游记》，陈开俊等合译，福建科学技术出版社，1981年12月，第139页。

是著作的多少都远不及唐宋时期，统治者好武力而轻文化的统治思想是其根本原因。以下列举的几位蜀中名士，是这一时期成就较高者，在此仅做一简单介绍，以供读者参考。

费著，四川广都（今成都双流）人，元代进士，授国子助教，历任汉中廉访使、重庆府总管等职。费著博学多才，爱好文史，其在任职期间广泛收集有关四川的风俗资料，对四川境内的郡邑

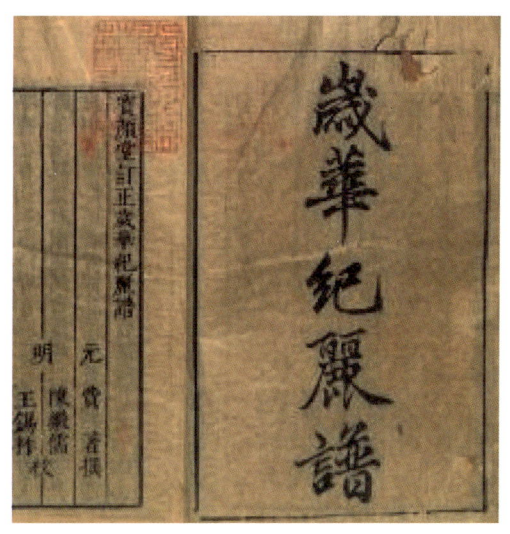
◎明刻本《岁华纪丽谱》书影

沿革、风物风俗多有研究。其代表作有《岁华纪丽谱》《笺纸谱》《钱币谱》《蜀名画记》《蜀锦谱》等九篇介绍唐宋四川区域沿革、经济文化、社会生活的重要文献。自唐至宋，政府常以宰相大臣出守成都，一时间达官贵人宴集蜀地，游乐奢靡，蔚然成风，这种宴游风气至南宋因战乱而衰落。费著追述旧事，撰成《岁华纪丽谱》一书，记载蜀中节候风俗，自元旦至冬至一一详载，乃后人研究蜀地民风民俗的重要史料。

文允中，生卒年不详，四川成都人，是元代四川唯一的状元。文允中天分超群、资质颇高。在他登第之前，曾为嘉定路学正，广读诗书，有无书不通的才华。后参加至正十一年科考，三月丙辰，经元顺帝亲自御试策对，赐为一甲进士及第，成为汉人、南人榜状元，授翰林修撰，出任四川儒学提举官，死于元末的兵乱。[4]

宇文公谅，元代成都名士，字子贞，后随父亲徙吴兴，至顺四年（1333年）进士，科考时居汉人、南人第二甲榜第十五名，为国子助教，后调应奉翰林文字同知制诰，兼国史院编修，官至岭南廉访使佥事。其著述

---

[4] 王鸿鹏等编著：《中国历代文状元》，解放军出版社，2004年1月，第247页。

有《折桂集》《观光集》《辟水集》《以斋诗稿》《玉堂漫稿》《越中行稿》等。在记载中,宇文公谅"通经史百家言",在诗书、绘画等方面都负有盛名。

郭文焕,出自成都儒户,为至顺四年(1333年)汉人、南人第三甲榜第十九名。在元代,儒人被统治者重视而选为官者并不多,郭文焕是其中的代表。

据相关研究表明,元代四川有准确记载的进士共64人,其中人数较多的有成都路10人、重庆路14人、顺庆路13人,广元路12人。[1] 由此可知,即便是在科考相对不发达的情况下,成都依然能成为四川进士的主要来源地之一,这与成都的经济文化发展水平是分不开的。

---

1 陈世松、李映发著:《成都通史·元明时期》,四川人民出版社,2011年11月,第372～373页。

第七章

明清时期

（1368—1911 年）

MINGQING SHIQI

从公元1368年大明王朝开国,到1911年清朝灭亡,500余年的时光,在明清两朝的统治下,成都既经历了政局稳定带来的繁荣发展,也遭受了战乱带来的破坏动荡;既见证了移民浪潮带来的恢复发展,也感受了新思想、新技术影响下社会巨大的变化。明代的蜀王是地位显赫的宗室藩王,共历13代。近年来成都市内多次发现明蜀王的陵墓,让我们从陵墓的地宫烛影中得以领略昔日蜀王府的繁荣。明末张献忠领导农民起义,并据蜀称帝,建立了大西政权,其历史从彭山"江口沉银"的发掘现场可以得到印证。经历了明清之际的战火,成都的社会经济遭到巨大破坏,但是在"湖广填四川"的移民浪潮下,成都的地方文化得以重生。到了清朝末年,受西学东渐的影响,成都的有识之士纷纷探求救国救民的道路,最终在保路运动的风潮下,清王朝的统治走向瓦解。

第一节 成都的蜀王与蜀王陵

明朝蜀藩王是明代唯一独居一省的宗藩。首任蜀献王朱椿是明太祖诸子当中唯一经历太祖、惠帝、成祖三朝仍安然无恙的亲王。献王开创的家法,后世子孙纷纷效仿,因此被明孝宗称"蜀多贤王,举献王家范为诸宗法",蜀王府也成为万历朝以前宗藩中最为富庶的王府,有"二百七十年富庶之藩封"的美称。

一、老皇城:成都蜀王府的兴衰

在今天成都博物馆古代四川的展厅中,陈列着蜀王府的复原模型,虽然只是一个缩小版的模型,但驻足在这个模型前,我们依然被蜀王府宏大的规模所震撼。公元1385年,明太祖朱元璋命工匠为儿子朱椿建造蜀王府。整个王府富丽堂皇,规模宏伟,虽为王府,却被人认为可以与皇城相媲美,因此过去人们常称之为"老皇城"。

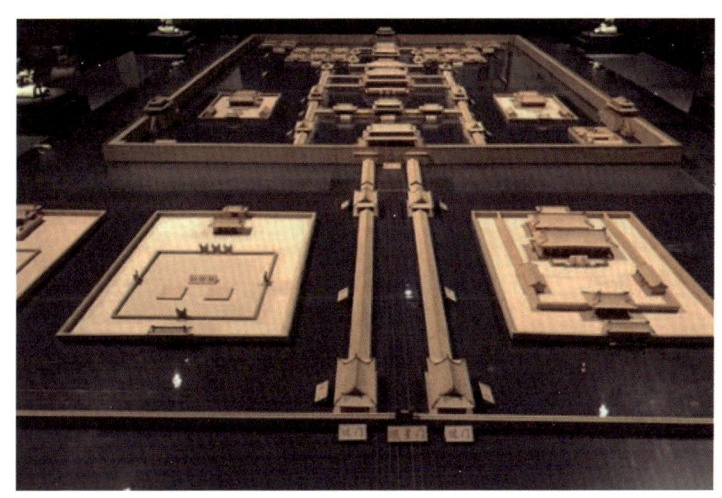

◎成都博物馆展出的明蜀王府复原模型

明太祖洪武十八年（1385年），朱元璋下达诏令，为皇十一子蜀王朱椿兴建王府，并于洪武二十三年（1390年）竣工。作为朱元璋看重的皇子，蜀王朱椿无论是学识还是才德均得到朝廷的认可，因此，蜀王府建造时严格按照皇城的标准进行设计，整个蜀王府规模宏伟，是明代藩王府中最富丽的。从地理位置上看，蜀王府北起东西御河，南到红照壁，东至东华门，西达西华门，周长达2500多米，整体面积38万平方米，"几乎占去了当时成都城内总面积的五分之一"。整个蜀王府坐北朝南，处处殿阁楼台、金碧辉煌，中轴线上主要有承运门、承运殿、存心殿、圜殿等建筑。[1]

蜀王府从外到内有萧墙和宫墙两重。宫墙先为砖砌，嘉靖年间改为石砌。宫墙高3丈9尺，周围5里，四周蓄水为濠，后世成都人称之为"御河"，河道呈规则的长方形，濠外再环以萧墙。宫墙四面各设一门，东西南北门分别名体仁、遵义、端礼、广智。南门端礼门为蜀王府的正门，楼前的"御河"上并排架有三座汉白玉石拱桥，通向城楼的三道大门俗称"三桥"。从桥下流过的是横贯成都东西的金河，其南依次为华表、牌坊和照壁。端礼门内有石甬道，两侧为两排厢房，是地方官吏拜谒蜀王等候之所。

---

[1] 胡开全：《壮丽以示威仪——明蜀王府建筑群的文化内涵》，《文史杂志》，2018年第2期。

甬道正北，为宫内正门承运门，其后依次为蜀王府正殿承运殿和圜殿、存心殿，再后为王府寝宫，寝宫之后为王府花园。

明崇祯十七年（1644年），张献忠攻占成都，末代蜀王朱至澍投井而死。张献忠在蜀王府建立了大西政权，以蜀王府为西王府，改承运门为承天门，承运殿为承天殿，开始了自己在成都的统治。顺治三年（1646年），张献忠率大西军离开成都前，纵火焚烧成都宫室楼舍，夷平城墙垛堞。《蜀难叙略》中记载："贼自出屯以后，日惟焚毁城内外民居及各府署寺，观火连月不绝。惟蜀府数殿，累日不能焚，后以诸发火具充实之，乃就烬。其宫墙甚坚，欲坏之，工力与砌筑等，不能待而止。"[1] 由此可知，在明末清初时期，蜀王府曾遭受过巨大的破坏。

康熙初年，四川省会由保宁（今阆中、南部区域）迁回成都，清政府将原蜀王府正殿承运殿前划出一部分，改为三年一考的贡院，内有考棚一万间，成为四川取试举人之地。又在蜀王府正殿殿基之上修建成至公堂，在承运门原址的基础上修建了一座三重殿宇式的明远楼。

1917年护国运动后，驻守成都的川军刘存厚、滇军罗佩金和黔军戴戡为争夺四川的军政大权在成都展开激战。1932年又爆发了近代四川最大的一次军阀战争——"二刘大战"。蜀王府内的煤山是全城的制高点，成为双方拼死争夺的重地。两次军阀大战对蜀王府破坏严重，该地方也逐渐成为市场，但明远楼、至公堂等建筑尚存。1931年，国立四川大学成立，其校址就位于蜀王府宫墙内，后搬至今望江校区。抗日战争爆发后，日本对成都实施轰炸，十数万人流离失所，蜀王府遗址所剩明代残砖旧瓦便成为大量贫民窟的搭建材料，皇城坝成了以城市贫民为主体的贫民窟。

1950年以后，经历市政设施、道路的多次改造以及"文化大革命"等多次运动，蜀王府的一切地表遗迹（明远楼、至公堂、端礼门）在现代化的城市作业中被拆除，取而代之的是繁华的市中心。如今，"老皇城"的整体面貌只有在旧照片中才能得见。

---

1 何锐等校点：《张献忠剿四川实录》，巴蜀书社，2002年4月，第107页。

二、"十陵"与蜀王世系

在成都博物馆收藏着许多明代陶俑,这些陶俑制作精美,平均高度在 40 厘米左右,有文官俑、武士俑、仪仗俑、侍女俑等多种类型。这些陶俑多数是 1979 年考古人员在十陵镇大梁村明代蜀僖王的陵墓中发现的。

◎明蜀王府武士俑

十陵镇,简称"十陵",别名"石灵",位于成都市区正东方向,因辖区内有十座明代蜀王之陵而远近闻名。十陵镇原名石灵乡,后来根据 1993 年和 1995 的两次考古调查,发现其境内一共分布有明代的五座蜀王陵墓、两座郡王陵墓和三座王妃陵墓,这就是如今人们常说的"成都明十陵"。故而此陵墓集中所在的原石灵乡在 1994 年撤乡建镇时,正式更名为十陵镇。2004 年以后,随着成都市区范围的不断扩大,十陵镇属于成都中心城区的范围,故将十陵撤镇改设街道办事处。

◎明蜀僖王陵地宫

十陵的明蜀王陵实际上是以僖王陵为代表的蜀王家族墓葬群,以明代第三代蜀王僖王的陵墓为中心,围绕其四周及邻近区域形成最为集中的僖王赵妃墓、僖王继妃墓、黔江悼怀王墓、怀王墓、惠王陵、昭王陵、成王陵、成王次妃墓、半边坟郡王墓等十个陵墓，分布在十陵街道南侧正觉山麓及山前的青龙埂等地。

"明蜀诸王及子孙、妻妾和郡、县主的葬地，主要是在成都东郊黄土陇岗区域，尤以龙泉驿区西部较多，估计或有百座以上。但因自然和人为方面的诸多缘故，这些陵墓的寝园地面建筑，早已荡然无存，且皆辟为农田，并经多年耕种，竟连碎砖残瓦也难觅见。而其原本高大的坟冢，亦仅残存洪河乡三桥村廖家湾和白鹤村昭王陵两座土堆，余皆夷平为耕种多年的农田。以故，埋在地下的蜀藩陵圹，大多无从稽考。虽经多年调查探访，也只勘得二三十处，凡二十六座。"[1]

据史书记载，明王朝在近三百年间共封了十三位蜀王，其世系见下表：[2]

谥号	姓名	在位时间
献王	朱椿	洪武十一年—永乐二十一年
靖王	朱友堉	永乐二十二年—宣德六年
僖王	朱友壎	宣德七年—宣德九年
和王	朱悦熒	宣德十年—天顺五年
定王	朱友垓	天顺七年—天顺七年
怀王	朱申鈘	天顺八年—成化七年
惠王	朱申凿	成化八年—弘治六年
昭王	朱宾瀚	弘治七年—正德三年
成王	朱让栩	正德五年—嘉靖二十六年
康王	朱承爚	嘉靖二十八年—嘉靖三十七年
端王	朱宣圻	嘉靖四十年—万历四十年
恭王	朱奉铨	万历四十三年—万历四十三年
无	朱至澍	万历四十四年—崇祯十七年

---

1 薛登、方全明：《明蜀王和明蜀王陵》，《四川文物》，2000年第5期。
2 下表绘制参考薛登、方全明：《明蜀王和明蜀王陵》，《四川文物》，2000年第5期。

分封诸侯王的政策在其初期确实起到了积极的作用。以首任蜀王朱椿为例，在文教方面，他礼贤下士，爱惜人才，在其统治期间常召见儒生博士讲学，并给予读书人较高的社会地位。蜀王朱椿重新刊刻了《蜀汉本末》《蜀鉴》等书，供世人学习。一时间，其统治下的成都，修身养德的风气盛行，文化教育得以推崇。朱椿还比较重视宗教事业的发展，他下令保护成都及其周边的道观、寺庙等宗教活动场所，不时造访佛道名山，让蜀中宗教事业得以蓬勃发展。[1]

朱椿的子孙也多能效仿先辈的行为。据史料记载，蜀王自朱椿以下的四世七王，"皆检饬守礼法，好学能文"，蜀王府子孙大多能够好学守礼，仁孝敦厚，他们的行为对蜀地的治理产生了重要的影响。在地方统治秩序方面，蜀王府拥有一定的军事权力，对维持治安、协助朝廷平定叛乱起到了积极作用。在社会经济方面，蜀王府拥有雄厚的经济实力及庞大的消费人群，是一个巨大的消费市场，从客观上推动了成都及其周边的农业、手工业、商业等产业的发展。教育文化方面，蜀王府世代好学，尤其喜爱刊刻书籍，且这些书籍涉及经史子集各个方面，这些校勘精准、版本精良的书籍起到了文化传承的作用。

明朝末年，张献忠据蜀，末代蜀王朱至澍无力与之抗衡，他在张献忠攻占成都城后与妃子一同投井自尽，明代的蜀王自此消失。总而言之，明代的蜀王府多出贤王，他们礼贤下士、重视文教，在蜀王的治理下，成都的政治、经济、文化都有较大发展。当然，蜀王作为明代宗室藩王的一支，凭借其特殊的地位损害地方利益、欺压百姓的事件也时有发生，对地方的统治秩序产生了消极的影响。对此，后之学人当辩证地看待。

三、孤本蜀王文集：明代宗室教育的集中展现

如前所述，明代的历代蜀王是十分重视文化教育的，这些蜀王非常重视刊刻书籍以及对后代子孙的教育。从明清时期的文献记载来看，明

---

[1] 刘慧敏：《明代蜀王府与四川地方社会》，《绵阳师范学院学报》，2013年第6期。

蜀王留下的主要作品有献王朱椿《献园集》十七卷、定王朱友垓《文集》十卷和惠王朱申凿《惠园集》、成王朱让栩《长春竞辰稿》、端王朱宣圻《端园集》，后来的文献记载也多沿用以上记载。但是，在目前中国大陆，这五部蜀王文集仅存《长春竞辰稿》，被收在清朝编撰的《四库全书》未刊稿里，其余四部在全国各大图书馆找不到任何踪迹。很多学者认为，明蜀王其他四部文集在明末清初的战乱中被毁，许多权威文集都只能遗憾地收录书名和极少部分蜀王诗作。

好在这一情况在2017年发生了根本性转变。当年，成都市龙泉驿区档案局专职从事编研工作的胡开全，在与北京大学师生的合作下，远赴日本，完整拍摄了四部世界仅存的原版蜀王文集，极大地改变了目前史学界对明朝蜀王乃至四川明史的研究状况。日本东京国立图书馆藏的四部蜀王文集分别是蜀怀王刊印成化二年（1466年）版《献园睿制集》四册；蜀怀王刊印成化五年（1469年）版《定园睿制集》二册；蜀惠王刊印成化十一年（1475年）版《怀园睿制集》二册；蜀昭王刊印弘治十四年（1501年）版《惠园睿制集》四册。这四部蜀王文集与明清文献记载相比，多了一部《怀园集》，但少了一部《端园集》。《端园集》是否真实存在过，暂时无法确认。[1]

2019年，在这些照片的基础上，巴蜀书社出版了四册本的《明蜀王文集》，将目前传世的蜀王文集《献园睿制集》《定园睿制集》《怀园睿制集》《惠园睿制集》以及《长春竞辰稿》共五种全部收录在内，曾经被视为神秘的蜀王生活，也逐步还原在大众面前。

◎ 2019年出版的《明蜀王文集》（成都市首批哲社重点研究基地"成都历史与成都文献研究中心"2018年度重点研究项目成果）

1　胡开全、李思成：《明蜀王文集考——兼论从日本新发现的四部蜀王文集与国内仅存的一部》，《文史杂志》，2017年第3期。

《献园睿制集》

《献园睿制集》是蜀献王朱椿的文集，共十七卷：卷一、卷二为辞令；卷三为各种文章的序；卷四为蜀王与各藩王府和私人府第的往来书信；卷五为蜀王像赞、赐赞；卷六为蜀王与皇家的表和笺，有谢恩笺，冬至、正旦表笺，贺笺等；卷七、八、九、十、十一为祝文，包含祭扫刘备、孔子、北极真武、文昌、诸葛亮及各神灵的祭文，以及给各亲戚僚属的祭文等；卷十二为记录蜀王交游、交际的记、引、跋、赋、铭；卷十三、十四、十五为蜀王创作的诗；卷十六、十七为蜀王的七言律诗和其他一些杂著。《献园睿制集》是五部文集中收录门类最丰富的一部，全景式地展示了明朝第一代蜀王朱椿的生活场景。值得注意的是，蜀王府历来多贤王的原因是重视教化，《献园睿制集》以大量文字记录其制定蜀王府家法的过程和内容，这是后人了解蜀王府内部教化的直接材料。

《定园睿制集》

《定园睿制集》是蜀定王朱友垓的文集。由于定王朱友垓在位时间较短，仅一年（1463年），所以《定园睿制集》关于王府管理方面的文章很少，主要是记录其世子期间（1461—1462）对时令节气、花草树木、外出所见有感而发的文章。如卷二有描写成都郊外景象和农人生活状态的《郊行》；卷七有关于佛教思想的长篇大论《和永明寿禅师山居》；卷八有表达对三教态度的《三教图》等。这些内容虽对研究蜀王府本身的运作作用不大，但颇能反映这一时期蜀地民间的生活以及宗教信仰状况，为后人研究明代前期的社会生活提供了借鉴。

《怀园睿制集》

《怀园睿制集》是蜀怀王朱申鈘的文集。怀王继位时年仅16岁,是他张罗刊印的《献园睿制集》和《定园睿制集》,开了蜀藩刊印文集的先河。惠王朱申凿在为其兄《怀园睿制集》作序时感慨道:"文辞乃游艺之一端也,先兄所存尤大。若天假之以年而奉守宗藩,翼戴帝室,俾邦国复邹鲁之风,仁贤拟间平之善。"说明怀王朱申鈘在位期间深得人民的爱戴,其仁孝友善的性格颇令时人敬佩。怀王朱申鈘在位期间年纪尚小,因而文集中对蜀地花草树木的描写较多,其细腻的文笔能让后人对蜀王生活有不一样的理解。

《惠园睿制集》

《惠园睿制集》是蜀惠王朱申凿的文集。朱申凿是明蜀三位贤王之一,其在位期间"好学礼贤,书法最精",使得当时蜀地"多博雅之贤,通国被文明之化,九重眷西土之光,奕世拜褒扬之典"。《惠园睿制集》中对王府建筑的描述较多,记载了蜀王府不同建筑的功能,可以帮助今人理解并复原明蜀王府的建筑格局。在文集中,惠王对德行的认识也很深入,比如《感兴十二首》有:"大明天理正人伦,都在宣尼鲁史文。万世准绳俱率旧,百王法度不图新。行其典礼通天地,立此纲常动鬼神。贼子乱臣知恐惧,是知绝笔为伤麟。"[1] 其七言律中有鼓励先进、赞叹士人高尚生活情趣的《题蒯氏八咏》等。从这些作品中,我们可以了解到明代蜀地士人的价值追求以及对伦理纲常的重视。

《长春竞辰稿》

《长春竞辰稿》是蜀成王朱让栩的文集。朱让栩是明蜀三位贤王中的

---

1 胡开全、李思成:《明蜀王文集考——兼论从日本新发现的四部蜀王文集与国内仅存的一部》,《文史杂志》,2017年第3期。

最后一位,清嘉庆《成都县志》载其:"忠敬慈和,孝友敦睦,德性明粹,问学渊涵。"[1]同时代的杨慎称其"恪遵祖训,丕承先志,懿德善行,事皆可书","著述满家,儒林称颂"。[2]《明史》记载,朱让栩勤奋好学,手不释卷,每天都要读经史书籍,练习书法,作诗属对。清朝人彭遵泗说,朱让栩喜欢读书,蜀王府的藏书是四川最多的,宫中有数十间石楼。更难得的是,朱让栩把藏书对外开放,每天去看书、抄书的人有数百之多。这对四川学术的传播,对促进四川文化的昌盛,起到了积极作用。因此,《长春竞辰稿》对我们了解这位蜀贤王的生平事迹有着重要的参考价值。

以上列举的五部文集,是明代蜀王宗室文化教育成就的集中体现,更是后人研究明代宗藩制度不可或缺的重要史料。有学者指出:"在明代藩禁日严,宗室子弟不得习四民之业的社会条件下,一方面有部分宗室整日游乐人生,有时间、有财力醉心于饮酒赋诗、琴棋书画;另一方面,有部分宗室为了摆脱政治上的失意和钳制,闭门读书,潜心于文化创作,从而为明代宗藩文化的兴盛创造了条件。"[3]的确如此,巴蜀深厚的历史文化底蕴,为明蜀王宗室在文化上的成长提供了优越的环境,与此同时,蜀王宗室自身对文化教育的追求,也在成都创造了令世人尊敬的成就。

第二节 彭山"江口沉银"与张献忠据蜀称帝

张献忠(1606—1647),字秉忠,是明朝末年著名的农民军领袖,大西政权的建立者。在很长一段时间里,历史学界对张献忠的评价毁誉不一,在清人的记载中,张献忠往往是杀人如麻、性情残暴的形象,"屠蜀""乱蜀"之类的历史结论常常出现。而近人则多赞颂其农民起义的壮举,歌颂

---

[1] 转引自胡开全、李思成:《明蜀王文集考——兼论从日本新发现的四部蜀王文集与国内仅存的一部》,《文史杂志》,2017年第3期。
[2] 转引自胡开全、李思成:《明蜀王文集考——兼论从日本新发现的四部蜀王文集与国内仅存的一部》,《文史杂志》,2017年第3期。
[3] 陈世松、李映发著:《成都通史·元明时期》,四川人民出版社,2011年11月,第109页。

其打击王公贵族、爱护普通群众的事迹。在四川民间，有关张献忠的轶事典故也广泛流传，有"七杀碑""张家长，李家短""石牛对石鼓，银子万万五。有人识得破，买尽成都府"等说法。由此可以看出，张献忠在四川的军事活动影响十分广泛。

近年来，随着考古的新发现，尤其是 2017 年的彭山"江口沉银"重大考古发现，使得学界对张献忠在四川的活动轨迹得到更为广泛的关注，有助于我们了解这一重要的历史事件。

一、彭山"江口沉银"与大西政权

虎钮"永昌大元帅"金印与"江口沉银"

在 2018 年底四川省博物馆举办的"江口沉银"特展中，一枚刻有"永昌大元帅"字样的金印格外引人注目。该印用黄金制成，边长 10.3 厘米，印台厚 1.6 厘米，通高 8.6 厘米，重 3.195 千克。印面用九叠篆刻有"永昌大元帅印"六个字。"九叠篆"的"九"是个确切的数字，而非虚数，其每个字从上至下必须要有九条横划出现，因此制作难度极大。金印的背面左右分别刻"永昌大元帅印"和"癸未年仲冬吉日造"两排字。印钮为一立虎形象，虎口大张，虎身前倾，虎尾向上卷曲，虎身阴刻线纹表现虎的鬃毛和斑纹。

在彭山当地，有一首世代流传的民谣："石牛对石鼓，银子万万五。有人识得破，买尽成都府。"这首民谣有许多版本，被当地人称为"寻银诀"。传说当年张献忠在江口兵败，将金银沉入江底，并派了一位将军在此暗中守护。后来，将军去世，变成一座石虎踞守于此，与河中的石龙遥遥相望。民间的歌谣自然不能说明问题，但"江口沉银"的故事在史书中确有记载。

据史料记载，明代农民起义领袖张献忠反明起义后，于崇祯十七年（1644 年）占领成都，建立大西国，改元大顺。清人彭遵泗《蜀碧》中记载：

"献闻展兵势甚盛,大惧,率兵十数万,装金宝数千艘,顺流东下,与展决战,且欲乘势走楚,变姓名作巨商也。"[1]明末清初史学家计六奇的《明季南略》记载更为仔细:1646年,张献忠领兵攻嘉定、叙州等地,明朝参将杨展率兵应战,大败张献忠,追至彭山江口。无奈两岸陡峭,水道狭窄,张献忠的舰船寸步难进。杨展趁势登岸进攻,顷刻间张献忠的船全部毁灭,数千箱金银珠宝沉入江底。

◎ "江口沉银"遗址银锭

◎ "江口沉银"遗址银簪

历史的记载与民间传说似乎都印证了张献忠"江口沉银"的真实性,但长期以来,人们对张献忠的宝藏还是知之甚少。直到2015年公安部门破获了一桩盗宝案件,张献忠与"江口沉银"才被人们重新记起。

---

1 (清)彭遵泗编述:《蜀碧》,中华书局,1985年,第43页。

◎虎钮"永昌大元帅"金印

◎"永昌大元帅印"使用的九叠篆

2015 年，四川的公安部门破获一起倒卖文物案，这些盗掘分子长期在彭山的岷江河道内打捞文物，缴获了金锭、金印、金册子等与张献忠有关的文物，其中就包括前文提起的虎钮"永昌大元帅"金印。案件侦破，在基本确认"江口沉银"的位置后，考古人员开始对彭山的张献忠"江口沉银"遗址进行发掘。2016 年至 2018 年间，考古学家们先在"江口沉银"遗址附近的河道修建围堰，待到江水干涸后，对附近 2 万余平方米的范围进行发掘，出土了 3 万余件各类文物，包括金册、"骁右营总兵关防"铜印、"西王赏功"钱币、金锭、银锭等直接与张献忠有关的文物。

关于虎钮"永昌大元帅"金印是否是张献忠本人的物品目前尚有争议，一些学者认为，根据共同追缴的其他盗掘文物以及文物之间的伴生关系来看，此印应是张献忠本人持有。一些学者主张，明末文献中没有关于张献忠起义军设置"大元帅"的记载，而"永昌"也不是张献忠的年号，是李自成的年号，故此印有可能是李自成起义军的遗物。[1] 实际上，明朝 277 年的历史中，干支年份为"癸未年"的有五个，分别为永乐元年（1403 年）、天顺七年（1463 年）、嘉靖二年（1523 年）、万历十一年（1583 年）和崇祯十六年（1643 年）。而金印制作的特点正符合明末农民起义军官印的

---

1 周克林：《永昌大元帅金印考》，《四川文物》，2018 年第 3 期。

特点，因此只有可能是崇祯十六年制作的。李自成起义军的印章，因避其父亲李印家的讳，常常用"信""记""符"等字代替"印"字。比较起来，这枚金印与李自成的印章存在很大的差异，反而更应该是张献忠起义军的官印。

综上所述，这枚备受世人关注的虎钮"永昌大元帅"金印应为明末张献忠起义军所铸，为这支起义军的最高统帅张献忠所使用。而此金印的发现，也让世人重新关注到了张献忠及其建立的大西政权。

张献忠与大西政权

◎民间的张献忠塑像

明末崇祯年间，成都活跃着一支农民起义军，即张献忠领导下的大西军。张献忠为陕西人，幼年时因生活艰难，曾跟随父亲到四川贩卖货物。崇祯三年（1630年），张献忠在家乡聚集十八寨农民组织了一支队伍，自号"八大王"。由于他身材魁梧、威猛善战且面色微黄，军中称其为"黄虎"。这一队伍初属王嘉胤自用，后自成一军。因张献忠受过军事训练，为人多智谋，很快就显示出了指挥才能，他的部众成为当时以王自用为盟主的三十六营中最强劲的一个营。

张献忠所率领的起义军转战于陕西、山西、河南、安徽、湖北、四川等地，屡立战功。但是，由于起义军各部缺乏统一部署和协同行动，每部各自为政，到了崇祯十一年（1638年）春，各路农民军均连遭挫折。为了保存实力，张献忠在谷城接受了明朝兵部尚书熊文灿的"招抚"。崇祯十一年到崇祯十六年（1643年）期间，张献忠在湖广一带进行了艰苦的斗争，控制了湖南全部，以及湖北南部和广东、广西北部的广大地区。张献

忠与李自成很快成为农民起义军中的两大领袖。

崇祯十七年（1644年）一月，张献忠率部由湖广向四川进发，接连攻占了夔州、重庆、泸州等地，直逼四川首府成都。八月，张献忠攻克成都，明蜀王朱至澍自杀，四川巡抚、四川巡按御史等明朝官员亦被处死。在占领成都后，张献忠派兵先后攻占了绵州、保宁、茂州、雅州等地，四川大部分地方被农民军控制。

崇祯十七年（1644年）十一月，张献忠于成都称帝，国号大西，年号大顺。为了巩固大西政权的统治，张献忠下令设置左右丞相、六部尚书等文武官，并册封手下四位干将为王，孙可望为平东王，刘文秀为抚南王，李定国为安西王，艾能奇为定北王。此外，张献忠还下令设立铸局，铸造"大顺通宝"钱币以稳定货币；下令开科取士，选拔基层郡县官吏；下令对西南边境各族百姓免除三年租赋等等。这些措施在一定程度上对稳定四川的局势起到了积极作用。

但是，张献忠在成都的统治并不长久。清顺治二年（1645年），清廷平定江南之后，开始对四川进行武力征讨。多尔衮任命何洛会为定西大将军，加派左翼固山额真巴颜、右翼固山额真墨尔根、侍卫李国翰等率兵前往陕西，"会剿四川，征讨叛逆"。与此同时，清军命肃亲王豪格为靖远大将军，与吴三桂等统率满汉大军，会同郡王罗洛宏、贝勒尼堪等统兵征讨四川，并颁布诏谕，劝告张献忠部归降。

受到来自明朝在四川的残余军队和清军两方面的军事压力，张献忠无奈放弃成都。清顺治三年（1646年）八月，张献忠率部离开成都。明参将杨展领兵攻克川南州县，与张献忠的部队激战于彭山的江口，此亦彭山"江口沉银"之由来。张献忠大败，率军扎营于西充凤凰山。这时，大西军内部发生了刘进忠降清事件。刘进忠是大西军骁骑营都督，其部下多是四川人。由于刘进忠的一些部将叛投南明，刘进忠担心受到张献忠的严惩，于是率部下叛逃，与清军接洽，接引清军入川。

刘进忠的叛乱使得大西军实力受到严重打击。清军以刘进忠为向导，进入川北，肃亲王豪格派护军统领鳌拜等将领，分率八旗军对农民军发起突然袭击,于顺治三年(1646年)十一月二十七日抵达西充凤凰山。据史料记载,当日雾大风疾,清军统帅豪格率大军继至,遣参领格布库等向农民军右翼进攻,都统准塔攻击农民军左翼,战斗打得非常激烈。张献忠仓促应战,随即骑马出营,在没有任何防备的情况下下,被一支飞来的箭射中而死,时年仅四十余岁。

二、"圣谕碑"与张献忠"屠蜀"

在今天的成都博物馆中,收藏着一幅"圣谕碑"拓片,其原碑位于广汉房湖公园内,碑身高2.1米,宽1米,厚0.2米,红砂石质,是目前研究张献忠明末农民起义的重要资料。碑上用楷书竖排雕刻着"天有万物与人,人无一物与天,鬼神明明,自思自量"二十个大字,落款为"大顺二年二月十三日"。但是,作为清军的对立面,在有清一代的历史书写中,张献忠的农民起义军的行为常被夸张化。比如"圣谕碑"就被官方宣传为"七杀碑",其内容也被修改为"天生万物与人,人无一物与天,杀杀杀杀杀杀杀",张献忠在民间的形象也常和"屠夫""屠蜀""蜀难"等词汇联系在一起。

关于张献忠"屠蜀"的史料,目前除了《明史·张献忠传》,还有数部野史笔记,如刘景伯《蜀龟鉴》,冯甦《见闻随笔》,彭遵泗《蜀碧》,费密《荒书》,欧阳直《蜀警录》,沈荀蔚《蜀难叙略》等等。但是,据胡昭曦先生的研究,这类野史笔记成书时间迟,多为清人采辑引录编撰而成,总体上不是第一手资料。[1]《明史》记载的张献忠屠蜀,"共杀男女六万万有奇",这无疑是一种极度夸张的说法。实际上,据地方志记载,明末万历年间,四川十三府六州总共人口约三百万,何来杀死六万万之说?

◎大顺二年"圣谕碑"拓本

1　胡昭曦:《"张献忠与四川"史籍鉴析》,《地方文化研究》,2018年第1期。

近年来，部分专家学者对张献忠"屠蜀"的过程进行了深入研究，并从清朝政治合法性的角度予以论证，颇具参考性，这些研究表明：在张献忠建立大西政权前，主要是流动作战，其间曾两次大规模入川，一次是崇祯七年（1634年）二月，张献忠由河南攻入陕西，在遭洪承畴阻击后又攻入川东、川北部分地区，两月后返回陕南；一次是崇祯十三年（1640年）四月，张献忠突破左良玉的防线，纵横整个四川近半年，使明军疲于奔命。这两次入川，张献忠不仅没有滥杀，还赢得了四川百姓的支持和响应。但是，历史上张献忠确实有过"屠蜀"的行为，这主要在其统治成都建立大西政权的后期。随着局势的变化，特别是南明弘光政权建立后，四川各地的明军残余势力展开了对大西政权的反攻，清军也开始向四川进逼。与此同时，大西政权内部叛乱不断，一些归顺大西政权的士绅也与南明军相勾结，张献忠面临着空前的内外压力。在这种情况下，张献忠产生了"弃蜀出秦"的想法。大西政权的丞相王兆龄对张献忠建议说："蜀人德不知怀，威不知畏，屡抚屡叛。"于是主张"将在城人民，尽行屠戮"，"使后有据蜀者，有土无人，势难久住"。张献忠本来就有极强的报复心理，加之王兆龄的蛊惑，遂展开了对四川人民的残酷杀戮。[1]

的确如此，如果张献忠从未有过"屠蜀"的行为，那么多种史料上便不太可能详细记载其"屠蜀"的经过。反过来，正因多种史料肆意夸大张献忠"屠蜀"的影响，将四川明末清初人口锐减完全推给张献忠，张献忠"屠蜀"行为的规模和影响也就值得推敲了。

明末清初，四川人口的锐减是多种力量导致的，并不仅仅是张献忠"屠蜀"的结果。张献忠在成都建立大西政权，直到在凤凰山身亡尚不足三年，这三年内他面对的是南明、清军的强势进攻，正需用人之际的张献忠必定会招兵买马扩充军力，哪会屠杀百姓以求安稳？此外，在大部分时间内，张献忠并没有控制整个四川地区，他的主要活动范围是川西和川北一带，川南、川东主要为南明军队盘踞。在战争年代，军队之间的进攻势必会导

---

1 张献忠：《"张献忠屠蜀"与清朝政治合法性之构建》，《中国史研究动态》，2016年第5期。

致人口的锐减，加之明末清初连年的自然灾害，南明军队、吴三桂的军队，这些军事力量在四川大肆横行，对人口的锐减也有不可推卸的责任。

第三节 "湖广填四川"与成都移民文化

经历了明末清初连年的自然灾害和战乱，四川的经济文化在稳定的局势下得以发展。清朝开国后，实行了一系列休养生息的政策，从湖广、江浙一带移民进蜀的"湖广填四川"就是最为重要的表现。"湖广填四川"极大地改变了成都及其周边人口凋敝的状况，使得蜀中的农业生产和社会生活得以恢复和发展。大规模的人口迁徙所带来的各种地域文化交织在一起，为成都独特地方文化的形成注入了新鲜血液。

一、广东会馆与"湖广填四川"

在今天太古里商业街，有一座保留了晚清民国风格的广东会馆，会馆的大厅、墙体、屋面、石柱均散发着古色古香的韵味。这座广东会馆，既是"湖广填四川"这一重要历史事件的宝贵记忆，也是研究

◎位于太古里商业区的广东会馆

广东籍商人社会生活的样本。中国人对乡土有着浓厚的情感，在成都平原广泛分布的各类会馆就是很好的例证。清人傅崇矩《成都通览》中记载了成都的会馆和公所的情况，计有广东、河南、浙江、湖广、福建、山西、云南等近二十所。成都及其周边地区会馆如此之多，为全国罕见，这些会

馆往往由他省移民所建，反映出了清朝初年大规模的人口迁徙情况，以及由此带来的社会变化。

发生在清朝前期的"湖广填四川"是中国移民史上一件重大的历史事件，从康熙十年（1671年）起至乾隆四十一年（1776年），清朝官方组织了持续105年之久的大规模移民活动。按照现有的研究，这一个多世纪以来，四川合计接纳了移民600余万人，占当时四川总人口的60%以上。[1]那么，如此规模宏大、长时间的移民活动是怎样推行的呢？

在经历了明末清初的战乱后，四川地区人口凋敝、田地荒芜，成都平原作为原本富庶的地区，一度成了战争破坏最严重的地区。清王培荀记载："顺治十六年，重经恢复，城中草木蔽寒，麋鹿豺虎纵横民舍，官署不可复识，各官栖于城楼，兵则射猎于城内，蜀王府野兽聚集，二三年捕获未尽。"[2]如此衰败的情况，使得统治者必须采取行动。康熙三年（1664年），时任四川巡抚的张德地请求各省督抚采取有效的行政手段，将原本为蜀地的民众登记造册，并给予一定的补助，令其返回四川。但是，由于当时全国普遍缺乏劳动力，其他各省亦有人口凋敝的困境，张德地的想法并无多大效果。随着康熙朝休养生息政策的实施，经过多年的发展，自康熙中叶开始，向四川移民成了恢复四川生产的重要举措。

有学者综合各地方志勾勒出康熙年间地方移民的概况：康熙三十八年（1699年）左右，蜀人李先复上疏陈明湖广之民入蜀垦荒情形："乃近有楚省宝庆武冈、沔阳等处人民，或以罪逃，或以欠粮惧比，托名开荒携家入蜀者，不下数十万。"康熙三十九年，梁永祚任蒲江县令，时"民多四散。永祚按籍招徕，计日授食，且给以牛种，履亩劝耕，复业者众"。[3]康熙四十一年，邹图云任大竹县令，"时奉文安集楚民，户口增益"。康熙四十五年，李维翰任中江令时"拨真荒以安新民，禁侵夺以安土著，不逾年而尘案一清"。康熙四十八年，徐缵功任蓬溪令，"楚民无业者

1　葛剑雄主编：《中国移民史》（第一卷），福建人民出版社，1997年，第383～384页。
2　王培荀撰：《听雨楼随笔》卷一，道光二十五年刻本。
3　《雍正四川通志》卷四十九，文渊阁《四库全书》本。

入蜀垦荒",田土纠纷不断。[1] 徐善调解之,不数月"四境晏然"。康熙四十八年,蓬溪县安插新民曹石友等 350 余户。这些原始微观视角的记载,为我们了解这段历史提供了思考的角度。

但移民的增多也带来了许多问题。一方面,部分湖广入蜀的民众入蜀后指荒占熟,屡与当地居民争讼,恃强侵夺的事情偶有发生。另一方面,湖广移民入蜀前往往将原籍房产、地亩变卖,在四川垦地届满 5 年登录起科时,又逃回湖广,欲赎回房产、地亩,争讼亦多,不便管理。于是,大约在康熙朝后期,政府不再鼓励湖广民众入川耕种。但是,在康熙五十一年至雍正五年的时间里,政府虽有禁令,可迁入四川的外地人仍然连绵不绝。于是,雍正时期的川陕总督岳钟琪奏请开放移民,令移民开垦荒地,发展农耕。直到乾隆年间,国家依然实行一面鼓励一面禁止的移民措施。乾隆四十一年,四川人口迈上新台阶,共约 778 万人,这与乾隆元年的 327 万人相比,增长了 1.4 倍。[2] 如此多的外省移民进入四川,官方大规模的"湖广填四川"移民自然结束。

明清时期大量外籍移民进入西南地区后,由于语言、习俗等差异,刚到一个陌生之地的移民群体与当地居民及其他移民间存在较大的隔阂,缺乏共同的信任感,使得各省和各地区间的移民内部需要有一种内聚的集体组织,令移民群体间互相帮助,共同抵御其他势力的侵害。于是在四川境内,会馆便大量出现。

随着明末清初移民的大量涌入,成都这座饱受战火纷扰的古城慢慢得到恢复。由于历史上的成都平原物产丰富、地理条件优越,清朝入主中原后,更加重视对成都的建设。但是,将成都恢复到繁荣的状态并非易事,在数代统治者的管理和建设下,历经近百年的时间,成都重新回到了经济繁荣、文化发达的状态。

清朝初年,四川巡抚佟凤彩便已经着手恢复成都的城防建设。他向清廷提交修筑成都府城的建议,但终因时局不稳而搁置。不得已,佟凤彩只

---

1 《嘉庆四川通志》卷一百一十六,嘉庆二十一年刻本。
2 王炎:《"湖广填四川"的移民浪潮与清政府的行政调控》,《社会科学研究》,1998 年第 6 期。

好小范围地将破败的城墙进行修补。此时的成都被战火破坏严重，城墙、道路、桥梁等基础设施几乎全部被毁，四川总督、巡抚无法在此办公，治所不得不迁往保宁府的阆中城。这实际上反映出清初成都被毁坏之严重。到了康熙年间，成都的经济有所发展，人口得到恢复，于是重新修建成都城的事宜被提上日程。成都的重建是从修建道路、桥梁、城墙等基础设施开始的。康熙年间的四川巡抚张德地与

◎清末少城北门的景象

成都知府冀应熊等官员带头出资，向政府和民间征得重建的款项，并动员民众修筑城墙。设计中的成都城墙高3丈，东西长约9里，南北宽约7里，共设计4个城门，分别是东迎晖门、南江桥门、西清远门、北大安门。但是，成都新的城市规划还没完成，南方便爆发了"三藩之乱"，在战火的影响下，成都城市建设不得不暂时停止。

清初建城的尝试在康熙后期经济稳定发展时变为了可能。康熙后期，四川经济持续稳定发展，农业生产恢复到明朝战乱前的水平，于是，清廷开始大力修建成都城。这次的修建采取分段承包的模式，每一条街道、每一段城墙均分别分配给不同的人，而在使用的砖石上，则刻有相关负责人的名字，由此进行监督。这次修城，对成都城市格局影响最大的要数满城的修建。满城是清代八旗驻军及生活的场所，就建在成都城市中部偏西的位置。满城内修建有八条宽大的街道，其他胡同小巷多达几十条。满城内还设有清朝驻军所需的粮草房、军械库、营房、庙宇等，各种设施应有尽有，十分繁华。清朝统治时期，满、汉之间生活分离，因而满城始终保持着独立的建筑风格，直到清末依然如此。清人《成都竹枝词》中便记载了这样的城市格局："本是芙蓉城一座，蓉城以内清分明。满城又共皇城在，

三座城成一座城。"[1]

此后的百余年间，政府对成都城市又进行了多次小规模的修建。比如雍正年间四川巡抚宪德对成都城墙进行修缮；乾隆年间四川总督福康安向朝廷奏请60万两白银修筑城墙；福康安离任后，继任四川总督李世杰继续修建城墙。这些对成都城墙的修缮，使得成都新修的城墙长达四千余丈，十分高大坚固。除了修建城墙外，成都的官府衙门也得到了明显改善，许多官署的格局直接影响了今日成都街道的名称。比如，康熙年间，在今成都督院街一带修建起了巡抚衙门，在提督街一带修建了提督衙门，这些衙门均是后来成都街道命名的来源。明代遗留下来的蜀王府，成了清代的贡院，管理着成都府的粮食供应、钱币铸造、文化科举等事项。此外，还有一些新修建的官府，如按察使司（今城守东大街）、提学使署（今学道街）、盐茶道署（今盐道街）、成都府署（今城北正府街），这些行政官署的修建极大地促进了成都的街道和城市建设，许多街道的旧称沿用至今。

随着经济的发展和治安的改善，成都许多名胜古迹也在清代得以修缮。清朝初年，明代的蜀王府被改造成贡院，许多历史古迹得以保存。锦江书院的修建使得孔庙等文化机构得以保存，这一带成了有清一代成都文化最为繁盛之地。此外，武侯祠、青羊宫、杜甫草堂、薛涛井、宝光寺等历史名胜在有清一代均得到不同程度地修复和重建，从中可以看出政府对历史文化的重视。

清代康雍乾时期"湖广填四川"的移民浪潮，很大程度上改变了成都战后颓败的气象，随之而来的是经济的发展和文化的复兴。作为一座移民城市，成都在四面八方移民的汇聚下，形成了自己独特的文化底蕴和海纳百川的价值追求，使得四川本土文化在多种其他文化的影响下不断汇聚交融，丰富了四川地方文化的内涵。

---

[1] 何一民、王毅主编：《成都简史》，四川人民出版社，2018年8月，第288页。

二、移民文化与成都社会风尚

据学者统计,四川历史上先后有过六次大规模的移民入川活动,分别是战国末年、西晋成汉时期、唐末五代、元代、清朝初年和抗战时期。其中对四川文化格局影响最深远的就是清朝初年康雍乾时期的"湖广填四川"移民运动。长达百年的"湖广填四川"使得四川外来人口的比例大大提高,来自四面八方的人们汇聚于此,创造出包容万象的移民文化。移民入川后,开放包容成了成都文化的主要特征。茶馆文化、川剧文化、饮食文化等无不体现出成都文化高度的包容性。

在清代四川的方志中时常可以看到"熔铸混合""欢洽大和""默化潜移"等类似的记载,这是四方文化融合发展的真实记录。成都作为四川盆地的经济文化中心,外来移民的比例远比其他州县的高。清人傅崇矩《成都通览》中记载:"故现今之成都人,原籍皆外省也。外省人以湖广占其多数,陕西人次之。"[1] 四面八方的移民带来了各地的风俗文化,为成都文化的发展注入了新的活力。

在成都有这样一句俗语:"茶馆是个小成都,成都是个大茶馆。"说的就是成都茶馆的繁盛。成都作为长江上游一个富庶的城市,有着悠久的饮茶历史,历代文人对茶馆的记载也较为详细。比如,元代费著《岁华纪丽谱》称成都"茶房食肆"中时常有歌伎演唱茶词助兴。清初罗江著名文学家李调元也有"秋阳如甑暂停车,驷马桥头唤泡茶"的诗句。近代文人李劼人描写晚清成都茶铺的景象时也说:"茶铺,这倒是成都城内的特景。全城不知道有多少,平均下来,一条街总有一家。"这些记载都足以说明成都茶馆生意的繁荣。

◎成都人民公园内的茶馆

---

1 傅崇矩著:《成都通览》,天地出版社,2014年3月,第65页。

应该说,茶馆并不是四川人的专属,在全国其他地方如江浙、华北、两广等地均有去茶馆饮茶的习惯,但相比较而言,成都茶馆呈现出的平民化特征最为典型。在茶馆中,客人只有先来后到之分,没有主客高低之别,人们汇聚在此高谈阔论、休闲娱乐,茶馆已不仅仅是一个日常生活的空间,它成为成都人信息传播交流的公共舞台。

除了茶馆众多可以体现出成都休闲包容的城市文化外,川剧的发展也能证明移民文化造就的社会风尚。清朝初年大量移民进入四川繁衍生息后,人们对于文化娱乐的需求日益增长。移民大多来自湖广地区,因此,大家普遍采用以湖广方言为主的新式话语交流,经过时间的洗礼,移民群体的方言与四川本地方言相融合,产生了融汇四方的四川话。戏曲亦然,为了满足不同地区人们的爱好,川剧以四川话为基础,吸收融合了高腔、昆曲、胡琴、灯戏等多种声腔,形成了川西坝、资阳河、川北河、下川东四大流派。不同的流派调和不同的唱腔形成了丰富多彩的表演形式,反映出移民文化对川剧的影响。[1]

清朝初年的移民入川带来了四川经济的空前繁荣,随着移民的不断增加,四川的农田和荒地得到了开垦,移民带来了各地先进的生产技术,使农业经济迅速恢复和发展,社会呈现出一派繁荣兴盛的景象。移民的交融也带来了各地饮食

◎老成都坝坝宴(又称为"九大碗")

的交融,使得清朝后期的川菜既有麻辣鲜香的四川风味,又有江浙一带注重食材本味的烹饪特点,甚至融合了东北地区菜品的烹调技巧,形成了川菜"一菜一格、百菜百味"的鲜明特色。

多次移民的兼容共处、融合发展,造就了天府之国和谐包容的地域文

---

[1] 岳精柱:《清代移民、会馆、重庆都市对巴渝川剧特征的影响》,《重庆师范大学学报》,2017年第3期。

化特质，移民文化使蜀人具有开放包容的心态，能够海纳百川、友待九州。五方杂居、多元多样的社会结构，促成了成都和谐大度的社会风尚，缔造了成都休闲之都、文化之都的社会底蕴，造就了天府文化乐观包容的独特精神品质，是成都开放包容城市风格的极大支撑。

第四节 晚清成都经济社会的发展

书院作为古代教育系统中最重要的机构，对地方文化风气的形成与发展起到了重要的作用。锦江书院与尊经书院先后设立，为有清一代蜀学的复兴贡献了巨大力量。晚清时期，在"自强求富"的社会风气下，四川总督丁宝桢建立了成都第一座机器制造工厂，成了蜀地工业近代化的开端。

一、《锦江书院纪略》与锦江书院的重建

现四川大学图书馆藏有一套清咸丰八年（1858年）的线装刻本《锦江书院纪略》，分为上、中、下三册。该书高18.5厘米，宽13.2厘米，每页18行，每行25字，共219页，约10万字。[1] 历史上，研究中国书院发展史的史料比较稀缺，记述中国西南成都地区的书院史料更是凤毛麟角。而四川大学图书馆馆藏的《锦江书院纪略》，就系统性地介绍了锦江书院运作的全过程。

《锦江书院纪略》的作者李承熙，巴县（今重庆市）人，曾肄业于东川书院，道光二年（1822年）以优贡入国子监。咸丰年间两度被委为锦江书院监院（书院行政负责人，地位仅次于山长），道光八年（1828年）任龙安府学训导。在担任锦江书院负责人期间，他广泛收集有关锦江书院历史的资料，并将这些资料按照不同门类进行分类，汇编成了这部《锦江书院纪略》。

---

1 胡昭曦：《〈锦江书院纪略〉——一部稀见的书院志》，《四川文物》，2000年第5期。

《锦江书院纪略》上册包括李承熙写的序言"锦江书院纪略",以及"锦江书院考""锦江书院艺文"三个部分,对锦江书院的沿革概况、地理位置、建筑规模,以及历史上成都地区著名的学者进行了系统介绍。中册与锦江书院的办学密切相关,主要记载了锦江书院的藏书目录、与锦江书院有关的碑文石刻,以及书院的办学章程、财产设施等,颇能反映锦江书院的办学信息。下册主要记载李承熙担任负责人期间锦江书院的活动,包括与各级政府之间的公文往来、书院教学管理章程、书院经费的收支状况等,内容丰富、资料珍贵。

在中国历史上,书院是一种特殊的教育组织。自唐代出现以来,形成了家族书院、乡村书院、地方书院等各种类型的书院。有清一代,官方亦十分重视书院的建设,书院制度更加完善和官方化。锦江书院便是在官方大力倡导儒学的背景下建立起来的。

清康熙四十三年(1704年),四川按察使刘德芳见四川经过明末清初的战乱后,教育凋敝、人才匮乏,而时任四川巡抚的满人贝和诺也想改变四川文教落后的状况。于是,巡抚贝和诺便命刘德芳负责书院的修建工作。经过半年的施工,刘德芳在成都文翁石室旧址的基础上建立起了锦江书院,并选拔四川各州县的优秀生员入学。锦江书院成为当时四川的最高学府。

锦江书院在四川书院史上起到了重要的作用。从规模上看,锦江书院的源头可以追溯到西汉景帝时期的"文翁石室",如前所述,锦江书院正是在"文翁石室"的基础上重建的。此后,康熙六十年(1721年)、乾隆三十九年(1774年)、嘉庆十一年(1806年)、嘉庆二十三年(1818年)又进行了多次扩建,锦江书院的办学规模遂到达"全川之首,规制崇弘,他无与比"。

在办学理念上,锦江书院聘请名师讲学,重视教育的质量。刘德芳认为,要想办好书院,必须在各地聘请名师执教,以免误人子弟。同时,他还认为教育要有严格的规章制度和考课制度,要保证教师和学生都能专注于教

育教学，不致因生活困窘而分心。应该说，这些办学理念十分具有前瞻性，为锦江书院的办学开了好头，对清代四川文教事业的发展有着积极意义。

特别值得注意的是，锦江书院有自行刊刻书籍的传统。书院自行刊刻和受赠的书籍版片，分别存于书院藏书室和书院文翁祠。据《锦江书院纪略》载，锦江书院有《日知录》等6种书版1343块，还有"御纂八经"全部书版7961块。这些书版大部分是珍贵的古代文化典籍。书院重视图书的管理，所有遗失、残损书籍均在"历年遗失书籍名目""残存不可收拾存留书籍名目"和"赔缴书籍存银数目"中有记录。此外，锦江书院的匾联丰富，有匾、牌、对联、跋语等60多种，其撰书刊刻时间集中于乾隆至咸丰朝。[1]

锦江书院办学期间，因学风朴实、办学得力，培养出许多著名的学生，使得蜀中人才辈出。就读于锦江书院的罗江李调元、崇庆何希颜、成都张鹤林、内江姜尔常、中江孟鹭洲、汉州张云谷，都以文章闻名蜀中，时称"锦江六杰"。其中，罗江的李调元更是被称为继杨慎之后，蜀中又一位百科全书式的学者。在锦江书院后期，仍能保持良好的学风，培养出了很多的杰出人才，在近代社会变革中，他们在各自的领域都成为叱咤风云的人物。

到了光绪二十七年（1901年），锦江书院与尊经书院合并，次年（1902年），四川总督岑春煊奏准在锦江书院原址设成都府中学堂，随即在尊经书院原址上成立了四川省城高等学堂。后学堂又拆分为四川政法学堂、四川通省农政学堂等学校，于1931年合并为国立四川大学，新中国成立后改为四川大学。由此可见，锦江书院在四川教育史上无疑起到了承上启下的重要作用。

---

1 张莉红、张学君著：《成都通史·清时期》，四川人民出版社，2011年11月，第401页。

二、尊经书院与近代蜀学复兴

2013年4月，在四川大学望江校区出土一通珍贵的石碑，其碑名为《四川尊经书院举贡题名碑》。这通石碑的珍贵之处不仅在于它见证了清末尊经书院在成都的发展历程，还在于此碑的原文为张之洞所撰《四川省城尊经书院记》。不知何故，原碑文被磨去（依旧有八十余字可以阅读），重新刊刻了《四川尊经书院举贡题名碑》（以下简称《题名碑》）。胡昭曦先生认为，该通石碑之所以会出现两种碑文，就在于当时的负责人王闿运急于辞去山长、离蜀返湘，难于觅选琢碑之石，便将原立于尊经书院内的此碑碑文磨去而覆刻《题名碑》的文字。[1]

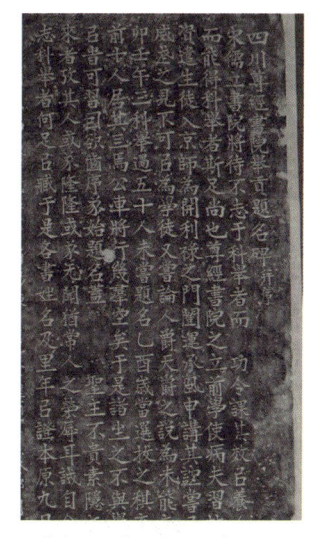
◎《四川尊经书院举贡题名碑》

不管真实的原因究竟为何，两种碑文同时出现的情况使得这通《题名碑》更加具有史料价值。张之洞的《四川省城尊经书院记》早有石印本传世，而《题名碑》的出现，为晚清书院史、教育史和蜀学等领域的研究提供了新的资料。那么，尊经书院在晚清成都的历史上究竟有着怎样的地位呢？

四川尊经书院始创于同治十三年（1874年）。曾任工部右侍郎的兴文人薛焕带领四川乡绅十五名，联名向四川总督吴棠、学政张之洞建议，请求在成都兴办书院以开风气、振兴蜀学。其实，当时的成都已经有锦江书院，但其存在着教育内容落伍、与当时学习洋务的潮流脱节等问题。锦江书院院长伍肇龄就曾说过："国朝初，建锦江书院，大抵惟科举是务，虽曰习经，涉猎而已，未有专业教者，即欲以古学倡，其如规模之未具何。"[2]因此，重新创建一所"以通经学古课蜀士"的省级书院就势在必行。第二年（1875年），尊经书院在成都文翁石室（即当时的锦江书院）的旁

---

1 党跃武主编：《四川尊经书院举贡提名碑》，四川大学出版社，2013年9月，第32页。
2 胡昭曦著：《四川书院史》，四川大学出版社，2006年4月，第262页。

边落成,大门上"石室重开"的匾额也昭示着尊经书院肩负的历史使命。

书院成立之初,薛焕虽为第一任山长,但学校规制与发展方向的制定者却为主管四川教育的学政张之洞。张之洞(1837—1909),字孝达,号香涛,直隶南皮人,是对近代中国有着深远影响的重要人物。著名史学家陈寅恪曾说自己"思想囿于咸丰同治之世,议论近乎曾湘乡张南皮之间",其中"张南皮"即是张之洞。由此可见张之洞在近现代学术史上的影响力。为了给书院学生上课,张之洞亲自编写了两本重要的学术参考书《輶轩语》和《书目答问》。这两本书为蜀地学生的治学提出了严格要求,深入论述了治学之道,成了学生治学的门径。

此外,张之洞还深刻认识到山长对书院发展的重要性,他曾向俞樾、张文虎、李慈铭、王闿运等著名经学家发出邀请,可惜并未成功。但在几年以后,当张之洞调离四川学政岗位后,王闿运在丁宝桢的邀请下欣然入蜀,成了尊经书院第三任山长。王闿运作为山长期间,对蜀地治学风气产生了巨大影响。作为"湘学"的代表人物,王闿运学术造诣深厚,对学生的指导也更为仔细。"院生日有记、月有课,暇则习礼,三年而士风丕变。"[1] 王闿运在担任山长期间,还主讲《春秋公羊传》,把经世致用的思想广泛宣传,不斤斤于文字训诂、名物考证,主张透过文字之表,去探求其中的微言大义,具有极大的灵活性。王闿运于光绪十三年(1887年)返回湖南,其在四川尊经书院担任山长八年有余。

◎清末名臣张之洞

光绪二十四年(1898年),宋育仁接任书院山长。宋氏本是尊经书院毕业的学生,也是近代著名的维新派人士。他在书院组织了维新团体"蜀学会",发行《蜀学报》,以著名学者吴之英为主笔,廖平为总纂,对戊

---

1 涂文涛主编:《四川教育史》(上册),四川教育出版社,2007年9月,第196页。

戌变法在四川的推行起到了不可磨灭的作用。"蜀学会"的宗旨是"发扬圣道，讲求实学"，带有浓厚的"中体西用"色彩，与尊经书院的宗旨一脉相承，也是尊经书院影响近代四川社会的一个重要表现。

从历史上看，尊经书院存在的时间并不算长，尚不足三十年。1902年，尊经书院与锦江书院、四川中西学堂一同合并，在尊经书院的原址上建立起了"四川通省大学堂"，随后改名为"四川省城高等学堂"。但在短短的时间里，尊经书院培养了大批优秀的人才，为近代蜀学的复兴做出了杰出贡献。尊经书院建立以后，历任学政都十分注意从中选拔优秀人才。能进入尊经书院肄业的学生就已经算是蜀士中的佼佼者了，但学政仍然将他们进行筛选排序，挑出其中最出类拔萃的几个学生，重点栽培。这样一来，在中国近代史上产生深远影响的几个人物纷纷脱颖而出。[1]

比如，戊戌六君子之一的杨锐；近现代著名今文经学大师廖平；四川维新变法的核心人物宋育仁；被孙中山先生封为大将军的彭家珍；革命时期的著名人物吴玉章、张澜、罗伦、蒲殿俊等；清代蜀中唯一的状元骆成骧；"只手打倒孔家店的老英雄"吴虞；蜀中"五老七贤"的吴之英、张森楷等。这批尊经书院培养出来的学生，成了近代四川知识群体的核心力量，他们活跃在思想、政治、军事、教育等各个领域，为近代蜀学的复兴、四川的近代化建设甚至四川的历史发展，做出了杰出的贡献。

从这个层面讲，尊经书院的确是近代四川教育界的奇迹。尊经书院对于改变四川旧时的学风、开阔学人的眼界起了积极的推动作用。正是在书院的引导下，沉寂的蜀学开始复兴，天府大地的文化得以重新焕发生机。为此，有学者评价尊经书院当之无愧为"四川思想文化复兴的引擎和源头"。

三、四川机器局的兴建

2018年，成都市公布了第九批历史建筑保护名录，位于今锦华万达一带的四川机器局碉楼赫然在列。整座碉楼均用青砖砌成，共有3层，下两

---

[1] 刘复生等著：《近代蜀学的兴起与演变》，四川大学出版社，2017年3月，第59页。

层均留有射击孔、瞭望孔等，第三层设有 4 个炮台。据史料记载，当时三官堂附近的九眼桥码头相当发达，水运航线四通八达，修建碉楼的砖、水泥等都是从德国运来的。这座碉楼是四川机器局遗留下来为数不多的老建筑，是清末洋务运动成都工业建筑的代表。在如今热闹的城市里，看到斑驳的碉楼，让人不禁回想起清末民初那段兴办实业、自强求富的时光。

19 世纪 70 年代，清政府大力兴办洋务企业，一时间以"自强求富"为口号的洋务运动席卷全国。四川机器局也是在洋务运动的背景下开办的。四川机器局是由中国人自行设计并施工的军事工厂，当时厂房约百余亩，有东、南、西、北四个大门，每座门旁都矗立着一座高约 3 层楼的坚固碉楼。从铁梯爬上碉楼俯瞰，不仅可以看清兵工厂的布局，还能远眺整个成都。

◎四川机器局碉楼

四川机器局的筹建，最大功劳应属丁宝桢。丁宝桢（1820—1886），字稚璜，贵州平远人，晚清名臣。咸丰三年（1853 年），33 岁的丁宝桢考中进士，此后历任翰林院庶吉士、编修，岳州知府，长沙知府，山东巡抚，四川总督等职。丁宝桢是晚清政府中比较开明的人士，他深刻认识到兴办近代工业对国家和民族兴亡的重要性，认为自强的方法最重要的就在于振兴军备，发展新式武器。一次，丁宝桢到东较场巡阅兵，见兵勇们多使大刀长矛，武器军备十分简陋，他感慨道："中国自强之术，于修明政事外，首在精求武备，才能弃我之短，夺彼之长。"[1]

于是在其担任四川总督期间，不断向清廷奏请兴办军事工业。他委派候补道夏时、劳文翔总理局务，成绵道丁士彬会同办理。他又从山东

1　张莉红、张学君著：《成都通史·清时期》，四川人民出版社，2011 年 11 月，第 266 页。

聘来曾昭吉为总理工务（负责工程技术）。曾昭吉带来了湖南、山东、江苏籍技工数十人，又在四川招募能工巧匠数百人。经过不懈努力，光绪三年（1877年）十一月，四川机器局的厂房修建完成，各种新式机器安装完毕，并开始投入生产。其后一年多，四川机器局初具规模，共自行制造水轮机及各种机器25部，机器部件及工具等12000余件，造成前膛、后膛等枪共148杆，未合成洋枪161杆。[1] 四川机器局是四川历史上第一家近代军事工业，它开创了四川使用机器生产的先河，是四川近代工业的开端。

◎曾任四川总督的丁宝桢

光绪五年（1879年），正当四川机器局如火如荼地进行机器生产时，却受到了来自给事中吴镇的阻扰，吴镇奏参丁宝桢"不谙机器，私亏库款，纵容私人，徇庇劣员"。清廷派员调查后认为"原参各款，或查无实据，或事出有因，惟所设机器局费用较巨，制造未能精良"，于是下令停办机器局，官员、技术人员等均被遣散。[2] 丁宝桢不得已撤销了四川机器局。当时，朝野有识之士对朝廷的决定不满，上疏为丁宝桢辩解。清廷迫于舆论，又发出上谕，准许重新开办四川机器局，光绪六年（1880年），四川机器局复工。

复工后，四川机器局不仅没有受到很大的影响，其规模反而较之前更大了，又在成都南门外古家坝新建火药局，仿造弹药。此后几年间，四川机器局有了一定程度的发展，不仅能修理和制造机器、枪支，还能生产子弹、火药。光绪十二年（1886年），该局除修理机器、洋枪外，还新造机器162件，造成各种洋枪2882杆，弹药230400颗，铅弹45000颗，铜帽

---

1 张莉红、张学君著：《成都通史·清时期》，四川人民出版社，2011年11月，第540页。
2 四川省地方志编纂委员会编纂：《四川省志·大事纪述》上，四川科学技术出版社，1999年12月，第70页。

500万颗，火药61880斤[1]，生产能力较建局初期大为提高。

光绪十二年（1886年）丁宝桢病故后，四川机器局一度衰微。继任四川总督的刘秉璋认为，买洋枪比铸洋枪"合算"。光绪十三年（1887年），他下令四川机器局停造各类枪支，四川所需枪炮等武器逐年向外国洋行购买，或请江南制造总局等军火企业代造。光绪二十二年（1896年）鹿传霖继任四川总督，四川机器局恢复铸造机器和各类洋枪。光绪二十九年（1903年），锡良接任四川总督以后，为扩大四川机器局的生产规模，特购地400亩用于建造新局，从德国订购新机器，并于江南、汉阳等制造局遴选技师和工匠100余人来川。宣统元年（1909年），四川机器局更名为四川兵工厂，该厂不仅生产步枪和弹药，制造机关枪和新式炮，还增加生产品种，银圆局、造币厂、制革公司等继之而起，四川近代工业至此已具备一定规模。

---

[1] 《中国近代兵器工业档案史料》编委会主编：《中国近代兵器工业档案史料》，兵器工业出版社，1993年12月，第800页。

第八章

民国时期
（1912—1949 年）
MINGUO SHIQI

从1912年中华民国建立到1949年中华人民共和国成立的三十余年间，成都经历了一系列的历史巨变。民国初年，各地军阀蜂拥而起，为了扩大各自的势力范围，成都成了军阀争夺的要地。在这一时期内，新的思想潮流在成都流行，马克思主义的传播为成都革命的发展提供了新的动力。抗日战争爆发后，成都平原作为抗战大后方，为抗日战争提供了军队、粮食、财政等多方面的支持，同时，国民政府的内迁也为成都的经济社会发展提供了难得的机遇。抗战结束后，国民党统治迅速衰败，在人民的支持和配合下，成都得以和平解放，迎来了新的历史性转折。

第一节 成都混战与四川军阀

1912年1月1日，中华民国临时政府在南京成立，推翻了我国2000余年的封建君主专制，成立了与世界潮流相适应的共和政体。但是，袁世凯担任中华民国大总统后，接连破坏共和成果，引起了地方军事力量的强烈反对。袁世凯死后，北京政府式微，地方军事力量各自为政，演变为军阀割据的混乱局面。四川在辛亥革命后的最初几年由滇军、黔军控制。滇军、黔军被逐出川以后，川军内部接连发生了一系列的兼并和战争，四川军阀武装力量大大膨胀起来，至20世纪20年代，形成了以刘湘、杨森、刘文辉、邓锡侯、田颂尧为首的五大军事集团。

◎辛亥革命后任大汉四川军政府都督的尹昌衡

一、川、滇、黔军阀成都巷战

刘（存厚）、罗（佩金）成都巷战

四川军阀的崛起与滇军在四川的活动有着深厚的渊源。1913 年，袁世凯在镇压了四川的"二次革命"后，派陈宧任四川将军，兼四川巡按使。陈宧在四川期间得到袁世凯的信任和重用，但 1916 年袁世凯称帝后，滇军将领蔡锷在云南起义，随即进入四川境内。川军刘存厚部在川南响应，陈宧亦在四川宣布独立。由此，在护国讨袁的浪潮中，各地方实力派纷纷宣布起义，四川形成了军阀林立的局面。

四川的军事力量在护国战争中空前壮大，除了川军本身的 5 个师外，四川境内还驻扎有大量滇军、黔军的部队。1916 年 7 月，北京政府任命滇军将领罗佩金为四川督军，黔军将领戴戡为四川省省长兼办军务。罗佩金采取了削弱川军、强化滇军的政策，企图以此来扩大自己的势力，而戴戡亦利用川滇矛盾，坐收渔利。1917 年 3 月，罗佩金在成都召开裁军会议，令川军现有的 5 师 1 旅裁撤为 3 师 2 旅，川军原有的特种兵一律裁撤。此举激起了川军将领的强烈不满，周道刚、刘存厚、钟体道、陈泽霈、熊克武等 5 名川军师长联名电告北京政府，反对罗佩金的裁军政策。于是，罗佩金调集滇军于成都、绵阳、灌县（今都江堰）一带，陈泽霈的川军第四师不到半日便被缴械遣散。与此同时，驻扎成都的刘存厚立即在城内构筑防御工事，提高警戒，收编被遣散的第四师士兵，联络川军各师部，准备与罗佩金开战。

4 月 18 日，罗佩金率领滇军袭击驻北较场的川军刘存厚第二师师部，以及驻西较场、凤凰山与成都周边的第二师，双方在成都展开激烈巷战。当晚，滇军兵分三路向城内刘存厚部发起进攻，第一路由东较场出击，进攻北较场第二师师部及文殊院的机关枪营；第二路由皇城出击，进攻驻将军衙门的赖心辉炮团团部；第三路由城外进入通惠门，与第二路滇军夹攻西较场的第二师炮团部队。滇军发动进攻前，在皇城墙上架设大炮向北较场、西较场及文殊院等处猛轰,掩护进攻。刘存厚第二师城内部队拼死抵抗滇军的三路进攻,双方激战于东、西御街一线,相持不下,仅此一处,双方死亡达数百人。东较场滇军三次进攻北城川军,均被击退,遂退守武城门。[1]

在成都被围时,为防止川军借助民房偷袭,滇军放火烧毁少城周边的民房,称之为"亮城"。刘存厚亦派兵冒充滇军,双方僵持不下。20日,北京政府免去罗佩金四川督军以及刘存厚第二师师长职务,以戴戡、刘云峰分别代行四川督军、第二师师长职务,后者未到职。21日,刘存厚部猛烈进攻少城,将少城包围,并火速袭击驻扎东较场的滇军。24日,经成都士绅以及英、法、日等国领事的调停,罗、刘两军分别从东西城门撤出成都。28日,罗佩金的滇军退守简阳,随后撤退至宜宾、泸州一带,刘存厚除留下两营士兵驻扎成都外,其余退至北外凤凰山。至此,刘、罗成都巷战结束。[2]

刘(存厚)、戴(戡)成都巷战

第一次成都巷战结束后,北京政府罢免了罗佩金的职务,让戴戡暂任四川督军一职,掌握四川军政大权。戴戡在刘、罗巷战期间先是挑拨离间,怂恿刘存厚攻打罗佩金,后在战争期间坐山观虎斗,坐收渔翁之利,既未在裁撤川军上给滇军罗佩金以支持,又未给刘存厚更高的职务。为此,刘存厚大为不满,杀了戴戡的军需课长泄愤。

在1917年5月进驻成都城后,戴戡统率的黔军兵力单薄,而刘存厚的川军驻扎凤凰山,颇令他感到不安。戴戡遂以四川督军的身份令刘存厚交出手中兵权。刘存厚大怒,拒不执行,双方在凤凰山形成僵局。时值1917年7月,张勋在北京扶植溥仪复辟帝制,并任命刘存厚为"四川巡抚",于是戴戡以刘存厚护逆之名,对刘存厚开战。

---

[1] 成都市地方志编纂委员会编:《成都市志·大事记》,方志出版社,2010年12月,第665页。
[2] 刘光顺主编:《唐继尧研究集》,云南民族出版社,1996年11月,第233页。

7月5日晚,黔军出动七个营的兵力由皇城向北较场及西、北两门第二师师部和留守部队进攻。第二师防守北门的范世杰部队遭到黔军优势兵力的进攻,退至西门与黔军激战,伤亡惨重。前与戴戡有密约的滇军因对其心怀不满而不按期行动,这使得凤凰山的刘存厚第二师主力部队未受到牵制,遂连夜进城增援,战争进入相持状态。6日,川军第二师田颂尧、赖心辉两团合力反击,击退黔军对北较场的进攻。7日,川军击溃驻东较场黔军;8日,又击溃占据西较场的黔军,迫使其全部退入少城固守。刘存厚第二师将皇城包围,在正面进攻失利后,遂挖地道直达皇城脚下,安放炸药,将皇城炸开了一个大的缺口,刘存厚部组织的"敢死营"发起冲锋,黔军以猛烈火力将攻入缺口的川军击退,并迅速用障碍物将缺口封闭。双方遂在缺口处对峙。

滇军罗佩金率部回师援戴,被川军第二师第三、四旅及刘成勋第一混成旅阻击于龙泉驿一线,未能与城内戴戡部黔军取得联系。城内,川军久攻皇城不克,遂用大炮轰击皇城内黔军,适有一发炮弹命中黔军的弹药库,引起大爆炸,被服库及粮仓均被炸毁。戴戡见援军无望,弹尽粮绝,于17日交出督军、省长、会办三印,与旅长熊祺勋率部退出成都。[1]21日,黔军在简阳附近又遭到刘存厚部的伏击,戴戡死于军中。至此,历时半月的刘、戴成都巷战结束。成都巷战结束后,刘存厚又联合川军其他军队对驻守在川南的滇军进行攻击,罗佩金大败,只好返回昆明隐居山间,不再过问时政。

二、防区制的设置与川军内部的混战

防区制的设置

防区制是四川军阀统治各地的一种基本形式,萌芽于1917年罗佩金

---

[1] 成都市地方志编纂委员会编:《成都市志·大事记》,方志出版社,2010年12月,第666页。

督川之时，正式形成于1919年熊克武主政四川期间。1917年2月，四川省省长戴戡应四川督军罗佩金的要求发出训令：

> 案查接管卷内，奉省长训令开：案查前准督军署咨开，案查分驻省外各军队，请领饷项，每因往返需时，遂致发生愆期。所有川东、南、北驻防各军，前已特予通融，饬于就近驻在地方各公署及征收机关，如额拨领，推行日久，似较便利。惟一切拨领手续，半属随时酌定，并无划一专章。其余各军，或汰编尚未就绪，或防地时有变更，应需薪饷，或由临时饬拨，或竟自由提借，纠纷扰乱，审核綦难。若不亟定通则，颁发遵守，殊不足以省繁渎而期久远。查现在陆汉各军，业已渐次编定，其驻防区域，亦经分定地点，并颁发表式，饬将各旅、团、营月饷详细填报各在案。除省军领饷仍径报本署直接核发外，所有驻防外县军队拨领饷款事宜，现经本署订定规则，并刊就单据式样，应即通发各军队、财政厅、各道道尹暨各县局一律遵办，用归划一而免纷扰。除通令外，相应检同前项规则单据式样，咨送贵署请烦查收备案查考。[1]

这个训令是四川近代史上第一次以政府公文形式，将就地划分军饷制度化，也是防区制形成的开端。刘存厚赶走罗佩金后，也准许其驻防部队在各自管辖的区域内就近征收军费，"防区"一词时常出现在政府公文中。

1918年5月22日，熊克武召开靖国军军事会议，正式命令四川境内的各军划定防区，决定将川军整编为六个师两个独立旅和一个援鄂司令部。以但懋辛为第一师师长，刘湘为第二师师长，石青阳为第三师师长，刘成勋为第四师师长，吕超为第五师师长，颜德基为第六师师长，向传义为独立第一旅旅长，陈洪范为独立第二旅旅长，舒荣衢为援鄂第一路司令。并规定川康边一带归边防军；川西一带归川军第一师；川中一带归滇军；成都周围各县归第四师；川东南一带归黔军；下川东归援鄂军。

1　四川省文史研究馆编：《民国四川军阀实录》（第一辑），四川人民出版社，2011年1月，第236页。

1919年4月,熊克武再次发布告令,将四川各军队原有的"卫戍区域"改为"驻防区域","防区"作为四川军阀间特有的名称被固定下来。但是,防区制的设置并未从根本上缓解军阀之间的矛盾。防区制实施后,成都及其周边地区成为军阀争夺的焦点,一系列大大小小的战争层出不穷,四川政局异常复杂。因此,防区制的施行实际上成了四川军阀混战的催化剂。

川、滇军成都之战

"靖国之役"驱逐刘存厚出成都后,滇军唐继尧在四川获得了大量地盘。1918年2月,四川军阀熊克武以"四川靖国军总司令"的名义,率领部队攻占成都,统摄四川军政大权。云南督军唐继尧为与熊克武争夺四川的领导权,矛盾日益激化,他以"川滇黔靖国联军总司令"的名义,拉拢部分川军将领,并于1920年5月发动了"倒熊战争"。

5月22日,熊克武命川军兵分三路向驻扎在简阳、资阳一带的滇军发动进攻,滇军顾品珍部奋力抵抗,川军久攻不下。到了7月中旬,川军吕超、石青阳部倒戈,滇军大肆向成都进军,熊克武腹背受敌,不得不退守川北阆中。在退守川北期间,熊克武借机联合刘存厚部队,组成"靖川军",趁着川、滇、黔军争夺地盘矛盾激发时再次进攻成都。

9月6日,熊克武、刘存厚占领成都,并迅速进攻成都周边的滇军。滇军顾品珍、赵又新两部集中兵力,在龙泉山一带布防,阻击川军。川军杨森、唐式遵两部正面进攻,伤亡惨重。在此情况下,滇军强势反攻,于15日抵达成都郊外,并占领了东门大桥、驷马桥、凤凰山等要地。川军只好全部退入城中,与滇军激战。19日,城内川军各部开始突围反攻。邓锡侯、田颂尧率第三、二十一师为左翼,主攻北路;陈国栋、张成孝率第三军各团营为右翼,夺取兵工厂、白药厂;刘湘率第二师全部为中路,杨森师及唐式遵旅为总预备队反攻牛市口。

当天,各路川军分道出击,与滇军短兵相接,展开白刃战、肉搏战、

拉锯战，激战两昼夜，至21日击溃成都近郊的全部滇军。滇军在成都近郊被击溃后，退至龙泉山，据险防守。川军各部乘其立足未稳，紧迫猛攻，一举占领山泉铺、张飞营。滇军失去防御阵地后，开始向泸州方向全面溃退，川、滇军龙泉驿战斗结束。此次战斗，双方在龙泉山激战七昼夜，集中兵力先后达150余营，在张飞营一带展开肉搏战。滇军顾品珍、赵又新均亲临前线督战；川军师长杨森身负三伤，纵队长谢松战死，士兵死伤惨重。[1]

川军内部的混战

1921年1月，已经通电下野的四川督军熊克武，连同川军第一军军长但懋辛、第二军军长刘湘、第三军军长刘存勋，以"阻扰川省自治"的理由讨伐时任"靖川军"总司令的刘存厚。3月，被联合驱逐的刘存厚退往广汉，并且通电解除了自己"靖川军"总司令职，"靖川军"部队退往通江、巴中一带。在川军第五师师长何光烈等一些官员的斡旋下，到3月末，川军第一、二、三军退回原本的驻防地，驱逐"靖川军"的战争结束。此后，退往巴中的邓锡侯通电辞去"靖川军"第四军军长的职务，但仍担任川军第三师师长，进驻绵阳、盐亭、三台、江油等地。邓锡侯的"防区"获得了被川军各部公举的总司令兼省长刘湘的认可。[2]

此后，四川军阀混战，至1926年，驻川军队有国军王缵绪的十六师、孙震的二十师、田颂尧的二十二师、邓锡侯的三十师、刘文辉的三十一师、唐式遵的三十二师、潘文华的三十三师；有川军吕鹿鸣的第一师、李雅材的第二师、王陵基的第三师、罗纬的第四师、何光烈的第五师、冯德斋的第七师、杨启文的第八师、费东明的第九师、鲜英的第十师、罗泽洲的十一师、冷熏南的十二师、王铭章的十三师、朱家宗的十四师、杨春芳的十五师、蓝文彬的十六师、廖维源的十七师、龚伯凯的十八师，等等。此外，

---

1 成都市地方志编纂委员会编：《成都市志·大事记》，方志出版社，2010年12月，第667页。
2 《绵阳市志》编纂委员会编：《绵阳市志 1840〜2000 上》，四川人民出版社，2007年12月，第97页。

还有若干混成旅。

从1912年到1933年，四川共发生大小军阀混战四百七十多次，其中大多数混战发生在防区制形成之后。1926年下半年，混战中的四川军阀为求自保，纷纷派代表到武汉、长沙，向进行北伐的国民革命军输诚，表示承认国民政府，同意军队易帜改编。于是，蒋介石以国民革命军总司令的名义，先后任命四川军阀杨森、刘湘、赖心辉、刘成勋、刘文辉、邓锡侯、田颂尧为国民革命军的军长，仍统率原部。四川军阀虽已易帜改编为国民革命军，但其军阀的性质并没有改变，仍然争夺防区，混战不休。

三、孙中山铜像与春熙路的兴建

在中国，每一座历史悠久的城市都有能代表各自特色的商业街，比如北京的王府井大街、上海的南京路，而最能代表成都的当然要数春熙路了。在春熙路上，有一座孙中山先生的铜像，座椅塑梅花为饰，脚踏上塑梅花三朵，以象征三民主义。孙中山先生头留短发，身着长袍马褂，脚穿皮鞋，双脚置于踏板之上；端坐于太师椅，右手抚靠椅背，左手握《建国大纲》，凝神深思。

春熙路的名称取自老子《道德经》中"众人熙熙，如享太牢，如登春台"一句，很富文采。但是很少有人知道，春熙路最初的名称却叫作"森威路"，"文化大革命"时期，春熙路也一度被改为"反帝路"。这些风格迥异的名称，正是时代的"微光"在商业领域的折射。但不管怎么说，春熙路的开建，最大的功劳还是要数

◎春熙路孙中山铜像

四川军阀杨森。

杨森（1884—1977），字子惠，原名淑泽，又名伯坚，四川广安人，川军著名将领。杨森的人生经历十分丰富，历经辛亥革命、护国战争、军阀混战、抗日战争等历史时期，既有讨伐袁世凯、保护朱德和陈毅等共产党人的正义之举；又有勾结北洋军阀破坏革命的反动举措。1949年，杨森由成都离川赴台，后病逝于台北，他是民国时期四川军阀中最后去世的将领。

◎被称为"森威将军"的四川军阀杨森

20世纪20年代，四川防区制形成，此举并未改变四川军阀混战的乱象，反而使得军阀间的冲突更加剧烈。1923年，杨森任川军第二军军长，在"一、二军之战"中战败，逃宜昌依附吴佩孚，被吴佩孚任命为陆军十六师师长，并授陆军中将衔和"森威将军"称号。在吴佩孚的支持下，杨森卷土重来，占领了重庆，而后又克成都，将熊克武等逐至川南，自己任四川军务督办，从而到达了其军事力量的顶峰。在占领成都后，杨森雄心勃勃，提出了"建设新四川"的响亮口号，推行修建马路、开辟公共体育场、成立通俗教育馆等措施。

对于今天的成都而言，杨森新政最大的成就无疑是修建马路，春熙路就是在这个时候兴建的。当时，与成都东门相连的东大街盐市口一带是成都的商业中心，东大街的北面是另一个繁华的商业场，而连接这两个商业中心之间的道路却是一条破败的小道。这条小道的一边是清代四川提刑按察使司的旧址，辛亥革命后，提刑按察使司的衙门便一直是荒废的状态，只有小部分空地成为小商小贩聚集的市场。于是，杨森下令将提刑司的衙门拆除，修建了一条崭新的马路，分为东西南北四段，南北、东西十字相交，

中间还特意建起了街心花园。新马路修好后，杨森请前清举人江椿（子愚）为马路起名。江椿给这新马路命名为"森威路"，取自北洋政府给杨森的这一"森威将军"称号。

但是，"森威路"修成后的第二年（1925年），刘文辉、邓锡侯、田颂尧等四川军阀全力驱逐杨森出成都，北洋政府只好免去杨森的四川军务督办职务，调往北京署理总参谋长，以刘湘取代其军务督办之职。在此背景下，被命名为"森威路"的新马路显然不再适合多变的时局，于是江椿建议将马路改名为"春熙路"，取"众人熙熙，如享太牢，如春登台"的典故，寓意着骄阳初升，象征和平。

春熙路正式投入使用后，川军二十八军军长邓锡侯和二十四军军长刘文辉主动出资，在春熙路上建造了一尊孙中山先生的站式雕塑，因时间仓促，于1928年1月匆匆铸成。碑前上方刻有"总理遗嘱"，碑的四方刻有"大道之行，天下为公"八个大字。1928年1月30日，邓、刘两位军长主持举行了揭幕典礼。限于财力，这座孙中山铜像较为失真。1943年，时任成都市市长的余中英认为此前的铜像设计太过平庸，无法表现出孙中山革命先行者的形象，于是请寓居成都的雕塑家刘开渠重新设计了手握书卷的孙中山坐式铜像，并于1945年3月12日亮相春熙路。此后，这尊坐式孙中山雕塑便成为春熙路上一道独特的风景线。

四、大邑刘氏庄园与"二刘大战"

大邑刘氏庄园与四川军阀

在成都郊县大邑县的安仁镇，至今保存着一座完整的民国时期的建筑群——刘氏庄园，该庄园的主人是名震一时的大地主刘文彩。在很长的一段时间里，这位刘文彩是作为地主恶霸的典型代表而为人所诟病的。但抛开旧有的认知，刘文彩及其家族在民国四川各方面的地位却是毋庸置疑的，当地流传有"三军九旅十八团，营长连长数不清"的谚语，形象说明了大邑刘氏族人在军队中的影响力。据不完全统计，大邑刘氏族人担任县团级以上军政官员有近50人，因此，学界长期以来便有"大邑刘氏的家族史，堪称半部四川军阀兴亡史"之说。

刘家祖籍为安徽徽州。明朝末年，刘家先祖刘觉忠到四川雅安任同知。明末清初张献忠入川时，刘觉忠一家惨遭灭门，只有一个儿子侥幸逃脱，此人后来隐姓埋名，在四川名山县生活了几十年。到了刘氏入川后第五代（约在乾隆年间），刘家才重振门庭，慢慢成了当地望族。清末，当家人刘宗贤有三子，老二刘公敬在清末考中了武秀才。刘公敬的四个儿子中，贩卖稻谷的长子刘文刚一支最兴旺，有水田40余亩。刘文刚又生了三子，老大元勋（即刘湘），老二元树，老三元聪。而刘宗贤的三子刘公赞有自耕地40多亩，创办的酒坊在方圆数十里闻名遐迩。刘公赞有六个儿子，其中最有名气的当数刘文彩和刘文辉。

20世纪20年代，四川军阀崛起，刘家在军阀混战中逐渐发展壮大，很快形成了以大邑刘家叔侄为首的两个派系：以侄子刘湘为首的速成系，主要骨干有杨森、唐式遵等；以叔叔刘文辉为首的保定系，主要骨干有邓锡侯、田颂尧等。

刘湘（1890—1938），原名刘元勋，字甫澄。早年就读于四川武备学堂陆军弁目队，毕业后分配到刚组建不久的新军当见习官。四川武备学堂是四川创办的第一所军事学堂，毕业生控制了川军的各级领导权，形成了武备系。1912年，武备学堂出身的刘湘接替杨森，担任第二营营长，驻守四川泸州，此后步步升迁，由旅长、师长、军长到总司令。到1932年"二刘大战"前，已掌控10万兵马。

◎刘湘

刘文辉（1895—1976），字自乾。论辈分是刘湘的叔叔，年龄却比刘湘小5岁。13岁时，刘文辉到成都读陆军小学堂，后来读过陆军中学、保定军官学校。毕业后，靠侄子刘湘提携当了下级军官，以后逐步当上川军师长、二十四军军长、四川省政府主席等职。不过，一等羽翼丰满，他便开始自立门户，与刘湘由合作转为对抗。"二刘大战"前，他掌控兵力约20万。

1932年，为争夺四川的领导权，势均力敌的刘文辉、刘湘叔侄爆发了"二刘

◎刘文辉

大战"，这场四川军阀中规模最大、持续时间最长的混战，遍及川西、川北、川南的大片地区，极大地改变了四川的军政格局。

"二刘大战"

在"二刘大战"前，四川军阀实行防区制，各个防区之间大肆扩张兼并，很快只剩下具有实力的刘文辉、刘湘、邓锡侯、田颂尧等部队，其中又以刘文辉和刘湘最有影响力。二十一军军长刘湘的部队驻扎重庆、万县、奉节等20余县。而二十四军军长刘文辉的部队占领成都及其周边70余县，占四川大部分地区，实力上占据优势。

在防区制下，两人之间冲突不断，时有摩擦和间隙。"川北之战"时，刘湘大力支持李佳钰，刘文辉则协助陈光藻，二人矛盾凸显。1932年，刘文辉以200万元巨款从上海购进大批军火，路过刘湘布防的万县时，遭到刘湘部王陵基的扣留，刘文辉前去重庆交涉无果。加之刘文辉正策反范绍增、蓝文彬两师长，被刘湘察觉，蓝文彬被扣、范绍增出走上海，使得二刘之间矛盾愈加突出。与此同时，刘文辉之兄刘文彩还收买刺客，企图暗

杀刘湘。终于，二刘之间为争夺利益而爆发了大规模战争。

1932年10月1日，刘湘指使驻武胜的罗泽洲首先发难，向驻南充的刘文辉部打响了第一枪，从而揭开了"二刘大战"的序幕。战争一爆发，刘湘即派唐式遵为东路军总指挥，潘文华为南路总指挥，王缵绪为北路总指挥，分三路向刘文辉进攻。刘文辉亦分头防御，并在防区内布置了五层防线。战争初期，由于刘文辉部防线过长，南北绵亘数百里，兵力分散难支，故战不几日，刘文辉即主动后撤，退守沱江防线。11月18日，刘湘军越过沱江，数路围攻泸州。泸州位于沱江与长江交汇处，为川南军事重镇，易守难攻。刘湘军几次进攻都未能得逞，遂采用武力威逼和金钱收买两手来对付守城的刘文辉部两个旅长。守军见救兵不至，孤军坚守困难，表示愿意接受改编。11月底，刘湘军进驻泸州。

泸州战役时，刘文辉部在四川省会成都又与田颂尧发生了激烈巷战，即"省门之战"。11月14日，田颂尧部联合黄隐部（打着田军旗号）进攻城南红牌楼一带刘文辉部驻军。由于刘文辉早有布置，田军大败。后双方在四川大学所在地皇城的煤山以及兵工厂、簸箕街等地激烈争夺，兵员死伤甚巨。几经争夺之后，田颂尧部不支，经圆滑的邓锡侯从中调解，双方罢兵。刘文辉因急于要与刘湘决战，乃请邓锡侯代他守成都。

"省门之战"一结束，刘文辉又匆匆赶到眉山，并在此建立司令部，筹划在荣县、威远一带与刘湘的决战。12月10日，战斗全面展开。刘文辉一开始就以凌厉之势向刘湘进攻，双方在此集中数万重兵，激战五天，死伤上万人。刘湘军全线失利，处境极为不妙。为防止刘文辉乘胜直捣重庆，刘湘采取了三项紧急措施：一是派刘文辉的亲家杜少棠持他的亲笔信到眉山向刘文辉请和；二是致电邓锡侯、田颂尧，请其迅速出兵抄刘文辉后路，以免同归于尽；三是加紧对刘文辉部将进行收买分化。这三招果然奏效，邓、田立即出兵断刘文辉之后向仁寿、双流、温江等地进攻；同时，刘文辉部旅长陈鸣谦阵前倒戈，投向刘湘。局势突变，刘文辉优势顿失，只得同意刘湘的请和。双方于1932年12月21日签订了停战书。

刘文辉、刘湘叔侄之战,是四川军阀四百多次战争中规模最大、时间最长的一次混战,也是川内最后一次大战。战争自1932年10月起,前后一年左右,战地绵亘川西、川北、川南数十县,动用兵力30余万人,四川大小军阀几乎全部卷入。这次战争死伤兵员、百姓数以万计,损失财产无数,给四川人民带来了巨大的灾难。"二刘大战"的结束,标志着四川军阀混战的终结。

第二节 新文化运动与马克思主义在成都的传播

辛亥革命以后,民主共和观念开始在全国传播,但是传统的帝制思想依然有着很大影响力。比如,北洋军阀袁世凯就利用国会权力,支持部分高官士人,在思想上掀起一股尊儒复古的潮流,即打着复兴儒学的旗号复辟帝制。四川也一度成为这一思想影响的重要阵地,先后成立了"孔教扶论会""孔教会成都分会""大成会"等组织。正是在这样的背景下,受到新思想、新文化影响的新式知识分子与尊孔复古的传统思想进行了激烈斗争,马克思主义等新思想得以广泛传播,成都的思想文化在传统与现代的碰撞之间得以迅猛发展。

一、吴虞、李劼人、王光祈等人与成都新文化的传播

在今成都西北的新繁县有一座保存较好的民国时期的民居,这座民居为四合院式布局,由前厅、后堂、左右厢房构成,共有12间房屋。这座民居叫"爱智庐",其主人正是民国时期在成都学术界颇具影响力的新繁人吴虞。无独有偶,在成都市锦江区狮子山附近,也有一座保存完好的民居,这座民居环境优美,庭院中溪水环绕、树木成荫,主屋及附属建筑面积共约2000平方米。这正是成都另一位历史文化名人李劼人的故居"菱窠"。两座民居的主人均是五四新文化运动时期的代表人物,站在他们故居的大

门前，不禁让人想起一个世纪以前那场轰轰烈烈的新文化运动。

近现代中国的思想文化是在巨变中不断发展的。辛亥革命推翻清廷后，我国的思想文化领域一直处于紧张的变革中，一时间新旧思想交替影响，各种思想派别应运而生，思想文化领域呈现出繁荣的景象。新文化运动作为一场席卷全国的近代思想解放运动，也在成都展开，吴虞、李劼人、王光祈等就是这一时期成都新文化运动的代表人物。

吴虞（1872—1949），四川新繁人，是四川近代史上著名的思想家。胡适称其为"中国思想界的清道夫"，"四川只手打倒孔家店的老英雄"。吴虞早年在四川尊经书院学习，跟随名儒吴之英、廖平等人学习传统经学，1905年留学日本，在东京政法大学学习。吴虞既受到传统经学的影响，又有着西学的基础，因而在其回国后立即得到学界的重视。1907年，留学回川的吴虞先后在成都府中学堂、四川政法学堂等任教，并任《蜀报》主编。辛亥革命后，四川军阀争斗愈加混乱。吴虞亲身经历了军阀混战给人民带来的灾难，强烈控诉军阀混战造成的社会动荡。

1917年前后，新文化运动爆发，吴虞等四川知识分子大声疾呼，宣扬民主、科学，抨击封建专制，在成都产生了巨大影响。这一时期，吴虞先后在《新青年》《川报》等进步杂志上发表文章，激烈批判封建君主专制。针对封建思想占据四川教育主流的现象，吴虞提出改革教育的主张，提出"文明诸国，教育普及，是为要务。学科以适事为先，智识以专门为贵。教既有方，学求应用"[1]，他认为这才是新式学校应有的风气。

吴虞对孔孟之道和封建礼教进行了全面的批判，从其在这一时期发表的《吃人与礼教》《儒家主张阶级制度之害》《家族制度为专制主义之根据论》等文可见一斑。吴虞认为："盖孝子范围，无所不包，家族制度之与专制政治，遂胶固而不可分析。而君主专制所以利用家族制度之故，则又以有子之言为最切实……其于销（消）弭犯上作乱之方法，惟恃孝弟以收其成功。而儒家以孝弟二字为二千年来专制政治、家族制度联结之根干，

---

1 赵清、郑城编：《吴虞集》，四川人民出版社，1985年3月，第44页。

贯彻始终而不可动摇,使宗法社会牵制军国社会,不克完全发达,其流毒诚不减于洪水猛兽矣。"[1] 他指出这样的封建纲常伦理是吃人的礼教。

诚然,吴虞抨击封建礼教与其年轻时的家庭氛围有着密切关系。比如,有学者就指出吴虞强烈反对纲常伦理是因为其年少时与父亲关系恶劣。但不可否认的是,作为新思想的代表,吴虞强烈抨击儒家的封建伦理,有助于将大众的思想从封建礼教的束缚中解放出来,在成都思想文化界产生了很大的影响。

李劼人(1891—1962),原名李家祥,四川成都人,是中国近现代具有世界影响力的学者。1911年,李劼人参加四川保路同志会,经历了辛亥革命的全过程。1912年至1918年间,李劼人先后在《川报》等报社任记者、编辑等职。在此期间,李劼人开始创作大量小说,抨击时政。李劼人加入少年中国学会,并负责筹备"少年中国学会成都分会"的工作,效仿北京《每周评论》周刊,创办了《星期日》周刊。少年中国学会是五四新文化时期重要的社会团体,1917年开始酝酿,1918年6月正式发起,1919年7月宣布成立。这个学会的主要发起人是王光祈、周太玄、李大钊等。后来毛泽东、恽代英、张闻天等人也相继加入。李劼人正是该学会筹办期间的22位编译员之一。

1919年8月,李劼人留学法国,为周太玄等人创办的巴黎通讯社撰稿,与他一同的有李思纯、胡助、何鲁之等进步青年。后来,李劼人转入蒙北烈(蒙彼利埃)大学,学习法文,写作通讯报告,接受进步思想。1924年,李劼人回国后,被聘为公立成都大学教授,兼任成都《民力日报》副刊编辑,在成都思想文化界掀起了一股进步潮流。

王光祈(1892—1936),字润玙,笔名若愚,成都温江人,是五四新文化运动时期著名的思想家和社会活动家,少年中国学会的主要创始人,也是工读互助团的主要倡导人。1914年,王光祈进入大学攻读法律,同时任职于清史馆,并先后担任成都《四川群报》驻京记者和北京《京华日报》

---

[1] 陈独秀、李大钊、瞿秋白主撰:《新青年》,中国书店出版社,2012年4月,第189页。

编辑。1918年,王光祈与李大钊、曾琦等发起组织少年中国学会,在翌年7月1日的成立大会上,被推为该会执行部主任。同年底,在陈独秀、蔡元培、李大钊等人的支持下,王光祈又创建了工读互助团。1920年,王光祈赴德国留学,先学德文和政治经济学,后又入柏林大学学习音乐学,并兼任《申报》《时事新报》和北京《晨报》的驻德特约记者。

王光祈一生辛苦工作,勤奋著述,在客居德国的十多年里,除撰写、翻译了政论著作《辛亥革命与列强态度》《三国干涉还辽秘闻》等十余本外,还陆续写成音乐专著18本、论文40余篇。王光祈留学期间生活十分艰苦,全靠撰文为生,最终积劳成疾,突发脑溢血骤然病逝于德国,终年44岁。应该说,王光祈的新思想是在传统文化影响的基础上形成的,他试图把传统文化中的精华与先进的西方文化相结合,从而创造出能适应历史潮流的新文化。

五四新文化时期,四川的思想文化领域十分活跃,进步书籍、杂志广泛传播。《新青年》《每周评论》《新潮》等杂志深受成都青年人的喜欢。成都也先后有《民意报》《蜀风报》《社会新闻》《西蜀新闻》《四川独立新报》等报纸发行,这些报纸宣扬自由民主,提倡自然科学,反对封建伦理纲常,一时间在成都十分盛行,对解放民众思想起到了重要作用。吴虞、李劼人、王光祈等人从各自的立场出发,宣传具有强烈爱国主义精神的新文化思想,反映了五四新文化时期知识分子对民主科学的普遍向往和追求。这些思想在今天看来或存在一些缺陷,但部分思想和具有创造性的建议至今依然启发着我们。

二、《人声报》与成都马克思主义的传播

新文化运动极大地改变了人们的思想观念,民主科学的精神深入人心,与此同时,马克思主义也在中国得以广泛传播。李大钊、陈独秀等人将有关马克思主义和俄国十月革命的著作带入中国,迅速引起国内学界的重视,引发了一系列讨论。一时间,马克思主义成为知识分子热议的话题。

在今天的成都市内的一些档案馆和图书馆，收藏着名为《人声报》的民国报刊。其刊名是用隶书书写的"人声"二字，十分醒目。《人声报》创办于1922年，是四川最早公开宣传马克思主义的革命报刊之一，社长是王右木。

王右木（1887—1924），四川江油市武都镇人，是成都传播马克思主义的先驱。1914年，王右木东赴日本，在东京明治大学学习政治经济学。在日本留学期间，他曾参与李大钊等人发起的神

◎四川革命先驱王右木

州学会，并积极投身于学生运动。巴黎和会后，北洋政府签订了"二十一条"，王右木等留日学生奔走呼号，大力反对北洋政府丧权辱国的行为。在此期间，王右木结识了李达、李汉俊等进步人士。在留学日本期间，王右木时常去听日本学者山川均等人的讲座，学习政治经济学和马克思主义，逐渐投身于革命事业。[1]

1919年，学成归国的王右木到成都高等师范学堂任教，他时常结合生活实际，向学生讲授马克思主义的基本原理，使广大青年学生受益匪浅。此时，正值新文化运动后期，马克思主义在中国迅速传播。受上海共产主义小组创始人陈独秀的委托，王右木在成都创办了马克思主义读书会，每周宣传一次马克思主义。王右木的马克思主义读书会在成都大中院校中影响广泛，吸收了大批教员、学生前来学习，《新青年》《觉悟》《东方杂志》等进步刊物成为学员间交流讨论的对象。

1921年，在马克思主义读书会成员的支持下，王右木创办了《新四川旬刊》。该刊在创刊号中明确说明"以研究学术，改进社会，建设新四川"为宗旨。但因种种原因，《新四川旬刊》出版半年左右便停刊。为了进一

---

[1] 沈果正：《〈人声报〉与王右木》，《四川文物》，1986年第2期。

步宣传马克思主义，启蒙广大人民群众，王右木在1922年《新四川旬刊》创办一周年之际，将其改名为《人声报》。《人声报》因经费和人手的原因，先后改名为《人声十日刊》《人声日报》《人声周报》等。《人声报》在创刊时说："本社同人，因屏去私冗，积月攻研……期于直切的向人类均等幸福之坦道上呼倡前去，绝无无的放矢旁皇道左之态度。"此时王右木创报的主要目的就是大力宣传马克思主义，讨论新社会的建设问题。

◎四川第一份宣传马克思主义的刊物《人声报》

1921年10月，王右木在成都得知中国共产党在上海成立，于是在马克思主义读书会的基础上成立了四川社会主义青年团，发展了一批青年团员。同时，他还组织团员深入工厂开办工人夜校。在不久之后成立的成都劳动联合会上，王右木被选为执行委员。他在给革命青年的信中写道，希望他们"多多散布革命的种子"，并组织群众，广泛开展革命运动。1922年，王右木来到上海，此时中国共产党正在召开第二次全国代表大会，王右木是否参加了"中共二大"并无确切记载，但可以肯定的是，王右木在上海与中共领导人进行了交流，并携带了"中共二大"的部分宣言和文件回到成都。

1923年，为进一步宣传革命思想，王右木成立了青年之友社等学习组织。此时，马克思主义读书会成员已发展到90余人，共产主义青年团团员也有30余人。于是，王右木给中共中央汇报，表达了在成都建立党组织的愿望。中共中央同意在四川建立党组织。于是，王右木秘密选拔了一批优秀青年组成了中国共产党成都支部，直属中央管理。是年冬，中共中央正式任命王右木为成都党组织的书记，王右木暂时辞去了团组织的领导

职务。此时,正值国共合作时期,王右木在成都坚决按照党中央的决定,传达了国共合作的方针,并进一步宣传马克思主义。

就在王右木组建成都地方党组织的同时,时任成都高等师范学校校长的吴玉章与进步人士杨闇公在成都建立起了中国青年共产党(即YC团),在四川各地大力开展革命运动,宣传马克思主义。次年,思想进步的吴玉章、杨闇公、刘伯承等先后加入中国共产党,构成了早期四川党团组织的核心力量。[1]

1924年夏天,王右木经上海再次赴广州参加党的会议,为节省经费、支持党的宣传,王右木决定从广东出发步行回川,并在沿途进行社会考察和革命宣传。不料9月上旬在贵州境内,不幸被贵州军阀发现并杀害。王右木虽然牺牲了,但其在四川建立的共产党早期党团组织为马克思主义的传播培养了大批优秀人才,为四川革命事业的发展打下了坚实基础,其艰苦奋斗、不畏牺牲的革命精神将历久弥新、永不褪色!

三、留法勤工俭学

留法勤工俭学是五四新文化运动时期青年学生为寻求救国救民的知识和真理,大批赴法国开展勤工俭学的运动。五四运动前后,生活在军阀混战的社会环境之下,中国广大爱国青年自愿投入赴法勤工俭学的运动中去,希望在法国完成自己的学业。1919—1920年间,先后共20批约1600人到达法国。这些人基本上都是二三十岁的青年,到达法国后,他们有的先工后学,有的先学后工,有的边工边读,靠着微薄的收入维持自己的生活。这一批勤工俭学的青年,在后来大多成为各行各业的领军人物。

四川地处西南内陆,交通多有不便,却是留法勤工俭学开展最早、参与人数最多的省份之一。一些专家的研究表明,在1920年前后留法学生中,四川约有472人,高居全国之冠。[2] 他们分别来自全省98个县,其中成都

---

[1] 中共四川省委党史工作委员会编:《四川党史人物传》(第一卷),四川省社会科学院出版社,1984年6月,第29页。

[2] 鲜于浩、田永秀著:《留法勤工俭学运动中的四川青年》,巴蜀书社,2006年9月,第15页。

有53名，是四川赴法留学人数最多的城市。[1]

早在1912年，辛亥革命元老吴玉章便在成都筹办了四川留法俭学组，开办了留法预备学校。川籍军阀熊克武、但辛懋等成立华法教育会四川分会，并着手办理成都留法预备学校。1918年，留法预备学校开始招收第一批学生，共150余人。1919年春，四川省政府下达指示，留法预备学校毕业考试前30名者，由政府补助经费400元，用于赴法留学。第一批留法学生在沙河堡集合，第二批留法学生从望江楼出发，均受到了民众热情的欢送。可以看出，当时成都民众对青年学生学习知识以救亡图存是非常支持的。

到达法国后，许多学生都采取了先学习后工作的模式。法国蒙达尔纪公学是勤工俭学学生进入最多的中学。因学员与校方关系极好，且该校住宿生活费用较低，1919年抵达法国的学生中，有50余人被安排在该校学习。除此之外，川籍学生还集中就读于博姆公学、德勒公学、蒙特利马公学、巴约公学等。比如邓小平进入巴约公学，陈毅就读于蒙达尔纪公学，聂荣臻就读于德勒公学等。这些勤工俭学的学生在学习完一段时间的法语之后，多数进入法国中等专业学校和职业学校继续学习，还有一部分进入法国高等学校学习。[2] 这些青年在艰苦的条件下学习，有许多还参加了当地的工人运动，为以后回国投身于政治运动创造了条件。

留法勤工俭学之所以在四川能得到广泛响应，是有其特定的历史原因的。首先，军阀混战的局面使得先进青年迫切希望寻找稳定学习的机会。民国以来，以成都为中心的四川地区因战略位置十分重要，先后遭到滇军、黔军、川军的争夺，后来在川军内部不同派系之间更是进行了错综复杂的兼并战争。一时间，四川政局动荡，人们生活苦不堪言。此时的法国，经历了第一次世界大战后的经济恢复，政治民主得到发展、思想文化更加开化，已然成为欧洲强盛的国家，对中国青年，尤其是关注时局、心怀天下的有志青年有着巨大的吸引力。此外，新文化运动的影响使得四川青年学生的

---

[1] 何一民、王毅主编：《成都简史》，四川人民出版社，2018年8月，第337页。
[2] 鲜于浩、田永秀著：《留法勤工俭学运动中的四川青年》，巴蜀书社，2006年9月，第20～21页。

思想得到空前解放。第一次世界大战结束后,各种思潮应运而生,以王光祈、吴虞等人为代表的知识分子,敢于打破旧学的桎梏,提倡新思想,在青年学生群体中影响巨大。王光祈等人还极力提倡工读互助,号召以苦学苦干的精神救国救民,这种思想是留法勤工俭学的直接思想来源。最后,四川社会各界的支持也是留法勤工俭学得以开展的重要原因。如前所述,在第一批留法预备学校学生毕业之际,时任四川督军的熊克武等人表示,凡考试成绩优异者,政府即出资予以留学补贴。这些学生达到法国后,大多能在艰苦的环境中适应下来,这也与四川当局的资助与补贴不无关系。

总之,留法勤工俭学运动在四川得以广泛开展,离不开新思想的传播和四川当局的大力支持。1912年以后,留法勤工俭学运动逐渐走向衰落,更多的知识分子开始到欧洲其他国家进行学习,马克思主义在知识分子中得到广泛传播。这一批当年留法的青年学生,大多成了中国革命和新中国建设的中坚力量,比如,陈毅、邓小平等人日后成了党和国家重要的领导人,李劼人、周太玄、陈朴、罗钦岳等成了文化和教育领域的杰出代表。

四、"努力餐"与车耀先的地下斗争

在今成都市人民南路,与著名旅游景点宽窄巷子隔路相望的地方,有一家名叫"努力餐"的饭馆。这家饭馆是一座二层的小洋楼,外有十余张拱形的窗户,看起来十分别致。"努力餐"如今成为成都人气颇高的餐馆,不仅是因为这里的菜品丰富、独具特色,更是因为这家餐馆有着令人惊叹的红色往事。

创办"努力餐"的人是共产党员车耀先。车耀先(1894—1946),四川大邑人,早年曾投身川军,从司务长、连长升为团长。1928年,目睹四川军阀混战的车耀先东渡日本,毅然接受了马克思主义,并加入中国共产党。根据党的指示,为不暴露自己共产党员的身份,车耀先在成都开了一家名叫"新

◎车耀先

的面店"的面馆，以此为掩护。1929年，车耀先将面馆迁至山桥南街，以孙中山先生"革命尚未成功，同志仍需努力"而命名，面馆更名为"努力餐"，为投身革命的人士提供后勤保障。

"努力餐"最受欢迎的是"革命饭"。这种"革命饭"每份三四两米饭，其中混合入肉粒、鲜豆、竹笋、芽菜等配料，好吃实惠，深受大家的喜爱。为倡导"勤、俭、劳"的品质和"努力为大众辟吃饭场所"的理念，车耀先的"努力餐"还开创了"宫保鸡""红烧什锦""大肉蒸饺"等招牌菜，满足收入较低的群众需求，让百姓吃上物美价廉的饭菜。"努力餐"的这种经营模式，开创了成都平民快餐店的先河，深受革命群众和普通大众的喜爱。

"努力餐"作为中国共产党重要的地下交通联络点，在革命时期发挥了重要的作用。一些革命者来到"努力餐"，只要喊出"一菜一汤"的口号，店里就会为其提供免费的餐饭。就这样，"努力餐"在暗中接济了大量生活上遇到困难的革命者。1937年，车耀先创办了《大声周刊》，以"努力餐"的两间屋子为编辑部，发表了大量革命文章。西安事变爆发后，车耀先以《大声周刊》为阵地，发表了大量宣传抗日救亡、反对内战的文章，揭露国民党的独裁统治，受到广大群众尤其是爱国青年的强烈拥护。《大声周刊》因为其发表的文章触动了国民党的统治，多次被当局查封，不得已先后改名为《大生》《图存》等。从1937年初到1938年底，该刊共计发行了61期，成为四川宣传抗日救亡的重要阵地。车耀先还利用自己的社会影响，积极帮助进步青年学习革命思想。当时成都就流行着"要想到延安，去找车耀先"这一说法。

1937年，成都地区各大救亡团体如"海燕社""民先社""群力社"等，成立了成都各界救国联合会，联合会的日常工作地点就在"努力餐"。自此以后，"努力餐"逐渐成为抗日救亡运动在成都的活动中心。一时间，国内的著名爱国人士汇聚于此，在此讨论抗日救亡的革命活动。在救国会七君子沈钧儒、邹韬奋、李公朴、史良等人来成都时，车耀先特意设宴款待。

冯玉祥、老舍等人在成都活动时,车耀先也在"努力餐"设宴欢迎。"努力餐"显然已成为革命人士活动的重要场所。[1]

然而,好景不长,车耀先在"努力餐"的活动很快引起了反动势力的注意。1940年春,国民党在成都制造了"抢米事件",成都发生捣毁商铺、抢劫米市的事件。国民党数百名特务身穿便衣,化装成贫民,冲进成都大悲巷的重庆银行。他们强行打开仓库,把仓库里储存的大米抢出来,故意撒在街上,制造共产党鼓动饥民抢米的假象。随后,车耀先与中共四川临时工委书记、八路军驻成都办事处主任罗世

◎罗世文

文先后被抓走,关押在重庆。国民党反动派将车耀先和罗世文等人关押在贵州息烽监狱长达6年。在狱中,敌人对车耀先施以酷刑,并以高官厚禄相利诱,车耀先始终不屈服,同其他难友一起,在监狱中与敌人进行坚决的斗争。车耀先在狱中给自己的女儿写了一封信,信中写到国民党有意制造摩擦,破坏团结抗战的氛围,并劝导女儿不要受此影响,要利用机会好好学习,不断充实自己。从中不难看出共产党员面对危险所表现出的乐观和从容,以及作为父亲的车耀先对女儿的无比关爱。[2]

1945年,国共谈判期间,毛泽东、周恩来曾要求蒋介石释放罗世文、车耀先等共产党员,蒋介石等国民党反动派拒不释放,并将他们转移到重庆渣滓洞监狱。1946年8月18日,国民党将车耀先和罗世文一起秘密杀害于重庆。车耀先虽然牺牲了,但他开创的"努力餐"还在,随着国民党统治的日益衰败,成都于1949年迎来了解放。如今,虽然时代早已发生了巨大变化,但人们对"努力餐"创办之初勤俭、朴素、奋斗的精神,却始终不曾忘记。

---

[1] 中共成都市委党史研究室编:《红色印记——成都市革命遗址与纪念场馆》,中共党史出版社,2009年11月,第102页。
[2] 鲁秋园编注:《红色家训》,江西人民出版社,2006年6月,第60页。

第三节 四川民众对抗日战争的支援

一、"无名英雄纪念碑"与川军出川抗日

在成都市人民公园东门前,有一尊士兵模样的雕塑,这位士兵穿着短裤,绑着绑腿,背着斗笠大刀,手握步枪,胸前悬挂两颗手榴弹,注视前方,就像即将冲锋的战士。雕塑脚下的碑被称为"无名英雄纪念碑"或"川军抗日阵亡将士纪念碑"。这尊雕塑不仅是川军出川抗日的见证,其本身的经历也十分曲折。

1937年,日本悍然发动全面侵华战争,中国军民奋起反抗,捍卫国家的尊严。以成都平原为中心的四川盆地,因地处内陆,经济状况良好,

◎无名英雄纪念碑

故而成为抗战的大后方。抗战一开始,川军将领就表现出支持抗战的意愿。1937年8月,四川省主席刘湘在南京的最高国防会议上慷慨陈词,表示为了抗战,"四川可以出兵三十万,供给壮丁五百万,供给粮食若干万石"。随后,刘湘发布《为民族救亡抗战告四川各界人士书》,下令川军将士出川抗日,以能为国家民族的独立上阵杀敌为傲。

四川社会各界也广泛宣传,热血青年积极参军,响应国家的号召。1937年9月5日,成都少城公园内人潮汹涌,川军请缨抗战,在少城公园宣誓,整装出发,表达了愿誓死抗敌、保卫国家的决心。10月18日,重庆市民在夫子池举行大会,欢送出川抗日的将士。至此,川军将士踏上了出川抗日的漫漫征途。

八年全面抗战中,川军先后三次大规模奉命出川。1937年9月至10月,首批川军出川,共14个师和2个独立旅,约15万人,刘湘任司令长

官,邓锡侯任副司令长官。1938年春,川军第二批出川,主要是王缵绪、王陵基的部队,共8个师。1939年3月,第三批川军出川,主要为范绍增、王缵绪的部队,有范绍增部12000人,以及王缵绪新编的4个旅。由此,在抗战期间,川军共出兵40万人,外加300万的壮丁,军队中流传着"无川不成军"的说法。[1]

1940年,为纪念川军的浴血抗战,成都市文化界和社会团体发起募捐,筹建"无名英雄纪念碑",由雕塑师刘开渠设计并题名。刘开渠自迁居成都后,已先后完成了王铭章、饶国华等烈士塑像,但尚未做过纪念普通士兵的"集体"塑像。在思考后,刘开渠决定做一个普通军人塑像,由一个普通军人代表全中国不屈服的顶天立地的同胞。于是,刘开渠找来了曾在川军中当兵的大个子士兵张朗轩做模特,并采用民间传统铸铜技术,翻砂成型,以坩埚熔铸法铸成铜像。1944年7月7日,在成都东城门落成揭幕。纪念碑像高2米,连底座总高5米,形态威武,令人敬仰。

"无名英雄"纪念碑建立后,民间便流传着不少可歌可泣的故事,其中最令人伤心的便是衣着单薄、又冷又饿的"无名英雄"寒夜吃汤圆的故事:相传一年冬天的寒夜里,有个衣衫单薄的穷军人走到城门洞边卖汤圆的小摊子前,埋头呼呼呼地只顾吃汤圆。眨眼间,穷当兵的却不见了,卖汤圆的小贩恍然大悟,这是前些年出川抗战的川军"无名英雄"从阴间来吃汤圆了。于是成都的民众流着泪端来一碗又一碗热气腾腾的汤圆,到铜像前祭奠。实际上,在四川民间,汤圆象征着"团圆",而川军出川牺牲之惨烈居全国之冠,民间流传的"无名英雄"吃汤圆的故事,正是民众对逝去亲人的思念以及对川军出川抗战敬佩的表现。

1965年,"无名英雄纪念碑"因城市建设被拆毁。改革开放后,市民要求恢复"无名英雄纪念碑"的呼声高涨,成都市政府根据当年纪念碑的照片于1989年在万年场重新塑造了这尊纪念碑。2006年成都市二环路改造,"无名英雄纪念碑"迁移至人民公园。2007年8月15日,纪念碑矗

---

[1] 王晓春:《川军出川抗战》,《四川档案》,2005年第5期。

立于成都市人民公园东门前。这尊"无名英雄纪念碑"之所以受市民景仰，是因为它凝聚了四川军民的心血，是川军战士的化身。它不仅是一尊艺术品，一座标志性建筑物，更是一座名垂千古的丰碑。

二、四川对抗战的支持

抗日战争期间，四川军民同仇敌忾，展现出为国为民壮烈牺牲的精神。国民政府内迁重庆后，成都的政治地位明显上升，成了继重庆后最重要的战时指挥中心。四川为抗战输送了大量兵员和物资，并接收了大量内迁的工厂和学校等机构，为这些机构提供了相对的稳定环境。

主要的指挥中心

1937年10月，在淞沪会战中国军队严重失利、首都南京受到严重威胁的情况下，蒋介石召开了最高国防会议，做了题为"国府迁渝与抗战前途"的报告，从官方层面将四川作为抗战的根据地和大后方，将重庆作为国民政府战时驻地。于是，国民政府的各种军政机关纷纷向四川、重庆转移。在转移到西南大后方后，国民政府主席林森表示："复兴既得根据，胜负终自我操。不特可得国际之同情，抑且愈励川民之忠爱。欣诵之余，谨率7000万人，翘首欢迎。"[1] 可见，在时人眼中，四川在战时的地位异常重要，川民亦普遍支持抗战。

抗战时期，四川的重要军政机构有成都行辕、川康绥靖公署、四川省保安司令部、四川省政府、四川省国民参议会等。以成都行辕为例，全称为"国民政府军事委员会委员长成都行辕"，设立于1939年，其主要职责为督促指导西南地区的军事指挥，实际上是四川乃至西南的军事指挥中枢。川康绥靖公署则是抗战时期四川管理西康等地最重要的军事指挥机构，康区的一切军事、防御、安保、训练等均由川康绥靖公署指挥。[2] 这些军事

---

1 温贤美主编：《四川通史》（第七册），四川大学出版社，1994年2月，第152～153页。
2 何一民、王毅主编：《成都简史》，四川人民出版社，2018年8月，第361页。

机构的设置,大大提高了四川政治、军事的重要地位,稳定了大后方的局势,在集中力量进行抗战、安定民心等方面起到了积极作用。

此外,蒋介石作为国家最高领导人在四川亲自主政,也可表现出四川作为战时指挥中心的重要性。1938年,刘湘在汉口逝世后,蒋介石先后委任张群、王缵绪等人为四川省主席,但都遭到川人的反对。在此情况下,蒋介石决定亲自担任四川省主席一职,管理大后方的各项事宜,主要负责两方面的工作:一是成立党政军联合会,将地方的各项权力高度统一,以应对战时需要;二是推行县制,以完成征兵、征粮的任务,更好地支援抗战。[1] 在蒋介石担任四川省主席一年多的时间里,采取了一系列措施发展四川,其目的均为更好发挥四川大后方对抗战的支援作用。当然,作为抗战期间的最高领导人,蒋介石在四川的主政更多带有一种象征意义,其目的是强化中央对四川政治经济的控制,使川人同心协力,共同支援抗战。从这个层面讲,这也是四川对抗战支援的重要表现。

主要的兵源地

战争的基础是军队,兵源充足关系到战争的成败。在全民族抗战期间,四川先后派出成建制部队共约40万人奔赴前线作战,编组为第二十二集团军(总司令邓锡侯,后为孙震)、第二十三集团军(总司令唐式遵)、第二十七集团军(总司令杨森)、第二十九集团军(总司令王缵绪)、第三十集团军(总司令王陵基)、第三十六集团军(总司令李家钰)等六个集团军,以及第四十三军(军长郭汝栋)、第八十八军(军长范绍增)两个军和独立第三十五旅(旅长张宗鉴)。[2] 如前所述,时任四川省主席刘湘在1937年的国防会议上表示,四川愿为抗战出兵30万,出壮丁500万,充分说明了四川在兵源上对抗战的贡献。

1938年,四川省军管区司令部及各师、团管区司令部相继成立,专门

---

[1] 何一民、王毅主编:《成都简史》,四川人民出版社,2018年8月,第362页。
[2] 谭晓钟:《论四川人民对全民族抗战的伟大贡献》,《文史杂志》,2005年第5期。

负责办理征兵事务。后由于刘湘病故,改由王缵绪兼任军管区司令。按照军政部规定,师管区隶属军政部,受军管区司令监督。起初四川设立6个师管区、18个团管区。1941年9月再做调整,撤销团管区,将师管区增至22个,其司令统一由军政部委派各个建制部队的带兵官兼任,各以所征集的壮丁直接补充所带部队,使征、补、训三者合一,以提高战时工作效率。这些与中央制度相配套的措施和办法,对四川的兵役工作起了重要作用。[1]

实际上,关于四川在抗战期间征兵的总额,各种记载并不完全一致,但与壮丁300万人的总数相去不远。四川省主席张群在1945年抗战胜利后表示,四川在抗战中征集壮丁达300万人以上,同年10月10日,张群在《开国与建国大业中之四川》中进一步精确提到"应征壮丁,凡248万余人"。时军政部长何应钦也认为,抗战期间,全国征兵配额为1600余万人,实征额为1400万人。四川省的壮丁配额为319万人,实征额为250余万人。可见川省征兵配额与实征数额均占到全国总额的五分之一。[2]

在抗日战场上,四川的很多将领更是表现出了英勇无畏的牺牲精神。比如,南京保卫战时,川军将领饶国华为配合守军保卫南京,在前线与日军进行殊死战斗,在弹尽粮绝、阵地失守的情况下,饶国华给司令长官刘湘写下"今后深望我部官兵奋勇杀敌,驱寇出境,还我国魂,完成我未尽之志,余死无恨矣!"的遗书后,自杀殉国。再如,为配合台儿庄战役,川军将领王铭章誓死保卫山东滕县,在援军无望的情况下发出了"决心死拼,以报国家"的电报,后壮烈殉国。第五战区司令长官李宗仁事后评价说:"若无滕县之苦守,焉有台儿庄大捷?台儿庄之战果,实滕县先烈所造成也!"高度赞扬了王铭章保卫滕县的历史功绩。又如第三十六集团军司令李家钰在豫中会战中为掩护其他军队的撤退,其所在司令部直属部队与日军穿插分队遭遇,总司令李家钰当场中弹身亡,成为抗战中殉国的川军最高级别将领。

---

1 刘一民:《抗战时期兵役制转变与四川农民对兵源的贡献》,《成都大学学报》,2005年第4期。
2 刘一民:《抗战时期兵役制转变与四川农民对兵源的贡献》,《成都大学学报》,2005年第4期。

主要的物资供应地

全民族抗战开始后,日本先后占领了我国中东部大片土地,使得长江中下游的粮食产区无法为抗战提供保障。为解决战争所需要的粮食,四川民众节衣缩食,为抗战提供了稳定的粮食保障。特别是20世纪40年代起,四川还进行了田赋征收的工作,由征收货币变为征收粮食,每年征收的粮食占全国征收的30%以上。应该说,在社会生产有限的状况下,四川民众能为抗战贡献出如此多的粮食,正是人民极大爱国热情的表现。

抗战军兴后,东部沿海的企业、厂矿纷纷内迁,四川成了战争主要的物资供应地。当时,为妥善安置内迁的工厂,四川省出台了一系列的政策,如为内迁工厂解决好场地问题,积极配合内迁工厂的交通运输,为工厂提供大量的劳动力等。一时间,四川成为接收内迁工厂最多的省份,其所接受的工作占内迁工厂总数的50%以上。

除征缴赋税和接收外来工厂外,四川民众还积极捐献物品,大力支持抗战。自川军出川抗战以来,四川各界组织的各类募捐活动从未间断。1937年秋,四川民众积极响应劳军募捐活动,在成都、重庆等地举行各种捐献会,酬得资金20余万元,绵背心4万余件。抗战中期,各地纷纷成立募捐会、赈灾会等民间团体,掀起了筹金买飞机的热潮。比如,1941年重庆合川人们捐献了"合川号"飞机;宣汉县为航建协会四川分会捐献了资金8万元,用于飞机购买等。1944年,时任国防最高会议常委的冯玉祥将军在四川发起了节约献金运动,成都的献金总额达6亿至7亿法币。[1]

交通运输线的优化也为战时物资的输送提供了保障。比如,为方便国内抗战物资的运输,打破日军对国统区的经济封锁,1940年前后,国民政府充分运用西南地区河流纵横密布的有利条件,成功地开辟了川湘水陆联运线,设立川湘水陆运输处,由政府委托国营招商局、民生实业公司代办

---

[1] 张莉红:《坚强的堡垒 卓越的功勋——四川人民对抗战的巨大贡献》,《文史杂志》,1995年第5期。

相关业务,提高了川湘水陆联运线运输效能。[1] 以上列举的案例,仅仅是四川为抗战输送物资的一些具体案例,从中表现出的是在国家民族危亡之际,四川各族人民同仇敌忾、保家卫国的奉献精神。

科教文化的乐土

随着抗战的全面爆发,同其他行业一样,科教文化行业也纷纷内迁入川。相关研究表明,从1937年起,中国共有69所高校内迁,其中四川共迁入高校48所,占全国108所高校的44%,这48所中又有9所迁往成都。[2]

迁往成都的高校主要集中在华西坝。华西坝土地平旷、风景清雅,早在晚清时期,基督教会便在此地创办了华西协合大学。因此华西坝在成都有着很好的教育基础(包括基础设施与办学传统),是抗战时期难得的乐土。抗日战争爆发后,在民族危难之时,为使其他教会学校不致停办,华西协合大学敞开校门迎接友校和逃难的师生,将同属教会学堂的金陵大学、齐鲁大学、金陵女子文理学院、燕京大学接收进来,共同享受教学资源,成了名噪一时的"华西坝教会五大学"。

"教会五大学"在华西坝扎根,吸引了大批学者汇聚于此。当时五大学校的校长(金陵大学陈裕光、金陵女大吴贻芳、齐鲁大学刘世传、燕京大学梅贻宝、华西协合大学张凌高)皆是举国闻名的教育家。先后有人文学者陈寅恪、吴宓、萧公权、李方桂、顾颉刚、钱穆、蒙文通、吕叔湘、常燕生等,生物学家刘承钊,地理学家刘恩兰,数学家赖朴吾、魏时珍,天文学家李晓舫,皮革学家张铨等均执教于华西坝。英国著名学者李约瑟于1942年也造访华西坝,并做了多场不同主题的演讲。而在学科设置方面,当时五大学共有文、法、理、医、农等五个学院六七十个学系,算是抗战时中国规模最大、学科设置最完整的大学。[3] 丝毫不亚于抗战时迁往昆

---

[1] 陈符周:《川湘水陆联运线的开辟及对抗战的贡献》,《求索》,2015年第7期。
[2] 何一民、王毅主编:《成都简史》,四川人民出版社,2018年8月,第365页。
[3] 岱峻、严友良:《华西坝上的另一所"西南联大"》,《四川党的建设》,2013年第9期。

明的西南联合大学。

说成都是抗战时期科教文化的乐土还在于与其他地方相比，成都的教学环境是最理想的。抗战时期的教育中心，除了昆明的西南联合大学，还流传着"三坝"的说法，即陕西汉中的古路坝、重庆的沙坪坝以及成都的华西坝。"三坝"中古路坝地处西北地区，自然气候条件较差，内迁高校规模较小；重庆的沙坪坝汇聚了抗战时大多数内迁高校，但时常遭受日军飞机的空袭；而只有华西坝，位于天府成都，环境优美，气候宜人，且较少受到日军干扰，成为学人眼中的"人间天堂"。比如，时任西南联合大学校长的罗常培在来到华西坝时感慨："来到此俨然有人间天堂之感。"

大批优秀的文人学者来到成都，在抗战的大环境下得以安心学术，广泛开展科研活动，使得成都科教文化呈现出蓬勃的发展态势，为国家和民族培养了大批青年才俊。即便抗战结束后，众多科研机构迁回原址，成都的科教文化也得以在雄厚的基础上绵延发展。

三、"特种工程"建设

特种工程是指抗战后期，国民党为配合美国的军事战略，为能起降B-29等大型轰炸机，而在成都周边修建军事机场的工程，包括4个轰炸机机场、5个驱逐机机场，分布在成都周边的新津、广汉、邛崃、彭山等地。"特种工程"的修建是四川民工付出巨大辛劳和血汗支持抗战的又一典型事例。

1941年12月7日，日本偷袭美国太平洋舰队司令部所在地珍珠港，挑起了太平洋战争，美国随即对日宣战。次年元旦，中、苏、美、英等26国通过联合国家宣言，宣布共同抗击法西斯侵略，蒋介石被任命为中国战区最高统帅。随后，美国总统罗斯福派遣史迪威来华，为中国提供军事援助。当时，负责为中国提供空军支持的美国第十四航空队司令陈纳德提出一个作战计划，即从中国出发，使用美国当时最先进的战略轰炸机轰炸日本本土。在一系列论证后，最终决定在四川成都周边赶修机场，作为轰炸日本战略轰炸机起降的机场。这便是"特种工程"建设的由来。

1943年12月中旬，奉令督办这批机场修筑任务的四川省政府，立即召集温江、绵阳、内江三个公署的专员和所辖共29个县的县长到成都开紧急会议。张群强调了"特种工程"的重要性，并指示各县县长必须按计划规定征集民工，一定要按期完成任务，哪一个县出了问题，该县县长、所属专员及有关人员按军法论处。于是，在几天的时间内，四川成都周边的各县共召集了民工50余万，川西平原上出现了一幅空前的热闹繁忙景象。

修建机场最需要的原料是石料。在没有大型设备的条件下，四川民工们用鸡公车、锄头、扁担、簸箕等最简单的交通工具，以"蚂蚁搬山"式的工作方法，挖土运石，每天工作12小时以上，昼夜奋战，出现了自愿前往、父子上阵、兄弟上阵、夫妻互勉等许多感人的事迹。民工们住的是工棚，卫生条件极差，由于缺乏必要的医疗条件，民工死亡的事情时有发生。正是在如此艰苦的条件下，川西的民工如期完成了"特种工程"的建设。

◎被誉为"超级空中堡垒"的B-29轰炸机

1944年5月，这项规模空前的"特种工程"通过了美国工程人员的验收。5月下旬，美国空军第一批B-29型轰炸机从印度加尔各答近郊的基地出发，飞越喜马拉雅山，安全降落在成都南面的新津机场。自1944年6月到第二年1月间，B-29型机群从成都附近机场起飞，对日本九州、长崎等地的战略轰炸先后进行了十余次，沉重打击了日本军国主义，为世界反法西斯战争做出了巨大贡献。[1]

---

[1] 刘祯贵：《抗战时期四川"特种工程"修建始末》，《成都大学学报》，1998年第2期。

第四节 彭县起义与成都解放

1949年10月1日，中华人民共和国在北京成立，中国历史由此进入一个崭新的时代。但是，在西南的一些省份，国民党残余势力依然在做着顽固地抵抗，成都此时就还处于国民党的统治之下。在多方势力的角逐下，西南军阀刘文辉、邓锡侯、潘文华三人宣布起义，率领手下军队主动走向了人民阵营。很快，在友好的氛围中，成都民众夹道欢迎解放军进城，国民党在大陆统治的最后一个大城市成都得以和平解放。

一、走向人民阵营：刘文辉与彭县起义

彭县起义又被称为"刘邓潘起义"。1949年冬季，在共产党统一战线政策影响下，西南军阀刘文辉、邓锡侯、潘文华率所属部队通电起义。实际上在此之前，蒋介石对自己在大陆的统治还存有一丝幻想。1949年8月，表面已经下台的蒋介石飞赴重庆，主持召开了西南军事会议，企图在四川北部的川陕交界地带建立起对抗共产党进攻的"西南防线"。此时，蒋介石手下仍有嫡系宋希濂、胡宗南部以及地方军队约90万人，尚有与共产党抗衡的力量。

但让蒋介石意想不到的是，共产党并没有直接进攻四川北部，而是采取了迂回包抄的战略，先向湖南、广西、贵州等地进军，然后解放川东的重庆及其广大地区，再向川南泸州、纳溪等地进攻，从而对四川形成了合围之势。蒋介石十分被动，急令防守秦岭的胡宗南部沿川陕公路退回四川，再向云南撤退，为自己撤退留下后路。

与此同时，共产党人还积极与四川实力派刘文辉、邓锡侯等人联系，希望他们主动走到人民阵营。实际上，早在1938年周恩来主持中共南方局工作时便广泛开展西南大后方的统战工作，除了团结各战线的民众共同抗日外，也十分重视对川康实力派刘文辉的统战工作。刘文辉作为四川地方实力派，在军阀混战期间壮大了自己的势力，但与邓锡侯、潘文华等

一样，与蒋介石历来有隔阂，其势力长期受到蒋介石的分化和瓦解。因此，20世纪40年代，在周恩来的示意下，中共中央先后派遣董必武、林伯渠、陈绍禹、王若飞、华岗、田一平、杨伯恺等人与刘文辉接触，建立起了统一战线的基础。1948年元旦，中国国民党革命委员会在香港正式成立，刘文辉被推选为川康分会的负责人，并化名"杨文宗"开展工作。1949年，民革中央领导人和民盟主席张澜与刘文辉取得联系，商讨川康起义的事宜。

1949年12月5日，在刘伯承、邓小平完成对四川的战略包围后，周恩来电告与刘文辉联络的王少春："望即转告刘自乾（刘文辉字自乾）先生，时机已至，不必再作等待，对蒋之一切伪命，不仅要坚决拒绝，且应联合邓（锡侯）、孙（震）及贺国光诸先生有所行动，要守住西康、西昌，不让胡宗南匪军侵入。"[1]至此，刘文辉等人发动起义的时机已经成熟。12月9日，国民党西康省主席刘文辉连同西南军政长官公署副长官邓锡侯、潘文华离开成都，在彭县龙兴寺发表通电，宣告起义，其电文全文如下：

北京毛主席、朱总司令并转各野战军司令暨全国人民公鉴：

蒋贼介石盗窃国柄廿载于兹，罪恶昭彰，国人共见。自抗战胜利而还，措施益形乖谬，如破坏政协决议各案，发动空前国内战争，紊乱金融财政，促成国民经济破产，嗾使贪污金壬横行，贻笑邻邦，降低国际地位，种种罪行，变本加厉，徒见国计民生枯萎，国家元气断绝。而蒋贼怙恶不悛，惟利是图。在士无斗志、人尽离心的今天，尚欲以一隅抗天下，把川康两省八年抗战所残留的生命财产，作孤注之一掷。我两省民众，岂能忍与终古。文辉、锡侯、文华等于过去数年间，虽未能及时团结军民，配合人民解放战争，然亡羊补牢，古有明训，昨非今是，贤者所谅。兹为适应人民要求，决自即日起率领所属，宣布与蒋李阎白反动集团断绝关系，竭诚服从中央人民政府毛主席、朱总司令与中国人民解放军第二野战军刘司令员、邓政

---

1 邓光汉：《刘文辉彭县起义的前前后后》，《文史杂志》，2009年第5期。

治委员之领导。所望川康全体军政人员,一律尽忠职守,保护社会秩序与公私财产,听候人民解放军与人民政府之接收,并努力配合人民解放军消灭国民党反动派之残余,以期川康全境早获解放。坦白陈词,敬维垂察。

刘文辉、邓锡侯、潘文华叩
一九四九年十二月九日[1]

朱德在12月24日对刘文辉等人的起义进行了回复,其电文如下:

刘文辉、邓锡侯、潘文华诸将军勋鉴:

接读十二月九日通电,欣悉将军等脱离国民党反动集团,参加人民阵营,甚为佩慰。尚望通令所属,遵守中国人民解放军总部本年四月二十五日约法八章与中国人民解放军第二野战军本年十一月二十一日四项号召,改善军民关系与官兵关系,为协助人民解放军与人民政府肃清反动残余,建立革命秩序而奋斗!

朱德
一九四九年十二月二十四日[2]

刘文辉、邓锡侯、潘文华等人在彭县的起义,极大地改变了西南地区的军政格局,使得蒋介石顽抗的计划瞬间破灭,蒋介石不得不于12月10日乘飞机离开成都,仓皇逃亡台湾。蒋介石离开前,命令胡宗南等人对刘文辉的部队进行剿灭,情况一度十分危急。但受刘文辉等人起义的影响,盘踞在四川的其他国民党势力也发生了变化,一时人心大乱、士气低落,不久后这些部队纷纷起义,国民党胡宗南等部共19个军、52个师,完全陷入解放军的包围中,成都等待着最后的解放!

二、成都解放:古城迎新生

在刘文辉、邓锡侯、潘文华及云南省政府主席卢汉宣布起义后,刘伯

---

[1] 四川省地方志编纂委员会编:《四川省志·军事志》,四川人民出版社,1999年8月,第263页。
[2] 四川省地方志编纂委员会编:《四川省志·军事志》,四川人民出版社,1999年8月,第264页

承、邓小平于12月21日发出进行"成都战役"的命令,要求解放军各部队按预定计划缩小包围圈,歼灭国民党残余部队。至24日,解放军第十、十一、十二、十六、十八军在邛崃、蒲江、新津至双流弧形线上展开,并逐步紧缩包围圈。26日,第十八兵团第六十军进占新都地区,第六十二军进占什邡并向广汉推进,第六十一军进抵涪江东岸地区。第四野战军第五十军由遂宁兼程进抵简阳地区,并沿沱江一线展开。在解放军的军事压力和政治争取下,国民党川鄂边区绥靖公署副主任董宋珩及第十六兵团副司令官曾苏元于21日率第十六兵团在什邡、广汉、金堂一带起义;第十五、二十兵团司令官罗广文、陈克非于24日率该两兵团余部在郫县、温江、彭县地区宣布起义;第七兵团司令官裴昌会于25日率所部在德阳地区起义。

12月24日晚,被围困于成都地区的国民党军第五兵团司令官李文率7个军约5万余人向雅安方向突围。解放军于李文部向西突围时,乘势发起全面攻击,战斗持续至26日黄昏,李文部主力已完全丧失战斗力,被迫在邛崃西南约20公里的地方停下来。27日,李文所部官兵5万余人向解放军投降。同日,胡宗南部第十八兵团司令官李振部、第三十军(缺二十七师)军长鲁崇义部、第九十军六十一师及第三十六军一二三师等部亦分别在成都以东地区及西郊罗家碾宣布起义。至此,"成都战役"结束,集结成都地区的以胡宗南集团为主体的30余万国民党正规军队,大部起义,余部被歼,只有极少数溃

◎解放军行进至成都北门簸箕街一带时的情景

散逃往西昌地区。[1]

人民解放军进入成都平原后，并没有急于进驻成都城，而是将指挥部驻扎在新都桂湖公园。这是因为成都作为西南重镇，有着上百万的人口，如果贸然进城，势必会影响人民群众的生产生活。于是

◎解放军行进至成都祠堂街一带时的情景

中共成立了四川临时工作委员会，在权力处于过渡时期维护成都的社会治安。四川临时工作委员会在成都市内散发中共的"治安规则""和平公约"等相关文件，以稳定市内民心，为解放军进城打下基础。12月29日，张经武和地下党川康特委副书记马识途，带先遣部队分乘30余辆大、小车辆开进市区。此时成都市内民众已经迫不及待想迎接解放军入城了。

1949年12月30日清晨，原国民党成都城防部司令曾庆集派出欢迎专车前往城北驷马桥，和解放军入城部队的领导人、成都市地下党、市民代表等汇合。上午9时整，入城仪式在震天的军乐声、口号声、鞭炮锣鼓声中隆重开始。十八兵团第六十军在张祖谅军长的带领下，向成都市区开进。入城队伍的前导高举毛泽东、朱德等画像乘车带路；紧接着是参加欢迎仪式的起义将领刘文辉、邓锡侯、裴昌会、罗广文等人；其后是率部入城的贺龙、李井泉、周士弟、王新亭等解放军将领，共乘坐13辆美式吉普车和小轿车。入城部队途经簸箕街进北门，过北大街、草市街、玉带桥、顺城街、提督街、总府街、春熙路、上东大街、盐市口、东御街、西御街、祠堂街等主要街道，最后汇集少城公园，30万成都市民夹道欢迎。

成都这座古老的城市迎来了新生！

---

1 成都市地方志编纂委员会编：《成都市志·大事记》，方志出版社，2010年12月，第705页。

后 记

2018年11月12日,成都市社科院发布2018年度"天府文化系列丛书"公开征集通告,宣布:为充分发挥天府文化的精神价值、社会价值、经济价值,塑造崇德尚善氛围,增强城市发展动力,努力提高天府文化影响力和创造力,启动"天府文化系列丛书"编纂出版工作,面向社会公开征集作品。

斯时,距离20世纪70年代母亲带我和弟弟多次从乐山经过成都前往德阳探望父亲,已经40多年。其后,我来过成都无数次,对于春熙路上的古籍书店、身着少数民族服装的藏族同胞、"长辫子"公共汽车、熙熙攘攘的人群、街巷随处可见的茶馆、内涵丰富而多样的公园等,印象深刻。斯时,距离2001年6月底我定居成都已经过去17年了。我对这座城市的人民,越来越亲近;对这座城市的历史,越来越熟悉;对这座城市的文化,越来越认同。兼之我对文物和传统文献的天生喜爱,于是,我略微思考,当天就决定申报一部名为《从文物读成都史》的雅俗共享之读物,拟在确保学术质量和注重社会效益的前提下,充分体现可读性和生动性,借此表达自己对这座城市的认知与喜爱。

12月,"天府文化系列丛书"立项结果公布,我提交的《从文物读成都史》申报计划获得批准。于是,我邀请刘朋乐、吴艾坪、邹敏三位年轻朋友加入,共同协作,完成是书。我与三位合作者一起,先集中探讨我在申报书所拟定的纲目,并进行优化,同时,向成都博物馆馆长李明斌先生请求文物图片的支援,得到了李馆长的大力支持,发来《成都博物馆精品文物》及其《名录》(共40件)。民国时期成都的文物,存在数量大,选择面太广,本书暂未收录。对于三位合作者与李明斌先生的大力支持与襄助,在此说声感谢。

后记

2019年的寒假、暑假，我与三位合作者几乎都在本书的编纂之中度过。经过反复研讨，最终，各位合作者按照分工写出了初稿，书名也更改为《成都寻古录》，并且于2019年11月提交成都市社科院冯婵副研究员。此后不久，提交了第二稿。

2020年3月，出版方四川大学出版社联系我，细化书稿的编排。3月5日，我将20余万字的第三稿《成都寻古录》发给了出版社编辑高庆梅女士。

中国古代文学专业出身的高女士工作极为认真，从图片的选择、史料的查核、文献的统一、出处的规范、封面的设计等，均认真把关，反复提出各色疑问、疑义相与析，经过几次书稿的往返，很好地提升了本书的质量，版式、图片也更加精美，在此，我表示诚挚的谢意。

成都文化是巴蜀文化的杰出代表，内涵丰富、博大精深，2020年三星堆的考古新发现，大量文物的新出土，更是这座城市悠久文化的明证。本书如果能对喜爱成都文化的读者了解这座城市的历史有所帮助，就达到四位作者的目的了。

王川

2021年6月28日

于四川师范大学中华传统文化学院

参考文献

一、专著

段渝.玉垒浮云变古今：古代的蜀国[M].成都：四川人民出版社，2001.

（晋）常璩撰；任乃强校注.华阳国志校补图注[M].上海：上海古籍出版社，1987.

（宋）李昉等.太平御览[M].北京：中华书局，1960.

（晋）常璩.华阳国志[M].北京：商务印书馆，1938.

成都市地方志编纂委员会.成都市志·大事记[M].北京：方志出版社，2010.

陈成国.尚书校注[M].长沙：岳麓书社，2004.

（汉）司汉迁.史记[M].北京：中华书局，1882.

宋治民.汉代手工业[M].成都：巴蜀书社，1992.

（晋）郭璞注，（清）郝懿行笺疏，沈海波校点.山海经[M].上海：上海古籍出版社，2015.

（汉）班固撰；（唐）颜师古注.汉书[M].北京：中华书局，1962.

贾大泉，陈世松.四川通史·先秦[M].成都：四川人民出版社，2010.

（晋）陈寿撰；（南朝宋）裴松之注.三国志[M].北京：中华书局，1982.

（北魏）郦道元.水经注[M].成都：巴蜀书社，1985.

（三国）诸葛亮.诸葛亮集[M].北京：中华书局，1975.

（唐）房玄龄等.晋书[M].北京：中华书局，1997.

（梁）萧子显.南齐书[M].北京：中华书局，2000.

（宋）乐史.太平寰宇记[M].北京：中华书局，2007.

《蜀锦史话》编写组.蜀锦史话[M].成都：四川人民出版社，1979.

李敬洵.四川通史 第三册[M].成都：四川大学出版社，1993.

李绍先，李殿元.古代巴蜀妇女的文学生活[M].成都：巴蜀书社，2009.

李敬洵.唐代四川经济[M].成都：四川省社会科学院出版社，1988.

（明）杨慎. 升庵诗话补遗 [M]. 北京：中华书局, 1985.

丁建顺. 中华人文艺术史·古代卷 [M]. 上海：上海人民出版社, 2014.

成都市地方志编纂委员会办公室. 成都精览 [M]. 成都：电子科技大学出版社, 2014.

《成都通史》编纂委员会. 成都通史 [M]. 成都：四川人民出版社, 2011.

钟大全. 王建与王建墓 [M]. 北京：文物出版社, 1993.

冯汉骥. 前蜀王建墓发掘报告 [M]. 北京：文物出版社, 1964.

郑学檬，冷敏述. 唐文化研究论文集 [M]. 上海：上海人民出版社, 1994.

杨伟立. 前蜀后蜀史 [M]. 成都：四川省社会科学院出版社, 1986.

袁庭栋. 成都街巷志 [M]. 成都：四川教育出版社, 2010.

张弘. 巴蜀古建筑 [M]. 成都：电子科技大学出版社, 2014.

何一民，王毅. 成都简史 [M]. 成都：四川人民出版社, 2018.

胡昭曦. 宋代蜀学论集 [M]. 成都：四川人民出版社, 2004.

（意）马可·波罗口述，陈开俊等合译. 马可·波罗游记 [M]. 福州：福建科学技术出版社, 1981.

王鸿鹏等. 中国历代文状元 [M]. 北京：解放军出版社, 2004.

陈世松，李映发. 成都通史·元明时期 [M]. 成都：四川人民出版社, 2011.

何锐等. 张献忠剿四川实录 [M]. 成都：巴蜀书社, 2002.

天府文化研究院. 天府文化研究·创新创造卷 [M]. 成都：巴蜀书社, 2018.

胡昭曦. 四川书院史 [M]. 成都：四川大学出版社, 2006.

张莉红，张学君. 成都通史·清时期 [M]. 成都：四川人民出版社, 2011.

党跃武. 四川尊经书院举贡题名碑 [M]. 成都：四川大学出版社, 2013.

刘复生等. 近代蜀学的兴起与演变 [M]. 成都：四川大学出版社, 2017.

魏红翎. 成都尊经书院史 [M]. 成都：巴蜀书社, 2016.

吴虞著；赵清，郑城编. 吴虞集 [M]. 成都：四川人民出版社, 1985.

陈独秀，李大钊，瞿秋白等. 新青年 [M]. 北京：中国书店出版社, 2012.

鲜于浩，田永秀. 留法勤工俭学运动中的四川青年 [M]. 成都：巴蜀书社, 2006.

鲁秋园. 红色家训[M]. 南昌：江西人民出版社,2006.

四川省地方志编纂委员会. 四川省志·军事志[M]. 成都：四川人民出版社,1999.

成都市地方志编纂委员会. 成都市志·大事记[M]. 北京：方志出版社,2010.

蒙文通著；蒙默编. 蒙文通全集[M]. 成都：巴蜀书社,2015.

童恩正. 古代的巴蜀[M]. 重庆：重庆出版社,1998.

袁庭栋. 巴蜀文化志[M]. 成都：巴蜀书社,2009.

任乃强. 羌族源流探索[M]. 重庆：重庆出版社,1984.

任乃强. 四川上古史新探[M]. 成都：四川人民出版社,1986.

顾颉刚. 论巴蜀与中原的关系[M]. 成都：四川人民出版社,1981.

冯广宏. 西羌大禹治水丰功史[M]. 北京：民族出版社,2017.

傅崇矩. 成都通览[M]. 成都：巴蜀书社,1987.

二、论文

成都市文物考古研究所. 成都市商业街船棺、独木棺墓葬发掘简报[J]. 文物,2002(11).

舒大刚,胡游杭. "蜀学"的特征与贡献[J]. 中国哲学史,2017(4).

伍联群. 试论历史上的文人入蜀现象[J]. 青海社会科学,2009(2).

谢元鲁. 论"扬一益二"[J]. 唐史论丛,1987(2).

张学君. 唐宋时期巴蜀造纸业的兴盛[J]. 巴蜀史志,2013(1).

霍巍. 谈四川宋墓中的几种道教刻石[J]. 四川文物,1988(3).

刘春源等. 我国宋代井盐钻凿工艺的重要革新——四川卓筒井[J]. 文物,1977(12).

谢桃坊. 论魏了翁的学术思想[J]. 西华大学学报：哲学社会科学版,2019(1).

蔡方鹿. 宋代蜀学与宋代理学——地域文化与时代思潮的互动及其意义[J]. 社会科学研究,2007(5).

晨舟. 范祖禹与《唐鉴》[J]. 史学史研究,1982(2).

樊一, 方法林. 张唐英与《蜀梼杌》[J]. 成都大学学报：社会科学版, 1992(1).

蔡崇榜. 吴缜与《新唐书纠谬》[J]. 史学史研究, 1984(4).

薛登, 方全明. 明蜀王和明蜀王陵 [J]. 四川文物, 2000(5).

刘慧敏. 明代蜀王府与四川地方社会 [J]. 绵阳师范学院学报, 2013(6).

周克林. 永昌大元帅金印考 [J]. 四川文物, 2018(3).

胡昭曦. "张献忠与四川"史籍鉴析 [J]. 地域文化研究, 2018(1).

张献忠. "张献忠屠蜀"与清朝政治合法性之建构 [J]. 中国史研究动态, 2016(5).

胡开全, 李思成. 明蜀王文集考——兼论从日本新发现的四部蜀王文集与国内仅存的一部 [J]. 文史杂志, 2017(3).

王炎. "湖广填四川"的移民浪潮与清政府的行政调控 [J]. 社会科学研究, 1998(6).

岳精柱. 清代移民、会馆、重庆都市对巴渝川剧特征的影响 [J]. 重庆师范大学学报：哲学社会科学版, 2017(3).

胡昭曦.《锦江书院纪略》——一部稀见的书院志 [J]. 四川文物, 2000(5).

沈果正.《人声报》与王右木 [J]. 四川文物, 1986(2).

岱峻, 严友良. 华西坝上的另一所"西南联大"[J]. 四川党的建设, 2013(9).

刘祯贵. 抗战时期四川"特种工程"修建始末 [J]. 成都大学学报：社会科学版, 1998(2).

邓光汉. 刘文辉彭县起义的前前后后 [J]. 文史杂志, 2009(5).